NEW THE TEPS

TEPS 청해

더 뉴텝스
실전연습 500

청해

더 뉴텝스
실전연습 500

지은이 NEW TEPS Research Team
펴낸이 정규도
펴낸곳 (주)다락원

초판 1쇄 발행 2018년 12월 4일
초판 3쇄 발행 2021년 8월 9일

편집 강화진, 김민아, 유아름
디자인 김나경, 조화연, 토비트
영문 감수 Michael A. Putlack

다락원 경기도 파주시 문발로 211
내용문의 (02)736-2031 내선 533
구입문의 (02)736-2031 내선 250~252
Fax (02)732-2037
출판등록 1977년 9월 16일 제 406-2008-000007호

값 18,000원

ISBN 978-89-277-4128-2 14740
      978-89-277-4127-5 14740 (set)

http://www.darakwon.co.kr
다락원 홈페이지를 방문하시면 상세한 출판정보와 함께
동영상강좌, MP3자료 등 다양한 어학 정보를 얻으실 수 있습니다.

신유형 분석 반영!

뉴텝스 최강 실전대비서!

NEW THE TEPS

NEW TEPS Research Team.

청해

더 뉴텝스 **실전연습**

500

다락원

📖 Contents

Q. NEW TEPS란 무엇인가요?

A. 최근의 영어사용 환경 변화와 영어교육 및 평가의 새로운 추세를 반영하고자 기존 TEPS 시험을 새롭게 개편한 영어 인증시험입니다.

Q. 그렇다면 어떻게 바뀌었으며, 가장 큰 변화는 뭔가요?

A. 각 영역의 문항 수(총 200 → 135문항)와 시험시간(약 140 → 105분)이 축소되었습니다. 또한 청해와 독해 부분에 새로운 유형이 도입되었고 문법과 어휘 시험이 통합되었습니다.

구분	문제유형	문항수	제한 시간	점수 범위
청해 Listening Comprehension	Part I 한 문장을 듣고 이어질 대화로 가장 적절한 답 고르기 (문장 1회 청취 후 선택지 1회 청취)	10	40분	0 ~ 240점
	Part II 짧은 대화를 듣고 이어질 대화로 가장 적절한 답 고르기 (대화 1회 청취 후 선택지 1회 청취)	10		
	Part III 긴 대화를 듣고 질문에 가장 적절한 답 고르기 (대화 및 질문 1회 청취 후 선택지 1회 청취)	10		
	Part IV 담화를 듣고 질문에 가장 적절한 답 고르기 (1지문 1문항) (담화 및 질문 2회 청취 후 선택지 1회 청취)	6		
	신유형 Part V 담화를 듣고 질문에 가장 적절한 답 고르기 (1지문 2문항) (담화 및 질문 2회 청취 후 선택지 1회 청취)	4		
어휘 Vocabulary	Part I 대화문의 빈칸에 가장 적절한 어휘 고르기	10	통합 25분	0 ~ 60점
	Part II 단문의 빈칸에 가장 적절한 어휘 고르기	20		
문법 Grammar	Part I 대화문의 빈칸에 가장 적절한 답 고르기	10		0 ~ 60점
	Part II 단문의 빈칸에 가장 적절한 답 고르기	15		
	Part III 대화 및 문단에서 문법상 틀리거나 어색한 부분 고르기	5		
독해 Reading Comprehension	Part I 지문을 읽고 빈칸에 가장 적절한 답 고르기	10	40분	0 ~ 240점
	Part II 지문을 읽고 문맥상 어색한 내용 고르기	2		
	Part III 지문을 읽고 질문에 가장 적절한 답 고르기 (1지문 1문항)	13		
	신유형 Part IV 지문을 읽고 질문에 가장 적절한 답 고르기 (1지문 2문항)	10		
합계 14개 유형		135 문항	105분	0~600점

Q. 점수 체계에 변화가 있나요?

A. 기존의 200문항에서 135문항으로 문항수를 줄여 점수 체계를 변경하였습니다. 각 영역별 최고점수는 청해와 독해 각 240점이며, 어휘와 문법은 각 60점으로 총점 600점입니다.

Q. 기존 TEPS 점수와 NEW TEPS 점수의 환산은 가능한가요?

A. 기존 TEPS의 총점 990점과 NEW TEPS의 600점은 최고점수에 해당하며 동일한 능력으로 간주됩니다. 개정 전 후 TEPS 점수 체계를 비교하는 환산표는 아래와 같습니다.

기존 TEPS	NEW TEPS
990~937	600~551
936~870	550~501
867~799	500~451
799~724	450~401
723~643	400~351
641~557	350~301
555~469	300~251
467~381	250~201
379~282	200~151
280~178	150~101

NEW TEPS 등급 구성표

등급	점수	능력 검정 기준(Description)
1+급 (Level 1+)	526~600	**Native Level of English Proficiency** 외국인으로서 최상급 수준의 의사소통 능력. 교양 있는 원어민에 버금가는 정도로 의사소통이 가능하고 전문 분야 업무에 대처할 수 있음.
1급 (Level 1)	453~525	**Near-Native Level of Communicative Competence** 외국인으로서 최상급 수준에 근접한 의사소통 능력. 단기간 집중 교육을 받으면 대부분의 의사소통이 가능하고 전문 분야 업무에 별 무리 없이 대처할 수 있음.
2+급 (Level 2+)	387~452	**Advanced Level of Communicative Competence** 외국인으로서 상급 수준의 의사소통 능력. 단기간 집중 교육을 받으면 일반 분야 업무를 큰 어려움 없이 수행할 수 있음.
2급 (Level 2)	327~386	**High Intermediate Level of Communicative Competence** 외국인으로서 중상급 수준의 의사소통 능력. 중장기간 집중 교육을 받으면 일반 분야 업무를 큰 어려움 없이 수행할 수 있음.

등급	점수	능력 검정 기준(Description)
3+급 (Level 3+)	268~326	**Mid Intermediate Level of Communicative Competence** 외국인으로서 중급 수준의 의사소통 능력. 중장기간 집중 교육을 받으면 한정된 분야의 업무를 큰 어려움 없이 수행할 수 있음.
3급 (Level 3)	212~267	**Low Intermediate Level of Communicative Competence** 외국인으로서 중하급 수준의 의사소통 능력. 중장기간 집중 교육을 받으면 한정된 분야의 업무를 다소 미흡하지만 큰 지장 없이 수행할 수 있음.
4+급 (Level 4+)	163~211	**Novice Level of Communicative Competence** 외국인으로서 하급 수준의 의사소통 능력. 장기간의 집중 교육을 받으면 한정된 분야의 업무를 대체로 어렵게 수행할 수 있음.
4급 (Level 4)	111~162	
5+급 (Level 5+)	55~110	**Near-Zero Level of Communicative Competence** 외국인으로서 최하급 수준의 의사소통 능력. 단편적인 지식만을 갖추고 있어 의사소통이 거의 불가능함.
5급 (Level 5)	0~54	

파트별 출제유형

NEW TEPS 청해는 5개의 파트로 나뉘며 총 40문항으로 이루어져 있다. Part Ⅰ~Ⅲ는 10문항씩 출제되고, Part Ⅳ 는 6문항, Part Ⅴ는 하나의 담화에 2개 문항으로 총 4문항이 출제된다. Part Ⅰ~Ⅲ는 대화로, Part Ⅳ~Ⅴ는 담화로 이루어져 있다.

PART Ⅰ 한 문장을 듣고 이어질 대화로 가장 적절한 답 고르기

Part Ⅰ은 총 10문항으로, 한 문장이 제시된 후 그에 적절한 대답을 찾는 문제로 구성된다.

M Did anyone call while I was out?	M 제가 외출한 사이에 누구 전화 온 거 있나요?
(a) Anyone asking for a raise will be fired.	(a) 임금 인상을 요구하는 누구든 해고될 거예요.
(b) I must apologize for not answering your call the other day.	(b) 며칠 전에 전화 못 받아서 죄송해요.
(c) Please cut that out.	(c) 제발 그만 좀 해요.
(d) I'm not sure since I was out, too.	(d) 저도 나가 있었어서 잘 모르겠어요.

PART Ⅱ 짧은 대화를 듣고 이어질 대화로 가장 적절한 답 고르기

Part Ⅱ 역시 총 10문항이지만, 세 턴의 대화가 제시된 후 그에 적절한 대답을 찾는 문제로 구성된다.

M Susan, are you good at figuring out how to work electronic gadgets?	M Susan, 혹시 전자 기기 좀 다룰 줄 아니?
W Sure, grandma. I know a thing or two about them. What's the problem?	W 네, 할머니. 제가 전자 기기에 대해서는 좀 알죠. 문제가 뭐예요?
M I bought a new smartphone a few days ago, but I'm struggling to write text messages.	M 며칠 전에 새로 스마트폰을 샀는데, 문자 메시지를 보내는 데 고군분투하고 있단다.
(a) There's no rush. Try to relax.	(a) 서두를 것 없어요. 긴장을 풀어보세요.
(b) Let me take a look at it.	**(b) 제가 한 번 볼게요.**
(c) I didn't send you any text messages.	(c) 문자메시지 보낸 적 없어요.
(d) Smartphones these days have many functions.	(d) 요즘 스마트폰은 많은 기능을 갖추고 있죠.

긴 대화를 듣고 질문에 가장 적절한 답 고르기

Part Ⅲ 역시 총 10문항이지만, Part Ⅰ∼Ⅱ와는 전혀 다른 형태로 구성된다. 우선 한 문장의 상황 설명과 6∼7턴의 대화가 제시되고, 그 후 이에 관련된 질문이 주어진다. 적절한 대답을 찾는 문제이다.

Listen to two friends discuss litter in the park.

M The other day, I went to the park, and I saw a family having a picnic. But they were throwing their trash on the ground and leaving it there.

W That happens a lot these days. There are garbage cans everywhere in the park, but people don't always use them.

M I can't understand people like that.

W All that garbage is really an eyesore.

M I think something should be done. People who litter in the park should be fined.

W That sounds like a really good idea.

Q: What can be inferred from the conversation?

(a) Too many people are leaving garbage in the park.

(b) The park is a great place for people to go on picnics.

(c) The weather is nice enough to have picnics these days.

(d) People leaving trash in the park must pay a fine.

두 친구가 공원에서 쓰레기에 대해 이야기 하는 것을 들으시오.

M 며칠 전에 공원에 갔었는데, 한 가족이 피크닉을 왔더라고. 그런데 바닥에 쓰레기를 버리고 그대로 두고 가더라.

W 요즘에 흔히 있는 일이야. 공원 곳곳에 쓰레기통이 있는데 사람들이 잘 이용하지 않아.

M 나는 그런 사람들을 이해할 수가 없어.

W 그 쓰레기들 전부 정말 눈에 가시야.

M 무슨 조치를 취해야 할 것 같아. 공원에 쓰레기를 버리는 사람들은 벌금을 내야 해.

W 정말 좋은 생각인 것 같아.

Q: 대화로부터 추론할 수 있는 것은 무엇인가?

(a) 너무 많은 사람들이 공원에 쓰레기를 버리고 있다.

(b) 공원은 피크닉 장소로 훌륭하다.

(c) 요즘 날씨는 피크닉 가기에 안성맞춤이다.

(d) 공원에 쓰레기를 버리는 이들은 벌금을 내야 한다.

Part IV는 총 6문항으로, 30초~40초 정도의 담화와 관련 질문이 주어진다. 이에 적절한 대답을 찾는 문제이다.
Part IV부터는 담화 → 질문 → 담화 → 질문 → 선택지 순으로 담화와 질문을 두 번씩 들려준다.

Some people can only concentrate when sitting at their desks or in comfortable chairs. Others can suddenly focus on a topic no matter where they are or what they are doing. Sometimes, these people may be so lost in thought that they might act in a strange manner. For instance, a person focusing on an issue might walk right past several of her friends without even greeting them. Another might not notice his dinner burning on the stove as he contemplates an issue that is of great importance to him.

Q: Which is correct according to the talk?

(a) Letting dinner burn could be a sign of dementia.
(b) The best places to focus vary from person to person.
(c) Greeting your friends is necessary to be polite.
(d) How some people concentrate may look weird.

어떤 사람들은 책상 앞이나 편안한 의자에 앉을 때만 집중을 할 수 있다. 다른 이들은 어디에 있든, 무엇을 하고 있든 특정 주제에 바로 집중할 수 있다. 가끔, 이런 사람들은 너무 깊이 사색에 잠겨 있어, 이상한 방식으로 행동할 수도 있다. 예를 들면, 어떤 문제에 대해 깊이 생각하는 사람은 인사도 하지 않고 자신의 친구들을 지나쳐 버릴 수 있다. 또는 가스레인지 위의 저녁 음식이 타고 있는 것도 모른 채 자신에게 너무나도 중요한 문제를 깊이 생각할 수도 있다.

Q: 담화에 따르면 다음 중 옳은 것은 무엇인가?

(a) 저녁 식사를 태우는 것은 치매의 전조 증상이다.
(b) 집중하기에 가장 좋은 장소는 사람마다 다르다.
(c) 친구에게 인사하는 것은 예의상 필수적이다.
(d) 일부 사람들이 집중하는 방식은 이상해 보일 수 있다.

PART V

담화를 듣고 질문에 가장 적절한 답 고르기 (1지문 2문항)

Part V는 총 4문항으로, 하나의 담화에 2개 문항이 출제되며 50초~1분 정도의 담화와 2개의 관련 질문이 주어진다. 이에 적절한 대답을 찾는 문제이다. Part V 역시 담화 → 첫 번째 질문 → 두 번째 질문 → 담화 → 첫 번째 질문 → 첫 번째 선택지 → 두 번째 질문 → 두 번째 선택지 순으로 담화와 질문을 두 번씩 들려준다.

A monopoly exists when one company controls a very high percentage of the volume of a given business. In doing so, that company dominates the market for this business and can therefore set prices and standards without being concerned with competition. In this way, monopolies run contrary to the concept of free markets, which is a cornerstone of capitalism. Examples of monopolies from the past are Standard Oil and Bell Telephone, both of which were subsequently busted by American antitrust laws. More recently, Microsoft has been referred to as the world's largest monopoly by some, and, one day, it too may be forced to break apart into smaller companies.

1 Q: What is mainly being discussed in the talk?

(a) Antitrust laws in the United States
(b) A description and instances of a business term
(c) The problems monopolies have on economies
(d) Companies that were broken into smaller companies

2 Q: What is a possible scenario for Microsoft in the future?

(a) It is going to enable more innovation to occur.
(b) It will be forced to break antitrust laws.
(c) It will not be able to survive in free market economies.
(d) It may have legal action taken against it for being a monopoly.

독점은 한 회사가 특정 사업 영역에서 아주 높은 비율을 장악하는 경우에 존재한다. 그렇게 함으로써, 그 회사는 해당 사업의 시장을 지배하게 되고, 따라서 경쟁사를 고려할 필요 없이 가격과 기준을 설정할 수 있게 된다. 이러한 방식으로, 독점은 자본주의의 초석인 자유 시장의 개념에 위배된다. 과거의 독점 사례로는 스탠다드 오일 사와 벨 텔레폰 사를 들 수 있는데, 이 두 기업 모두 미국의 독점 금지법으로 연이어 큰 타격을 받았다. 좀 더 최근에는 마이크로소프트 사가 몇몇 사람들에 의해 세계에서 가장 큰 독점 기업으로 여겨져 왔고, 언젠가는 이 역시 작은 회사로 나뉘게 될 수 있을 것이다.

1 Q: 담화에서 주로 언급되고 있는 것은 무엇인가?
(a) 미국의 독점 금지법
(b) 한 경영 용어의 설명과 사례
(c) 독점이 경제에 갖는 문제점들
(d) 작은 회사들로 나뉘게 된 기업들

2 Q: 미래에 마이크로소프트 사의 가능한 시나리오는 무엇인가?
(a) 더 많은 혁신이 일어나도록 할 것이다.
(b) 독점 금지법을 어기게 될 것이다.
(c) 자유 시장 경제에서 살아남지 못할 것이다.
(d) 독점을 이유로 법적 조치를 받을 수도 있을 것이다.

![NEW TEPS] Features & Structure

파트별 Listening Point

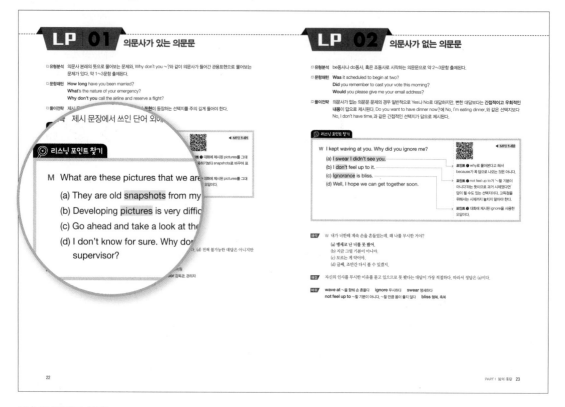

리스닝 포인트 찾기

각 유형별로 제시되는 예제를 자세히 살펴볼 수 있다. 각 LP의 풀이전략을 반영한 포인트가 제시되며, 해석과 해설, 어휘도 함께 살펴볼 수 있다.

파트별 훈련

1 제시 문장의 의미 파악

Part I에서는 한 문장만을 듣고 연습을 해야 한다. 첫 문장만 듣...

2 제시 문장과 선택지를 모두 듣고 정답 찾기

3 대화와 질문을
1, 2 에서 들었던
확실한 정답에는 ○,

MP3 2-09

2 질문 받아쓰기

MP3 2-10

다음을 듣고 빈칸을 채...

1 Listen to a convers...

M ____

W Well, Simon...

훈련 1 의미 파악 / 질문 파악

True & False 판단하기나 받아쓰기와 같은 간단한 연습을 통해 각 파트에 익숙해지는 것을 돕는다.

훈련 2 정답 찾기

파트별로 문제를 연습해 볼 수 있다. 확실한 정답에는 ○, 확실한 오답에는 X, 헷갈리는 경우 △를 해나가며 정답을 찾을 수 있다.

훈련 3 받아쓰기

파트별로 제시된 간단한 연습과 이를 바탕으로 한 실제 문제까지 풀어본 뒤, 받아쓰기를 통해 꼼꼼히 마무리한다.

Actual Test

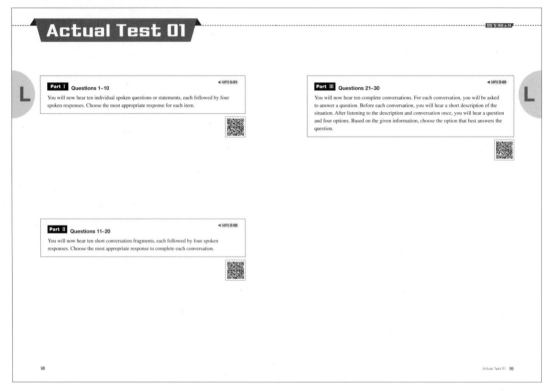

6회분의 Actual Test로 충분한 연습이 가능하다. NEW TEPS에 익숙해질 수 있도록 실제 시험 문제와 동일하게 배치하였다.

Dictation

Dictation 01

Part I Questions 1~10

◀ MP3 4-01

1   W   Have you heard the new hit single _____?

(a) No, it's not as good as I had expected.
(b) I believe it's currently ranked number nine.
(c) Yes, I've listened to it a couple of times.
(d) I don't particularly _____ that genre.

2   M   _____ on what's been going on lately?

(a) That's all right. My coffee cup is already full.
(b) I'm so confused about what's going on here.
(c) The information is in the report on your desk.
(d) James should be able to _____.

3   W   Where are you going _____ like that?

(a) I just got back from a formal dinner.
(b) I rented this tuxedo from a local store.
(c) I've got an important business dinner.
(d) I think I look good _____.

4   M   It shouldn't be a problem if I _____ early.

(a) Go ahead. I'll cover for you with the boss.
(b) Then let's ask our manager for permission.
(c) Yes, the flight is _____ than usual.
(d) Hurry up and get back to your office, please.

5   W   He's curious about _____.

(a) We're not scheduled to be there today.
(b) _____ on the Internet.
(c) Yes, that's exactly where I work.
(d) I hope he knows where it is now.

6   M   I wonder why no one else _____.

(a) I couldn't begin to explain what other people think.
(b) I feel there's no way that we can possibly succeed.
(c) Looking at things negatively is the way that I am.
(d) _____ that people will share their thoughts with us.

124

Actual Test에서 풀었던 문제를 받아쓰기로 다시 학습해 볼 수 있다. 고난도 유형인 세부 내용 파악과 추론 유형까지 꼼꼼한 청해 연습이 가능하다.

Section

1

파트별
Listening
Point

PART I

질의 응답

토픽 ---------------- 문제 흐름 ---------------- 대화 유형

친구, 연인, 가족,
회사 동료 간의
일상 회화

병원, 약국, 상점,
우체국 등 다양한 상황

한 문장의 대화

↓

적절한 대답

- 의문사가 있는 의문문
- 의문사가 없는 의문문
- 평서문
- 관용표현

Listening
Point

1 1~10번, 총 10문항

2 대화 → 선택지 순

3 제시되는 문장에서 나온 단어가 다시 선택지에 나올 경우 오답이 될 가능성이 크다.

→ 새로운 단어가 등장하는 선택지를 주의 깊게 들어야 한다.

4 질문에 대한 직접적인 대답보다는 간접적이고 우회적인 대답의 선택지가 답일 경우가 많다.

5 마인드 컨트롤이 필요하다.

→ 내용 파악이 어려울 때는 확실한 오답부터 걸러내어 답을 찾아야 하고, 그래도 모르겠

다면 과감히 다음 문제로 넘어가야 한다.

6 동사의 시제로 오답을 만드는 문제가 출제된다.

→ 고득점 수험자의 변별력을 가릴 수 있는 부분이 바로 시제이다. 들려준 문장의 시제와

선택지의 시제가 일관성이 있어야 한다.

7 관용표현이 등장한다.

→ 미국 드라마나, 어휘 난이도가 낮은 영어 애니메이션을 통해 꾸준히 관용표현을 익혀

두는 것이 좋다.

□ **유형분석** 의문사 본래의 뜻으로 물어보는 문제와, Why don't you ~?와 같이 의문사가 들어간 관용표현으로 물어보는 문제가 있다. 약 1~3문항 출제된다.

□ **문항패턴** **How long** have you been married?
What's the nature of your emergency?
Why don't you call the airline and reserve a flight?

□ **풀이전략** 제시 문장에서 쓰인 단어 외에 **새로운 단어나 표현**이 등장하는 선택지를 주의 깊게 들어야 한다.

🔍 리스닝 포인트 찾기

M What are these pictures that we are taking a look at?

(a) They are old snapshots from my kindergarten days.
(b) Developing pictures is very difficult.
(c) Go ahead and take a look at them.
(d) I don't know for sure. Why don't you talk to your supervisor?

◀ MP3 **1-01**

포인트 ❶ 대화에 제시된 pictures를 그대로 사용하기보다 snapshots로 바꾸어 표현했다.

포인트 ❷ 대화에 제시된 pictures를 그대로 사용한 오답이다.

해석 M 우리가 보고 있는 이 사진은 무슨 사진이야?

(a) 내가 유치원 다닐 때 찍었던 옛날 사진이야.
(b) 사진을 현상하는 건 매우 힘들어.
(c) 어서 한번 봐봐.
(d) 잘 모르겠어. 네 사수에게 물어보는 게 어때?

해설 함께 보고 있는 사진에 대해 묻고 있으므로 어떤 사진인지 설명하는 (a)가 정답이다. (d) 전혀 불가능한 대답은 아니지만 사진에 대해 구체적으로 설명하고 있는 (a)가 더 적절하다.

어휘 **take a look at** ~을 보다 **snapshot** (스냅) 사진 **kindergarten** 유치원
develop 개발하다; (사진을) 현상하다 **for sure** 확실히 **supervisor** 감독관, 관리자

LP 02 의문사가 없는 의문문

□ **유형분석** be동사나 do동사, 혹은 조동사로 시작하는 의문문으로 약 2~3문항 출제된다.

□ **문항패턴** **Was** it scheduled to begin at two?
　　　　　　Did you remember to cast your vote this morning?
　　　　　　Would you please give me your email address?

□ **풀이전략** 의문사가 없는 의문문 문제의 경우 일반적으로 Yes나 No로 대답하지만, 뻔한 대답보다는 **간접적이고 우회적인 내용**이 답으로 제시된다. Do you want to have dinner now?에 No, I'm eating dinner.와 같은 선택지보다 No, I don't have time.과 같은 간접적인 선택지가 답으로 제시된다.

🔍 리스닝 포인트 찾기

W　I kept waving at you. Why did you ignore me?　　　　　📱　◀ MP3 **1-02**

(a) I swear I didn't see you.

(b) I don't feel up to it.

(c) Ignorance is bliss.

(d) Well, I hope we can get together soon.

포인트 ❶ why로 물어본다고 해서 because가 꼭 답으로 나오는 것은 아니다.

포인트 ❷ not feel up to가 '~할 기분이 아니다'라는 뜻이므로 과거 시제였다면 답이 될 수도 있는 선택지이다. 고득점을 위해서는 시제까지 놓치지 말아야 한다.

포인트 ❸ 대화에 제시된 ignore을 사용한 오답이다.

해석 W　내가 너한테 계속 손을 흔들었는데. 왜 나를 무시한 거야?

(a) 맹세코 난 너를 못 봤어.
(b) 지금 그럴 기분이 아니야.
(c) 모르는 게 약이야.
(d) 글쎄, 조만간 다시 볼 수 있겠지.

해설 자신의 인사를 무시한 이유를 묻고 있으므로 못 봤다는 대답이 가장 적절하다. 따라서 정답은 (a)이다.

어휘 **wave at** ~을 향해 손 흔들다　**ignore** 무시하다　**swear** 맹세하다
not feel up to ~할 기분이 아니다, ~할 만큼 몸이 좋지 않다　**bliss** 행복, 축복

□ **유형분석** 평서문 문제는 답변의 범위가 넓으므로 의문문 문제보다 어렵게 느껴지는 유형이며, Part I에서 가장 많은 비중을 차지한다.

□ **문항패턴** This is one of the most beautiful paintings I've ever seen.
Your proposal doesn't seem like it has every issue covered.
We ought to hurry up and leave soon.

□ **풀이전략** 의문문 문제보다 헷갈리는 선택지가 더 많이 등장한다. **확실히 오답인 선택지부터 걸러내어** 답을 찾는 것이 좋다.

🔍 리스닝 포인트 찾기

W I'm finally learning how to fix things around the house.

 ◀ MP3 **1-03**

(a) Fix this television set first, and then you can move on to that radio.

(b) You wear at least two different hats.

(c) You have a knack for this job.

(d) Your wife must be really happy to have you around.

> **포인트 ❶** 대화에 제시된 fix를 그대로 사용한 오답이다.

> **포인트 ❷** this job이 정확히 무엇을 지칭하는지 파악하기 어렵다.

해석 W 저는 이제 집안 물건을 수리하는 법을 알아가고 있어요.

(a) 이 TV를 먼저 수리한 후, 이어서 저 라디오를 수리하시면 돼요.
(b) 당신은 직업이 적어도 두 개이군요.
(c) 당신은 이 일에 소질이 있군요.
(d) 아내가 당신을 곁에 두어서 정말 좋아하겠어요.

해설 남자가 집안 물건을 수리하는 법을 알아가고 있다고 했으므로 아내가 좋아할 것이라 답하는 (d)가 가장 적절하다. (a) 지금 수리하고 있는 상황이 아니다. (b) 수리하는 법을 알아가고 있다고 해서 이를 직업이라고 보기는 어렵고, 수리하는 일 외에 또 다른 직업이 있는지도 알 수 없다.

어휘 fix 고치다, 수리하다   move on to ~로 옮기다, ~로 넘어가다
wear a hat (직업적으로) ~로 활동하다   knack 재주, 요령

LP 04 관용표현

□ **유형분석** 주어지는 문장이나 선택지에 관용표현이 나오면 내용을 다 들어도 풀 수 없는 경우가 생긴다. 기본적인 청해 연습뿐만 아니라 어휘나 독해 연습이 수반되어야 하는 문제 유형이다.

□ **문항패턴** Would you **care for** some coke?
I don't think it's all **paid off** yet.
Try not to **get caught in traffic** on the way there.

□ **풀이전략** 주어지는 문장에서 관용표현으로 사용된 단어가 선택지에 그대로 나오면 오답일 가능성이 높다. 새로운 단어와 표현이 있는 선택지를 집중해서 듣는 것이 좋다.

🔍 리스닝 포인트 찾기

M Hey, Demi. I <u>heard on the grapevine</u> that you've got a new boyfriend.

 ◀ MP3 **1-04**

(a) Give me some details. What is he like?

(b) Word gets around fast here.

(c) She's not my cup of tea.

(d) Grapes are rich in vitamins.

포인트 ❶ hear on the grapevine은 '소문을 듣다'라는 관용표현이다.

포인트 ❷ 대화에 제시된 grape를 그대로 사용한 오답이다.

해석 M 안녕, Demi. 소문을 듣자 하니 새 남자친구가 생겼다면서.

(a) 자세히 이야기 좀 해 봐. 그 사람 어때?
(b) 소문이 정말 빨리 퍼지는데.
(c) 그녀는 내 이상형이 아니야.
(d) 포도는 비타민이 풍부해.

해설 남자가 여자에게 새 남자친구가 생겼다는 말을 들었다고 했으므로, 소문이 정말 빨리 퍼진다며 놀라는 (b)가 가장 적절하다.

어휘 **hear on the grapevine** 소문을 듣다　　**detail** 세부사항　　**get around** (여기저기로) 돌아다니다
not one's cup of tea ~의 기호에 맞지 않는, ~의 취향이 아닌　　**be rich in** ~이 풍부하다

PART Ⅱ
짧은 대화

토픽 · · · · · · · · · 문제 흐름 · · · · · · · · · 대화 유형

친구, 연인, 가족,
회사 동료 간의
일상 회화

병원, 약국, 상점,
우체국 등 다양한 상황

세 턴의 대화

↓

적절한 대답

- 의문사가 있는 의문문
- 의문사가 없는 의문문
- 평서문
- 관용표현

Listening Point

1 11~20번, 총 10문항

2 대화 → 선택지 순

3 Part I과 같은 방식으로 풀되, 대화의 흐름을 따라가며 들어야 한다.

→ 처음 두 턴의 화를 놓치더라도 마지막 말에 유의해서 듣는다면 답을 유추할 수도 있다.

4 PART II와 III에서는 Part I 보다 더 많은 관용표현이 등장한다.

→ 여러 문제 풀이를 통해 상황에 따라 주로 등장하는 관용표현을 기억해 두는 것이 좋다.

LP 01 의문사가 있는 의문문

□ **유형분석** Part I과 마찬가지로 의문사 본래의 뜻으로 묻는 문제와 의문사가 들어간 관용표현으로 묻는 문제가 출제된다.

□ **문항패턴** **How much** did it cost you?
   Why did you start the meeting early?
   That's a really dazzling dress you've got on. **What**'s the occasion?

□ **풀이전략** 고난도 문제의 경우, 남녀가 한 번씩 대화를 주고받은 후 마지막 말에서 내용이 완전히 바뀌어 버리기도 한다. 스토리를 따라가되 **마지막 말에 유의해서 들어야 한다.**

🔍 리스닝 포인트 찾기

W I love the new Mercedes Benz I saw in your driveway.

M That's not mine. Actually, my daughter is home from college for a couple of weeks.

W How can your daughter afford such an expensive car?

   (a) She told me that she wanted to purchase a Ford.
   (b) She's been driving ever since she was in high school.
   (c) Actually, we helped her a bit.
   (d) We think that she made a good decision.

 ◀ MP3 **1-05**

포인트 ❶ 앞의 두 문장을 놓쳤더라도 마지막 말만 잘 들으면 풀 수 있는 문제다. 딸이 비싼 차를 살 수 있었던 방법과 관련된 선택지만 찾으면 된다.

해석 W 당신의 집 앞 진입로에서 본 새 메르세데스 벤츠 멋있던데요.
   M 제 차 아니에요. 사실 우리 딸이 학교에서 지내다 2주 정도 집에 와 있어요.
   W 딸이 어떻게 그렇게 비싼 차를 몰고 다닌대요?

   (a) 우리 딸이 포드 자동차를 사고 싶다고 했어요.
   (b) 우리 딸은 고등학교 때부터 운전을 했어요.
   (c) 사실 우리가 조금 도와줬어요.
   (d) 우리 딸이 선택을 잘 한 것 같아요.

해설 여자가 남자의 딸이 어떻게 비싼 차를 몰고 다닐 수 있는지 물어봤으므로 자신이 금전적으로 도와줬다고 답하는 (c)가 정답이다.

어휘 driveway (도로에서 집 차고까지의) 진입로 **a couple of** 두어 개의
   afford ~할 (경제적) 여유가 있다; ~을 살 여유가 있다 **make a decision** 결정하다

LP 02 의문사가 없는 의문문

□ **유형분석** be동사나 do동사, 혹은 조동사로 시작하는 의문문이 출제된다.

□ **문항패턴** **Isn't** it costing me too much?
Do you think that I can repair it?
Could you tell me what I can do for you?

□ **풀이전략** 의문사가 있는 의문문 유형과 마찬가지로 스토리를 따라가되 **마지막 말에 유의해서 들어야 한다.**

🎧 리스닝 포인트 찾기

M Are you going to Jim Rooney's housewarming party?

W Definitely. I heard that his new home is beautifully decorated and spacious.

 ◀ MP3 **1-06**

M By the way, are you well acquainted with him? ·······→ **포인트 ❶** 집들이에 관한 이야기를 하다 by the way로 화제를 전환하고 있다. 마지막 대화만으로도 정답을 찾을 수 있다.

(a) Jim is such a bad guy. ·······→

(b) The party is being held this Friday. ·······→ **포인트 ❷** 대화에 제시된 Jim, party를 사용한 오답이다.

(c) I am not really into parties.

(d) Oh, we go way back. ·······→ **포인트 ❸** '오랫동안 알고 지내다'라는 관용 표현 go way back을 사용했다.

 해석 M 너 Jim Rooney 네 집들이 갈 거야?
W 물론이지. 새 집은 넓고 멋지게 잘 꾸며 놓았다고 하더라.
M 그런데 너 걔랑 잘 아는 사이야?

(a) Jim은 나쁜 애야.
(b) 파티는 이번 주 금요일에 열릴 거야.
(c) 나는 파티를 그다지 좋아하지 않아.
(d) 오래 전부터 알고 지내는 사이야.

해설 Jim Rooney와 잘 아는 사이인지 물어봤으므로 오래 전부터 알고 지내는 사이라 답하는 (d)가 가장 적절하다.

어휘 **housewarming party** 집들이   **decorate** 장식하다, 꾸미다   **spacious** (공간이) 넓은
be acquainted with ~와 친분이 있다   **go way back** 오랫동안 알고 지내다

LP 03 평서문

- **유형분석** Part I과 마찬가지로 답변의 범위가 넓으므로 의문문 문제보다 어렵게 느껴지는 유형이다.

- **문항패턴** I'm glad you think it looks good on me.
  I thought you graduated from school with a degree in engineering.
  I'll stay right here while you're gone.

- **풀이전략** 의문문 문제에 비해 답변이 여러 형태로 나올 수 있으므로 **확실히 오답인 선택지부터 걸러내어** 답을 찾는 것이 좋다. 그래도 모르겠다면 **과감히 다음 문제로** 넘어가야 한다.

🔍 리스닝 포인트 찾기

◀ MP3 **1-07**

M I heard about the conflagration in the hotel where you are staying.

W Yeah, I have never seen such a massive fire.

M It must have been terrifying. ⟶ **포인트 ❶** must have p.p.는 '~이었음에 틀림없다'라는 뜻으로 TEPS에 자주 등장하는 표현이다.

(a) The firefighters quickly contained it. ⟶

(b) The fire is still going on. ⟶ **포인트 ❷** 대화에 제시된 fire를 사용한 오답이다.

(c) I was scared to death.

(d) Did you get hurt by the fire?

해석 M 네가 머물고 있는 호텔에 대형 화재가 발생했다고 들었어.
　　　　W 맞아. 그렇게 큰 화재는 처음 봤어.
　　　　M 정말 끔찍했겠다.

　　　　(a) 소방관들이 재빨리 진화했어.
　　　　(b) 불이 아직도 타고 있어.
　　　　(c) 겁나서 죽는 줄 알았어.
　　　　(d) 화재로 다친 데는 없어?

해설 남자가 무서웠겠다는 말로 화재에 대해 이야기하고 있으므로 겁이 나서 죽는 줄 알았다며 이에 공감하는 (c)가 정답이다. (a) 무서웠겠다는 말에 소방관을 언급하는 것은 자연스럽지 않고, (b) 화재에 대해 과거 시제로 이야기하고 있으므로 불은 현재 전소된 것으로 보인다. (d) 남자가 할 법한 말이다.

어휘 conflagration 큰 불, 대형 화재   massive 거대한, 대규모의
terrify 몹시 무섭게 하다, 겁먹게 하다   contain 함유하다; (좋지 않은 일을) 억제하다
be scared to death 겁이 나 죽을 것 같다

LP 04 관용표현

□ **유형분석**　Part II와 III에서는 Part I 보다 더 많은 관용표현이 등장한다. 여러 문제 풀이를 통해 상황에 따라 주로 등장하는 관용표현을 기억해 두는 것이 좋다.

□ **문항패턴**　Go ahead and **take your time**.
　　　　　　Someone **must have given** you faulty information.
　　　　　　I **was under the impression** that it didn't start until now.

□ **풀이전략**　주어지는 문장에서 **관용표현으로 사용된 단어가 선택지에 그대로 나오면 오답일 가능성이 높다.** 새로운 단어와 **표현**이 있는 선택지를 집중해서 듣는 것이 좋다.

리스닝 포인트 찾기

W　Mark, what's wrong? Why the long face?

M　My wallet's gone. Actually, someone stole it while I was in the department store.

W　How come you didn't report it to the police station?

(a) I haven't had a chance to do that yet.
(b) I will tell you when I am done with this report.
(c) I bought a few items at the department store.
(d) There's a policeman standing right over there.

◀ MP3 **1-08**

포인트 ❶ Why the long face?는 상대방이 우울해 보일 때 그 이유를 묻는 표현이다.

포인트 ❷ how come은 why 와 같은 의미를 지닌 표현이므로 남자가 경찰에 신고하지 않은 이유를 찾아야 한다.

포인트 ❸ 대화에 제시된 report, department store, police station을 사용한 오답이다.

해석　W　Mark, 무슨 일이야? 왜 이렇게 우울해 보여?
　　　　M　지갑을 잃어버렸어. 사실, 백화점에서 누가 내 지갑을 훔쳐갔어.
　　　　W　왜 경찰에 신고하지 않았어?

　　　　(a) 아직 그럴 기회가 없었어.
　　　　(b) 이 보고서 끝내고 말해줄게.
　　　　(c) 백화점에서 몇 가지 물건을 샀어.
　　　　(d) 바로 저기 경찰이 있네.

해설　경찰에 신고하지 않은 이유를 묻고 있으므로 아직 그럴 기회가 없었다고 답하는 (a)가 가장 적절하다.

어휘　**Why the long face?** 왜 그렇게 우울한 얼굴이야?　　**department store** 백화점
report 보고하다, 보도하다; 신고하다　　**chance** 기회; 가능성　　**item** 물품, 상품

PART Ⅲ

긴 대화

토픽 ·············· 문제
흐름 ·············· 질문
유형

친구, 연인, 가족,
회사 동료 간의
일상 회화

병원, 약국, 상점,
우체국 등 다양한 상황

상황 설명과
6~7 턴의 대화

↓

질문과
적절한 대답

- **대의 파악**
  – 주제 찾기
  – 화자가 주로 하고 있는
    것 찾기
- **세부 내용 파악**
  – 옳은 사실 찾기
  – 특정 정보 찾기
- **추론**
  – 추론하기

**Listening
Point**

1 21~30번, 총 10문항

2 상황 설명 → 대화 → 질문 → 선택지 순

3 대의 파악, 세부 내용 파악, 추론의 출제 비율은 3:5:2 정도로, 세부 내용 파악이 가장

많은 비중을 차지한다.

4 노트 테이킹이 핵심이다.

→ 대화를 들을 때 어떤 유형이 출제될지 모르는 상태이므로 주제는 물론, 숫자, 시간,

요일과 같은 세부 정보 또한 노트 테이킹해야 한다.

→ 키워드, 기호 등을 활용하여 빠르게 적는 연습을 해야 한다.

5 문제 유형별로 마지막 문제가 제일 어렵게 출제된다.

6 대화에서 설명된 내용을 동일한 의미의 다른 단어나 어구로 표현한 패러프레이징

(paraphrasing) 선택지가 주로 답이 된다.

LP 01 대의 파악 1: 주제 찾기

□ **유형분석** 대화의 큰 줄거리를 물어보는 유형이다.

□ **문항패턴** What is the **main topic** of the talk?
　　　　　　 What is the news story **mainly about**?

□ **풀이전략** 1 대의 파악 문제는 **첫 번째 문장**에 유의하여 들으면 쉽게 답을 찾을 수 있다.
　　　　　　 2 **오답이 종종 대화의 세부 내용**으로 만들어지므로 숫자, 시간, 요일과 같은 **세부 정보 또한 노트 테이킹**해
　　　　　　　 두어야 한다.

◎ 리스닝 포인트 찾기

◀ MP3 **1-09**

Listen to a conversation between two friends.

W　How did the baseball tryouts go?

M　I didn't make the team I wanted to be on.

W　That's too bad. Why do you think you failed?

M　First off, a lot of participants tried out this time. I mean, the competition was fierce.

W　Don't worry about it since you can give it a shot next year.

M　I am seriously wondering if I am really cut out for baseball.

Q: What is the main topic of the conversation?

(a) The number of women trying out for a basketball team

(b) The heavy competition at the baseball tryouts

(c) The woman's sudden interest in playing sports

(d) The man not making the baseball team

포인트 ❶ 첫 문장에 주제를 짐작할 수 있는 단서가 나타나 있다.

포인트 ❷ 대화에 제시된 try out을 사용한 오답이다.

포인트 ❸ 야구 입단 시험의 경쟁이 치열했다는 내용은 남자의 시험 탈락 이유를 설명하기 위한 세부 내용에 그친다.

해석 두 친구 간의 대화를 들으시오.

W 야구팀 입단 시험은 어떻게 됐니?

M 내가 원하는 팀에 못 들어갔어.

W 그거 참 안됐다. 왜 떨어졌다고 생각해?

M 우선은 이번에 지원자가 너무 많았어. 그러니까 경쟁이 너무 치열했던 거지.

W 내년에 또 시도해볼 수 있으니 너무 상심하지 마.

M 내가 정말 야구에 소질이 있는지 진지하게 생각 중이야.

Q: 대화의 주제는 무엇인가?
   (a) 농구팀 입단 시험에 지원한 여성의 수
   (b) 야구 입단 시험에서의 치열한 경쟁
   (c) 스포츠에 대한 여자의 갑작스러운 관심
   (d) 야구팀에 들어가지 못한 남자

해설 남자가 야구팀에 들어가지 못했다는 사실과 이유를 설명하고, 앞으로 야구를 계속할 것인지 생각 중이라고 이야기하고 있으므로 (d)가 가장 적절하다. (a), (c)는 관련 없는 내용이다.

어휘 **tryout** 적성 시험; (스포츠) 선수 선발 테스트   **make the team** 팀에 들다
first off 우선, 먼저   **try out** 시도해 보다   **competition** 경쟁   **fierce** 사나운; (경쟁이) 치열한
give it a shot 시도하다, 해보다   **be cut out for** ~에 적임이다, 꼭 알맞다

대의 파악 2: 화자가 주로 하고 있는 것 찾기

□ **유형분석** 두 명의 화자 중 한 명, 혹은 두 화자가 무엇을 하고 있는지 묻는 유형이다.

□ **문항패턴** What is the woman **mainly trying to do**?

What are the man and woman **mainly doing** (in the conversation)?

What is the man **mainly complaining about** (in the conversation)?

□ **풀이전략** **두 화자의 관계 파악**이 도움이 될 수 있다. 회사 동료일 경우 업무 요청이나 고마움 표현과 같은 내용이 등장하고, 친구나 연인일 경우 무엇을 먹을지나 어떤 영화를 볼지와 같은 일상적인 내용, 혹은 개인적인 내용이 주가 된다.

🎧 리스닝 포인트 찾기

◀ MP3 1-10

Listen to a conversation between a receptionist and a patient.

M New Vision Optometry. How can I help you?

W My name is Caroline, and I am phoning to say that I can't make my eye appointment.

M When was your appointment?

W It's scheduled for 1 PM on Monday. I can't make it since I have some very important work to do.

M Then, when are you available?

W I can't say for sure. I may have to work overtime for a couple of weeks.

Q: **What is the woman mainly trying to do in the conversation?**

(a) Set a date for an eye exam

(b) Say that she was very busy for a couple of days

(c) Postpone an eye exam for the time being

(d) Reschedule an eye exam within the next two weeks

포인트 ❶ 두 화자의 관계 설명과 첫 인사말을 통해 안과 검진에 관한 내용임을 유추해 볼 수 있다.

포인트 ❷ 여자가 하려는 것이 명확히 드러나고 있다.

포인트 ❸ 고난도 문제의 득점을 위해서는 시제까지 유의해서 들어야 한다. 여자는 앞으로 바쁠 것이다.

포인트 ❹ within은 '~이내에'라는 뜻이다. 앞으로 2주간 야근을 할 것 같다고 했으므로 2주 후로 시력 검사 날짜를 조정할 것이다.

해석   접수원과 환자 간의 대화를 들으시오.

M 뉴비전 검안과입니다. 무엇을 도와드릴까요?

W 제 이름은 Caroline입니다. 예약 시간에 갈 수 없을 것 같다고 말씀드리려고 전화했어요.

M 예약 시간이 언제죠?

W 월요일 오후 1시로 되어 있습니다. 아주 중요한 업무가 있어서 못 갈 것 같아요.

M 그러면 언제 가능하십니까?

W 확답을 드릴 수가 없네요. 한 2주간 야근을 해야 할지도 모르거든요.

Q: 대화에서 여자가 주로 하려는 것은 무엇인가?

    (a) 시력 검사 날짜 정하기

    (b) 한 이틀간 바빴다고 말하기

    (c) 시력 검사를 당분간 연기하기

    (d) 향후 2주 내로 시력 검사 일정을 재조정하기

해설   여자는 업무가 바빠 2주간 야근을 해야 하므로 당분간 시력 검사를 연기하고 싶다고 말했다. 따라서 (c)가 정답이다.

어휘   **receptionist** 접수원   **optometry** 검안, 시력 검사   **appointment** 약속, 예약
schedule for ~로 예약을 잡다, 일정을 잡다   **make it** 제시간에 도착하다; 성공하다
available 이용 가능한; (시간이) 여유가 있는   **work overtime** 야근하다
set a date 날짜를 정하다   **postpone** 연기하다, 미루다

□ **유형분석**   옳은 사실을 찾는 문제는 대화 전반에 대해, 혹은 특정 인물이나 사물에 대해 질문하므로 전반적인 내용은 물론 구체적인 정보까지 파악해야 하는 고난도 유형으로, TEPS 청해에서 가장 큰 비중을 차지한다.

□ **문항패턴**   **Which is correct according to** the conversation?

            Which is correct about the woman's son (according to the conversation)?

□ **풀이전략**   1 **숫자, 시간, 요일과 같은 구체적인 정보를 노트 테이킹**하는 것이 중요하다

            2 선택지에서는 **패러프레이징(paraphrasing)**된 문장에 유의해야 한다.

🔍 리스닝 포인트 찾기

◀ MP3 **1-11**

Listen to a conversation about a presidential election.

W   The presidential election is just around the corner. I am getting excited.

M   It seems like you are closely following the election.

W   Sure. It's a very close race. I can't tell who's going to get elected.

M   That's true. No one has pulled ahead as the clear favorite yet.

W   I think the female candidate is going to win the election since the three male candidates were once embroiled in scandals.

             포인트 ❶ 숫자에 관한 구체적인 정보는 문제에 다시 나올 확률이 높다. 놓치지 말고 노트 테이킹해야 한다.

M   You have a point. But who knows?

Q: Which is correct according to the conversation?

   (a) There are a total of three people running for office.

   (b) The female presidential aspirant is ahead of the others by a large margin.

             포인트 ❷ 후보자들 중 누가 얼마나 앞서고 있는지까지 노트 테이킹해야 파악할 수 있다.

   (c) The female presidential candidate has not been mired in scandals.

             포인트 ❸ 대화의 were once embroiled in scandals가 has not been mired in scandals로 패러프레이징되었다. 남자 후보자들은 스캔들에 연루되어 있고, 여자 후보자는 그렇지 않다는 내용이다.

   (d) The voters have a very keen interest in this election.

해석 대선에 관한 대화를 들으시오.

W 대선이 코앞으로 다가왔어. 정말 신나.

M 너 이번 선거를 예의 주시하고 있는 것 같구나.

W 물론이지. 박빙의 승부야. 누가 당선될지 모르겠단 말이지.

M 맞아. 아직 확실한 우승 후보로 치고 나오는 사람이 없어.

W 여자 후보자가 이번 선거에서 승리할 것 같아. 왜냐하면 세 명의 남자 후보자는 스캔들에 연루된 적이 있었거든.

M 네 말이 맞아. 하지만 누가 알겠어?

Q: 대화에 따르면 다음 중 옳은 것은 무엇인가?

(a) 대선에 출마하는 후보자는 총 3명이다.

(b) 여자 대선 후보자는 다른 후보자들을 큰 차이로 앞서고 있다.

(c) 여자 대선 후보자는 스캔들에 연루된 적이 없다.

(d) 유권자들은 이번 선거에 매우 큰 관심이 있다.

해설 여자 후보자가 선거에서 승리할 것 같은 이유로 다른 남자 후보자들의 스캔들에 관해 이야기하고 있으므로 (c)가 정답이다. (a) 대선에 출마하는 후보자는 총 4명이고, (b) 박빙의 승부여서 누가 당선될지 모르겠다고 했다. (d) 여자가 선거에 관심이 있다고 했을 뿐, 유권자들 전반이 관심이 있는지는 알 수 없다.

어휘 presidential election 대통령 선거   pull ahead 앞으로 나가다, 앞서다
favorite 좋아하는 사람; 우승후보   candidate 후보자   be embroiled in ~에 말려들다, 연루되다
scandal 스캔들, 추문   run for office 공직에 출마하다   aspirant 출세를 염원하는 사람
margin 여백; 차이   mire 진흙탕; 진흙탕에 빠뜨리다   keen 열정적인, 열렬한

세부 내용 파악 2: 특정 정보 찾기

□ **유형분석** 의문사가 있는 구체적인 질문으로 대화의 특정 정보를 묻는 유형이다.

□ **문항패턴** **What** does the man want to do?

How can the woman get a refund on the clothes?

Why did the woman refuse to have dinner with the man?

□ **풀이전략** 질문에 해당하는 문장을 듣는 것이 관건이다. **노트 테이킹**과 **패러프레이징(paraphrasing)**에 유의해야 한다.

🔍 리스닝 포인트 찾기

◀ MP3 **1-12**

Listen to a conversation about a man's uncle.

W I hear that your uncle is in need of cash these days.

M Yes, he is in the red. In fact, times are so tough that there is a good chance that he will lose his business.

W How in the world did he get so poor? He used to be well off.

M The reason is that he started taking care of his daughter and her three children. ·········→ **포인트 ❶** 삼촌이 가난해진 이유가 제시되어 있다. 이 한 문장을 듣는 것이 관건이다.

W No way! You mean the lazy one who makes excuses for not working?

M Yes, she is my cousin, but she kind of took advantage of my uncle.

Q: According to the conversation, why did the man's uncle become so poor?

(a) His business went downhill due to an economic crisis.

(b) He has to take care of his daughter and her family. ·········→ **포인트 ❷** 대화의 his daughter and her three children을 his daughter and her family로 바꾸어 표현했다.

(c) He squandered his wealth buying luxurious goods.

(d) He didn't inherit much money from his parents.

해석 남자의 삼촌에 관한 대화를 들으시오.

W 요즘 너희 삼촌은 돈이 필요하시다고 들었어.

M 맞아. 요즘 적자래. 사실 너무 힘들어서 삼촌 회사가 날아갈 수도 있어.

W 어쩌다 그렇게 궁핍해지신 거야? 유복하셨잖아.

M 따님과 그분 아이 세 명을 돌봐주기 시작하시면서 그렇게 됐어.

W 말도 안 돼! 일하기 싫어서 변명하는 그 게으른 여자 말이야?

M 맞아. 내 사촌인데, 삼촌을 이용하는 거나 다름없지.

Q: 대화에 의하면, 남자의 삼촌이 그렇게 가난해진 이유는 무엇인가?

　(a) 경제 위기 때문에 사업이 휘청거렸다.

　(b) 딸과 그녀의 가족을 돌봐줘야 한다.

　(c) 사치품을 사는 데 재산을 탕진해버렸다.

　(d) 부모님으로부터 많은 돈을 물려받지 못했다.

해설 남자의 삼촌은 그의 딸과 그녀의 세 아이를 돌봐주기 시작하면서 가난해졌다. 따라서 정답은 (b)이다. (a), (c), (d) 모두 언급되지 않은 내용이다.

어휘 be in the red 적자이다, 빚이 있다　　be well off (경제적으로) 잘 살다
make excuse 변명하다　　take advantage of ~을 이용하다, 이용해먹다
go downhill (건강, 상황 등이) 내리막길로 접어들다, 악화되다　　economic crisis 경제 위기
squander 낭비하다, 허비하다　　inherit 상속받다, 물려받다

□ **유형분석** 추론 문제는 논리적이고 객관적인 시각을 가지고 풀어야 한다. 대화 전반의 흐름은 물론, 특정 인물이나 사물에 대한 구체적인 정보까지 파악해야 하는 고난도 유형이다.

□ **문항패턴** **What can be inferred from** the conversation?
What can be inferred about the man (from the conversation)?

□ **풀이전략** 종종 주어진 대화를 확대 해석하거나 논리적으로 비약하여 헷갈리게 하는 선택지가 나오므로 **확실한 오답부터 걸러내고** 답을 찾는 것이 좋다.

⊛ 리스닝 포인트 찾기

Listen to a conversation about a man's car. ◀ MP3 **1-13**

M I am trying to sell my car, but nobody is interested in even taking a look at it.

W About how much are you asking for it?

M The car is not too shabby, and it's in good condition.

W Just give me an estimate of how much you want for it.

M $6,000. And that is a steal.

W Are you out of your mind? Actually, I was considering buying your old car.

Q: What can be inferred from the conversation?

   (a) The man is sick and tired of his car.
   (b) The woman will pay the man's asking price.
   (c) The man is asking for more than what the woman had expected.
   (d) The woman has no interest in purchasing the man's car.

포인트 ❶ 남자가 제시한 가격에 여자는 제 정신이냐며 놀라고 있으므로 생각보다 높은 금액을 부른 것이라 추론할 수 있고, 그 금액으로 사지도 않을 것이다.

포인트 ❷ 남자의 중고차 가격을 물어보고 그것을 살까 생각하고 있었다고 했으므로 여자는 남자의 차를 사는 데 관심이 있다.

해석　남자의 자동차에 관한 대화를 들으시오.

M　내 차를 팔려고 하는데, 누구 거들떠보려고 하는 사람도 없네.

W　대략 얼마에 팔려고 하는데?

M　차가 그리 낡지 않았고 상태가 괜찮아.

W　얼마에 팔고 싶은지 대충 가격대를 말해봐.

M　6,000달러. 그 정도면 거저지.

W　너 정신 나갔니? 사실, 내가 네 중고차를 살까 생각하고 있었는데.

Q: 대화로부터 추론할 수 있는 것은 무엇인가?

　　(a) 남자는 자기 차에 싫증을 느끼고 있다.

　　(b) 여자는 남자가 요구하는 금액을 지불할 것이다.

　　(c) 남자는 여자가 기대한 것보다 더 많은 액수를 요구하고 있다.

　　(d) 여자는 남자의 차를 사는 데 관심이 없다.

해설　가격대를 말하는 남자의 대답에 여자가 놀라는 것으로 보아 남자는 여자가 예상했던 것보다 더 많은 액수를 불렀을 것이다. 따라서 (c)가 정답이다. (a)는 언급되지 않은 내용이다.

어휘　**be interested in** ~에 관심이 있다　**take a look at** ~을 한 번 보다
ask for (물건을) 청구하다　**shabby** 낡은, 허름한　**estimate** 추정, 견적
That's a steal. 공짜나 마찬가지다, 거저다.　**be out of one's mind** 제정신이 아니다
be sick and tired of ~에 질리다, 싫증나다　**expect** 기대하다, 예상하다

PART Ⅳ

짧은 담화

Listening Pattern

 토픽 ┄┄┄┄┄ 문제 흐름 ┄┄┄┄┄ 질문 유형

뉴스, 광고,
이벤트 홍보, 안내,
공지, 강의

의학, 과학, 사회학,
정치, 역사, 문화,
인문학, 심리학 등
다양한 분야

4~5문장의 담화
(30초~40초)

⬇

질문과
적절한 대답

- **대의 파악**
  - 주제 찾기
  - 요지 찾기

- **세부 내용 파악**
  - 옳은 사실 찾기
  - 특정 정보 찾기

- **추론**
  - 추론하기
  - 화자가 가장 동의할 것
    같은 문장 찾기

Listening Point

1 31~36번, 총 6문항

2 담화 → 질문 → 담화 → 질문 → 선택지 순으로 담화와 질문은 두 번, 선택지는 한 번

들려준다.

3 대의 파악, 세부 내용 파악, 추론의 출제 비율은 2:3:1 정도이다.

4 노트 테이킹이 핵심이다.

→ 담화를 처음 들을 때 주제 및 세부 정보를 노트 테이킹하고, 두 번째 들을 때는 질문에

해당하는 부분을 중심으로 살을 붙여 나가야 한다.

→ 키워드, 기호 등을 활용하여 빠르게 적는 연습을 해야 한다.

5 대화에서 설명된 내용을 동일한 의미의 다른 단어나 어구로 표현한 패러프레이징

(paraphrasing) 선택지가 주로 답이 된다.

6 담화가 제시되므로 독해 공부와 어휘 공부를 병행하는 것이 좋다.

→ 읽고 이해하지 못한다면 듣고 이해하는 것은 더욱 힘들다. TEPS 문제를 풀면서 처음

접하는 단어, 숙어, 표현 또한 반드시 외워둬야 한다.

7 영어 뉴스, 다큐멘터리 등을 청취하는 것이 도움이 된다.

→ Part IV~V에서는 다양한 분야의 수준 있는 담화가 제시되므로 영어 뉴스, 다큐멘터

리의 스크립트를 확인하며 제대로 공부하는 것이 좋다.

□ **유형분석**　담화의 전반적인 내용을 물어보는 유형이다.

□ **문항패턴**　What is the **main topic** of the talk?
　　　　　　What is the news story **mainly about**?
　　　　　　What is **mainly being advertised** (in the talk)?

□ **풀이전략**　일반적으로 영어는 두괄식 단락이 많으며 미괄식 단락도 종종 쓰인다. 따라서 **담화의 처음과 끝부분에** 귀를 기울여야 한다.

🔍 리스닝 포인트 찾기

These days, many people are often trying to focus on their jobs and families; however, when they turn on the television or the radio or even log on to the Internet, rather than hearing good news, they come face to face with a large amount of bad news. There are economic problems, natural disasters, and political scandals all over the news. This has led many people to turn off the news so that they can ignore what is going on in the world around them.

 ◀ MP3 **1-14**

Q: What is the main topic of the talk?

  (a) What kind of bad news people are listening to

  (b) How people get their news

  (c) Why people are turning off the news

  (d) Which news programs are the most popular

포인트 ❶ 역접 연결어 however 이후로 사람들이 TV, 라디오, 인터넷으로부터 관심을 끄고 있다는 담화의 주제가 등장한다.

포인트 ❷ 마지막 문장에서 다시 한 번 주제를 강조하고 있다.

포인트 ❸ 경제 문제, 자연 재해, 정치 스캔들 등 부정적인 뉴스 종류가 나오기는 하지만 세부 내용에 불과하다.

포인트 ❹ TV, 라디오, 인터넷으로 뉴스를 접한다는 내용이 나오기는 하지만 글 전체를 포괄하는 주제로 보기는 어렵다.

해석 요즘, 많은 사람들은 주로 직장과 가정에 집중하려는 경향을 보인다. 그러나 이들이 TV, 라디오를 켜거나 인터넷에 접속하면 좋은 소식보다는 엄청난 양의 부정적인 소식을 접하게 된다. 경제 문제, 자연 재해, 정치 스캔들에 관한 뉴스가 도배를 하고 있다. 이는 많은 이들로 하여금 뉴스에 신경을 쓰지 않게 만들어서 세상이 어떻게 돌아가는지조차 무시하게 되는 것이다.

Q: 담화의 주제는 무엇인가?

    (a) 사람들이 듣는 부정적인 뉴스의 종류

    (b) 사람들이 뉴스를 접하는 방법

    (c) 사람들이 뉴스를 듣지 않는 이유

    (d) 가장 인기 있는 뉴스 프로그램

해설 담화 전반적으로 엄청난 양의 부정적인 소식 때문에 사람들이 뉴스에 신경을 쓰지 않고 있다고 이야기하고 있으므로 (c)가 가장 적절하다. (a), (b)는 담화의 세부 내용에 불과하고, (d)는 언급되지 않은 내용이다.

어휘 **log on to** ~에 접속하다, 로그인하다   **rather than** ~하기보다
come face to face 얼굴을 마주하다, 대면하다   **scandal** 스캔들, 추문   **turn off** 신경을 끊다

LP 02 대의 파악 2: 요지 찾기

□ **유형분석** 요지 찾기 문제는 주제 찾기 문제와 다르다. 주제는 담화의 전반적인 내용을 묻지만, 요지는 핵심 메시지를 묻는 것이다. 화자가 진정으로 하고 싶어 하는 말을 파악해야 한다.

□ **문항패턴** What is the speaker's **main point**?

What is the speaker's **main point about** skiing?

What is the speaker **mainly doing** (in the talk)?

□ **풀이전략** 다음은 요지를 나타낼 수 있는 표현으로 유의하여 들어야 한다.

① **역접 연결어 however, but, yet, still** 뒤에 이어지는 내용

② **must, have to, need to, should, ought to**와 같이 **의무**를 나타내는 조동사

③ **의무, 필수, 핵심**의 의미를 가진 형용사

　　obligatory, compulsory, mandatory 의무적인

　　imperative, essential 필수적인

　　important, crucial 중요한, 핵심적인

④ **최상급**으로 **의미를 강조**한 문장

🔍 리스닝 포인트 찾기

◀ MP3 **1-15**

People frequently have various disputes with their family members, friends, and colleagues. In order to solve these problems, which happen on a daily basis, they must spend a large amount of time and effort. Arguing is one way people try to solve their problems. However, this often results in people becoming angry with one another, so it is not an ideal problem-solving method. Instead, people should try to settle their problems in a calm and rational manner. This will let both people in the dispute feel like they have won.

> **포인트 ❶** 역접 연결어 however 이후로 화를 내는 것 외에 사람들이 문제를 해결할 수 있는 다른 방법을 제시하고 있다.

> **포인트 ❷** 의무를 나타내는 조동사 should 로 화자의 요지를 분명히 드러내고 있다.

Q: **What is the speaker's main point?**

(a) Anger is something many people have to deal with.

(b) People should solve their problems calmly.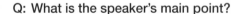

(c) People need to argue with others much less.

(d) It is sometimes effective to argue to solve a problem.

> **포인트 ❸** 담화의 in a calm and rational manner를 calmly로 패러프레이징한 셈이다.

해석 가족 구성원, 친구, 동료와의 의견 충돌은 빈번한 일이죠. 매일 발생하는 이러한 문제를 해결하기 위해서, 사람들은 오랜 시간과 많은 노력을 할애하게 됩니다. 논쟁은 사람들이 문제를 해결하려는 한 가지 방법이고요. 그러나 이는 결국 당사자들이 서로에게 화를 내게 하므로 이상적인 문제 해결 방법은 아닙니다. 대신, 이들은 차분하고 이성적인 방법으로 문제를 해결하도록 해야 하는 것이죠. 이는 분쟁 당사자 모두 자신이 이긴 것 같은 기분이 들도록 할 것입니다.

Q: 화자의 요지는 무엇인가?

(a) 화는 많은 사람들이 다룰 수 있어야 하는 것이다.

(b) 사람들은 문제를 차분히 해결해야 한다.

(c) 사람들은 타인과의 논쟁을 훨씬 더 줄여야 한다.

(d) 때로는 문제 해결을 위해 논쟁하는 것이 효과적이다.

해설 화자는 사람 간의 빈번한 의견 충돌을 해결하기 위해서는 논쟁하며 화를 내기보다, 차분하고 이성적으로 다가가야 한다고 주장하고 있으므로 정답은 (b)이다. (c) 무조건적으로 타인과의 논쟁을 줄이라는 것이 아니고, (d) 사람들이 사용하는 문제 해결의 한 방법으로 논쟁을 언급했을 뿐, 그것이 효과적이라는 말은 없었다.

어휘 frequently 흔히, 빈번하게   dispute 분쟁, 논쟁   colleague 동료
in order to ~하기 위하여   on a daily basis 매일   effort 노력
problem-solving 문제해결의   rational 이성적인   deal with 처리하다, 다루다

LP 03 세부 내용 파악 1: 옳은 사실 찾기

- **유형분석** 옳은 사실을 찾는 문제는 담화 전반에 대해, 혹은 특정 인물이나 사물에 대해 질문하므로 전반적인 내용은 물론 구체적인 정보까지 파악해야 하는 고난도 유형이다.

- **문항패턴** **Which is correct according to** the report?
  Which is correct about smart watches (according to the talk)?

- **풀이전략** 1 질문에 옳은 사실 찾기 문제가 나온다면 두 번째 담화를 들을 때 처음 **노트 테이킹**에 **숫자, 시간, 요일**과 같은 **구체적인 정보** 위주로 살을 붙여 나가는 것이 중요하다.
  2 선택지에서는 **패러프레이징(paraphrasing)**된 문장에 유의해야 한다.

🔍 리스닝 포인트 찾기

Now, why don't we turn our attention to the weather forecast? I hate to be the bearer of bad news, but expect heavy rain throughout the weekend. We should get several centimeters of rain on both Saturday and Sunday. That's going to make driving somewhat dangerous, so please be careful. The weather will begin clearing up on Monday, but it will still be partly cloudy. Monday and Tuesday, however, will see sunny skies and temperatures in the low teens.

◀ MP3 **1-16**

> **포인트 ❶** 질문에 옳은 사실 찾기 문제가 나온다면 구체적인 정보 위주로 노트 테이킹에 살을 붙여 나가야 한다. 일기 예보이므로 요일별 날씨를 반드시 적어두어야 한다.

Q: **Which is correct according to the weather report?**

(a) The news is being aired in the early morning.

(b) The weather for the weekend is expected to be good for outdoor activities.

(c) Several centimeters of rain are expected next week.

(d) Starting next week, the weather will clear up.

> **포인트 ❷** 월요일부터 날씨가 갤 것이라는 말을 다음 주부터 날씨가 갤 것이라고 바꾸어 표현했다.

해석 이제, 일기 예보로 넘어가 볼까요? 나쁜 소식을 전해드리고 싶지는 않습니다만 주말 내내 많은 양의 비가 예상됩니다. 토요일, 일요일 양일간에 비가 수 센티미터 내릴 것으로 보입니다. 운전하기에 다소 위험할 수 있으니 주의하시기 바랍니다. 월요일에는 날씨가 갤 것으로 보이지만 부분적으로 흐리기도 할 것입니다. 그러나 월요일과 화요일은 화창한 하늘에 기온은 10도 초반 대가 될 것으로 보입니다.

Q: 일기 예보에 따르면 다음 중 옳은 것은 무엇인가?
    (a) 뉴스는 이른 아침에 방송되고 있다.
    (b) 주말 날씨는 야외 활동에 좋을 것으로 예상된다.
    (c) 다음 주에 수 센티미터의 비가 내릴 것이다.
    (d) 다음 주부터 날씨가 갤 것이다.

해설 월요일부터 날씨가 개어 화창한 하늘을 볼 수 있을 것이라 했으므로 정답은 (d)이다. (a) 뉴스가 언제 방송되고 있는 것인지는 알 수 없고, (b) 주말에는 수 센티미터의 비가 내리므로 야외 활동에 적합하지 않을 것이다. (c) 다음 주는 맑을 것이다.

어휘 **attention** 관심　**weather forecast** 일기 예보　**bearer** 운반하는 사람; 전달하는 사람
somewhat 다소, 약간　**temperature** 기온, 온도　**air** 방송하다　**outdoor** 야외의

□ **유형분석** 의문사가 있는 구체적인 질문으로 담화의 특정 정보를 묻는 유형이다.

□ **문항패턴** **How** did the two characters happen to meet again?

What was the result of the floods in southern France?

Why do many companies have their headquarters in the U.S.?

□ **풀이전략** 1 특정 정보 찾기 문제는 **두 번째 담화를 들을 때** 비교적 쉽게 찾을 수 있다.

2 선택지에서는 **패러프레이징(paraphrasing)**된 문장에 유의해야 한다.

🔍 리스닝 포인트 찾기

◀ MP3 **1-17**

It's time for an update on the recent earthquake in Indonesia. The official death toll stands at around 2,000 people right now, but officials expect it to rise to at least 5,000 over the next few days. The quake, which measured 7.3 on the Richter scale, happened early on Wednesday morning and caused an extensive amount of damage. Since many of the places hit by the earthquake are in isolated areas, government officials have yet to arrive to offer assistance. Fortunately, many countries have offered relief aid, and supplies are now pouring in from all over the world.

> **포인트 ❶** 두 번째 담화를 들을 때 복구 활동이 늦어지는 이유를 찾아가며 들어야 한다. 이 부분을 듣는 것이 관건이다.

Q: **Why is the recovery effort slow?**

  (a) Many areas are in hard-to-get places.

> **포인트 ❷** 담화의 isolated areas가 (a)의 hard-to-get places로 패러프레이징 되었다.

  (b) Government officials are not doing their jobs properly.

  (c) Not enough supplies have arrived.

  (d) The government lacks the funds to help the people.

해석 인도네시아의 최근 지진에 관한 소식입니다. 현재 공식 사망자 수가 약 2,000명에 달하지만, 당국은 앞으로 며칠 사이이 수가 적어도 5,000명을 넘을 것으로 예상하고 있습니다. 리히터 규모 7.3을 기록한 이번 지진은 수요일 이른 아침에 발생했고 상당한 피해를 일으켰습니다. 지진 피해를 입은 지역 중 다수가 고립 지역이어서, 당국이 아직 원조 활동을 펼치지 못하고 있습니다. 다행히도 많은 국가들이 구호 활동을 제공하고 있고 물품이 전 세계 곳곳에서 연달아 오고 있습니다.

Q: 피해 복구 활동이 더디게 진행되는 이유는 무엇인가?

    (a) 많은 지역이 접근하기 어려운 곳이다.

    (b) 당국이 임무를 제대로 하고 있지 않다.

    (c) 구호 물품이 충분히 도착하지 않았다.

    (d) 정부는 사람들을 도울 재정이 부족한 상태이다.

해설 당국이 아직 원조 활동을 펼치지 못하는 이유로 피해 지역의 다수가 고립 지역이라는 내용이 나온다. 따라서 (a)가 정답이다. (b) 당국은 피해 복구를 위해 노력 중이고, (c) 전 세계 많은 국가들로부터 구호 물품이 들어오고 있다. (d) 피해 복구 금액에 관한 언급은 없었다.

어휘 update 최신 정보, 최신 뉴스　official 공식적인; 공무원 (pl.) 당국
death toll 사망자 수　stand at (수치가) ~에 이르다　extensive 대규모의
isolated 고립된　assistance 도움, 원조　relief aid 구호 활동
supplies (pl.) 필수품; 보급품　pour in 연달아 오다

□ **유형분석** 추론 문제는 논리적이고 객관적인 시각을 가지고 풀어야 한다. 담화 전반의 흐름은 물론, 특정 인물이나 사물에 대한 구체적인 정보까지 파악해야 하는 고난도 유형이다.

□ **문항패턴** **What can be inferred from** the leture?
What can be inferred about New York City (from the talk)?

□ **풀이전략** 주어진 담화를 확대 해석하거나 논리적으로 비약하여 헷갈리게 하는 선택지가 종종 나오므로 **확실한 오답부터 걸러내어** 답을 찾는 것이 좋다.

🎯 리스닝 포인트 찾기

◀ MP3 **1-18**

While the Internet offers many exciting possibilities, it can also harm people. One way is through Internet addiction, which is a severe compulsion to use the Internet for an extended period of time. Many people, particularly teens and people in their twenties, are becoming addicted to the Internet. They are staying in front of their computers all day and all night long to play games, to chat, or just to surf the Internet. In doing this, they are neglecting their studies and jobs. Some of them are even forgetting to sleep or to eat.

포인트 ❶ in doing this는 컴퓨터로 게임이나 채팅, 인터넷 서핑을 하는 것을 의미하며, 이로 인해 학업과 일에 소홀해진다고 했으므로, 몇몇 사람들은 여기에 더 흥미를 느낀다는 것을 추론할 수 있다.

Q: What can be inferred from the talk?

  (a) Some people find the Internet more interesting than school.

  (b) The Internet is the primary cause of various social problems.

  (c) Some believe that teenagers should be banned from using the Internet.

  (d) Young adults would be better off without the Internet.

포인트 ❷ 다양한 사회 문제나 금지에 관한 내용은 언급되지 않았다.

포인트 ❸ 특히 몇몇 십 대와 이십 대가 인터넷에 중독되고 있다는 내용으로 젊은 층에게 인터넷이 없었으면 좋을 뻔했다는 것은 논리적 비약이다.

해석 인터넷이 여러 흥미진진한 가능성을 제공하기는 하지만, 사람들에게 해를 가할 수도 있다. 그 중 하나가 인터넷 중독인데, 이는 오랜 시간 동안 인터넷을 사용하려는 심각한 강박증이다. 많은 사람들, 특히 십 대와 이십 대가 인터넷에 중독되고 있다. 그들은 하루 종일 컴퓨터 앞에 앉아서 게임을 하고, 채팅을 하거나, 그저 인터넷 서핑을 한다. 이러는 중에 이들은 학업과 업무에 소홀해지게 된다. 이들 중 일부는 잠자는 것과 식사하는 것마저도 잊게 된다.

Q: 담화로부터 추론할 수 있는 것은 무엇인가?

(a) **몇몇 사람들은 학교보다 인터넷에 더 흥미를 느낀다.**
(b) 인터넷은 다양한 사회 문제의 주요 원인이다.
(c) 어떤 이들은 십 대들의 인터넷 사용이 금지되어야 한다고 생각한다.
(d) 젊은 층은 인터넷이 없다면 더 좋을 뻔했다.

해설 특히 몇몇 십 대와 이십 대가 인터넷에 중독되고, 이에 학업과 업무에도 소홀해지고 있다고 했으므로 몇몇 사람들은 학교나 직장보다 인터넷에 더 흥미를 느낀다고 추론할 수 있다. 정답은 (a)이다.

어휘 harm 피해를 입히다　addiction 중독　compulsion 강요, 강박; 충동　extend 연장하다
neglect 무시하다; 소홀히 하다　primary 주된, 주요한　ban 금지하다
be better off (상황이) 더 낫다; (경제적으로) 유복하다

□ **유형분석** 화자가 가장 동의할 것 같은 문장을 추론하는 문제는 결국 화자의 요지를 묻는 유형과 동일하다. 화자가 진정으로 하고 싶어 하는 말을 파악하는 것이 관건이다.

□ **문항패턴** **Which statement** would the speaker **most likely agree with**?
Which statement about commodities would the speaker **most likely agree with**?

□ **풀이전략** **역접 연결어 뒤에 이어지는 내용**이나, **의무**를 나타내는 조동사, **의무 / 필수 / 핵심**의 의미를 가진 형용사, **최상급 표현** 등에 유의하여 들어야 한다.

🔍 리스닝 포인트 찾기

◀ MP3 **1-19**

In recent years, the whitetail deer has seen its numbers explode. While hunting and the expansion of rural areas once caused its numbers to dwindle, experts estimate that the country will have more than twenty million whitetail deer by the year 2020. Unfortunately, this increasing number of deer is causing several unexpected problems. For one, every year, more and more people are hitting deer with their cars or other motor vehicles. Additionally, many deer are becoming nuisances as they invade people's gardens and even their flowerbeds. Something will have to be done about their increasing numbers very soon.

포인트 ❶ 역접 연결어 unfortunately 다음의 내용에서 화자가 하고자 하는 말이 드러난다.

포인트 ❷ 앞 내용에 덧붙일 때 쓰는 표현인 additionally로 사슴 수 증가에 따른 문제를 한 가지 더 언급하며 화자의 의견을 강조하고 있다.

Q: **Which statement would the speaker most likely agree with?**

   (a) Whitetail deer will be slaughtered soon.

   (b) Protecting endangered species like whitetail deer is important.

   (c) Measures should be taken to control the deer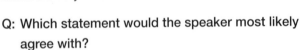
   population.

   (d) People should learn how to avoid hitting deer with their cars.

포인트 ❸ 도살해야 할 정도로 심각한 문제를 야기하지는 않았다. 논리적 비약이다.

포인트 ❹ 담화의 number(s)를 (c)의 population으로 패러프레이징한 셈이다.

해석 최근 몇 년 사이 흰 꼬리 사슴의 개체 수가 급증했습니다. 사냥과 시골 지역의 확장이 한때 개체 수 감소를 야기하기도 했으나, 전문가들은 2020년까지 흰 꼬리 사슴이 2천만 마리 이상으로 늘어날 것으로 보고 있습니다. 불행히도, 이러한 사슴 수의 증가는 몇몇 예상치 못한 문제를 낳고 있습니다. 첫째로, 차를 몰다가 사슴을 들이받는 사람들이 매년 늘고 있습니다. 게다가 많은 사슴이 사람들의 정원이나 심지어는 화단에 들어와 골칫거리가 되고 있습니다. 사슴의 개체 수가 늘고 있는 데 대해 조만간 무언가 조치가 취해져야 합니다.

Q: 화자가 가장 동의할 것 같은 문장은 무엇인가?

    (a) 흰 꼬리 사슴은 곧 도살당할 것이다.

    (b) 흰 꼬리 사슴과 같은 멸종 위기 종을 보호하는 것은 중요하다.

    (c) 사슴 개체 수를 조절하기 위해 조치가 취해져야 한다.

    (d) 사람들은 사슴을 차로 치지 않는 방법을 알아야 한다.

해설 흰 꼬리 사슴의 개체 수 증가가 예상치 못한 문제를 야기하고 있다는 내용이 나오므로 화자는 이를 조절하기 위한 조치가 취해져야 한다는 (c)에 가장 동의할 것이다.

어휘 **explode** 폭발하다; 폭발적으로 증가하다　**dwindle** 감소하다　**estimate** 추정하다
unexpected 예상치 못한, 뜻밖의　**vehicle** 차량, 탈 것　**nuisance** 성가신 것[사람]; 골칫거리
flowerbed 화단　**slaughtered** 도살하다, 도축하다　**take measures** 조치를 취하다
population 인구, 개체 수

PART V

긴 담화

Listening Pattern

 토픽 .... 문제 흐름 .... 대화 유형

뉴스, 광고,
이벤트 홍보, 안내,
공지, 강의

의학, 과학, 사회학,
정치, 역사, 문화,
인문학, 심리학 등
다양한 분야

7~10문장의 담화
(50초~1분)

⬇

2개의 질문과
적절한 대답

- **대의 파악**
  - 주제 찾기
  - 요지 찾기

- **세부 내용 파악**
  - 옳은 사실 찾기
  - 특정 정보 찾기

- **추론**
  - 추론하기
  - 화자가 가장 동의할 것
    같은 문장 찾기

Listening Point

1 37~40번, 총 2지문, 4문항

2 담화 → 첫 번째 질문 → 두 번째 질문 → 담화 → 첫 번째 질문 → 첫 번째 선택지

　→ 두 번째 질문 → 두 번째 선택지 순으로 담화와 질문은 두 번, 선택지는 한 번 들려준다.

3 노트 테이킹이 핵심이다.

　→ 담화를 처음 들을 때 주제 및 세부 정보를 노트 테이킹하고, 두 번째 들을 때는 질문에

　　해당하는 부분을 중심으로 살을 붙여 나가야 한다.

　→ 키워드, 기호 등을 활용하여 빠르게 적는 연습을 해야 한다.

4 담화에서 설명된 내용을 동일한 의미의 다른 단어나 어구로 표현한 패러프레이징

　(paraphrasing) 선택지가 주로 답이 된다.

5 독해 공부와 어휘 공부를 병행하는 것이 좋다.

6 영어 뉴스, 다큐멘터리 등을 청취하는 것이 도움이 된다.

□ **유형분석** 담화의 전반적인 내용과 세부 내용을 동시에 물어보는 유형이다.

□ **문항패턴**

> main topic / mainly about / mainly being said ~?
> main point / mainly doing ~?

+

> Which is correct ~?
> / 의문사 의문문

□ **풀이전략** 1 담화의 전반적인 내용은 처음 들을 때 파악이 되었을 것이다. 따라서 **두 번째 담화를 들을 때는 세부 내용에 초점을 맞춰 노트 테이킹**해야 한다.

2 처음 **노트 테이킹**에 **숫자, 시간, 요일과 같은 구체적인 정보** 위주로 살을 붙여 나가는 것이 중요하다.

3 선택지에서는 **패러프레이징(paraphrasing)**된 문장에 유의해야 한다.

🔍 리스닝 포인트 찾기

◀ MP3 **1-20**

In other news today, a satellite was successfully launched by the national space agency. The satellite will be in geostationary orbit, making it appear stationary since it maintains the same position relative to the Earth's surface, and it will help monitor the weather. It will also be used as a communications satellite—particularly for cell phones—though that isn't its primary function. Since the last weather satellite malfunctioned two months ago, this one will be a major boon for meteorologists across our region, particularly as its more modern computer systems will be able to collect and transmit data approximately 50 times faster than the unit it replaces.

포인트 ❶ 어려운 어휘가 나올 때는 주로 설명이 뒤따르는데, 이 설명을 놓치지 말고 들어야 한다. 2번 보기 (c)에서 인공위성이 지구의 표면에 비례하여 같은 위치에서 돈다고 했으므로, 결국 지구를 따라 도는 것임을 알 수 있다.

1 Q: What is the main topic of the news report?

  (a) An overview of a machine recently put into space

  (b) The role satellites play in monitoring the weather

  (c) The importance of having powerful computer hardware

  (d) A description of how satellites are launched into space

포인트 ❷ 담화의 a satellite을 (a)의 a machine recently put into space로 패러프레이징한 셈이다.

포인트 ❸ 인공위성의 주목적인 help monitor the weather를 그대로 사용한 오답이다. 인공위성이 기상 관측을 도울 것이지만 정확히 어떤 역할을 하는지는 알 수 없다.

2 Q: Which is correct according to the news report?

(a) The new satellite will provide weather data for the entire nation.

(b) The satellite will mainly be used to transmit phone data.

(c) The newly launched satellite will move in sync with the Earth.

(d) The previous satellite had the same hardware as the new one.

포인트 ❹ 새 인공위성이 해당 지역의 기상학자들에게 도움이 된다고 했으므로 전국에 데이터를 제공하는 것은 아닐 것이다. 세부 정보까지 들어야 풀 수 있는 문제다.

해석 다음 뉴스입니다. 인공위성 한 대가 국립 항공 우주국으로부터 성공적으로 발사되었습니다. 본 인공위성은 정지 궤도에 머무를 것인데, 이는 지구의 표면에 비례하여 같은 위치를 유지하기에 정지한 것처럼 보이게 만들 것이며, 기상 관측을 도울 것입니다. 이는 또한 통신 위성으로, 특히 핸드폰을 위해 사용될 것입니다. 주 기능은 아니지만 말이죠. 마지막으로 발사된 기상 위성이 두 달 전 오작동을 한 이후로, 이는 우리 지역의 기상학자들에게 요긴한 것이 될 것입니다. 특별히 본 위성의 더욱 현대적인 컴퓨터 시스템이 대체하기 이전의 위성보다 약 50배 빠르게 데이터를 수집하고 송신할 수 있을 것이기 때문입니다.

1 Q: 뉴스 보도의 주제는 무엇인가?

(a) 최근 우주로 발사된 기계에 대한 개요
(b) 기상 관측에 있어 인공위성이 하는 역할
(c) 강력한 컴퓨터 하드웨어를 갖는 것의 중요성
(d) 인공위성이 어떻게 우주로 발사되는지에 대한 설명

2 Q: 뉴스 보도에 따르면 다음 중 옳은 것은 무엇인가?

(a) 새로운 인공위성은 전국에 날씨 데이터를 공급할 것이다.
(b) 인공위성은 전화 데이터를 송신하는 데 주로 쓰일 것이다.
(c) 새로 발사된 인공위성은 지구를 따라 움직일 것이다.
(d) 이전의 인공위성은 새로운 인공위성과 같은 하드웨어를 지니고 있었다.

해설 **1** 최근 우주로 발사된 인공위성의 특징과 목적, 장점을 포괄적으로 설명하고 있으므로 (a)가 가장 적절하다.

2 새로운 인공위성은 지구의 표면에 비례하여 같은 위치를 유지하는 정지 궤도에 머무른다고 했으므로 지구를 따라 움직이게 될 것이므로 정답은 (c)이다. (a) 전국이 아닌 한 지역에 데이터를 공급할 것이고, (b) 전화 데이터를 송신하는 것은 주 기능이 아니라고 했다. (d) 새 인공위성은 이전 인공위성에 비해 더욱 현대적인 컴퓨터 시스템을 갖추고 있다.

어휘 **satellite** 인공위성 **launch** 발사하다 **agency** (정부 등의) 기관
geostationary orbit 정지 궤도 (지구에서 보았을 때 정지하고 있는 것처럼 보이는 궤도)
stationary 정지한 **relative to** ~에 비례하여 **malfunction** 오작동을 일으키다
boon 요긴한 것, 혜택 **meteorologist** 기상학자 **transmit** 전송하다, 송신하다
replace 대체하다 **in sync with** ~의 추세에 따라

□ **유형분석** 담화의 전반적인 내용 파악과 추론을 동시에 요구하는 유형이다.

□ **문항패턴**

| main topic / mainly about / mainly being said ~?
 main point / mainly doing ~? | + | What can be inferred ~?
 / ~ most likely agree with? |

□ **풀이전략** 1 담화의 전반적인 내용은 처음 들을 때 파악이 되었을 것이다. 따라서 **두 번째 담화를 들을 때는 논리적 흐름에 초점을 맞춰 노트 테이킹**해야 한다.

2 추론 유형은 주어진 담화를 확대 해석하거나 논리적으로 비약하여 헷갈리게 하는 선택지가 종종 나오므로 **확실한 오답부터 걸러내고 답을 찾는 것이 좋다.**

3 선택지에서는 **패러프레이징(paraphrasing)**된 문장에 유의해야 한다.

🔍 리스닝 포인트 찾기

◀ MP3 **1-21**

Artistic quality is essentially a matter of taste. What one person finds magnificent another may find dreadful. These varying opinions can cover the whole gamut of art, including music, painting, architecture, movies, and literature. What is unknown is why people have different opinions on the same thing. Some experts point to socioeconomic factors, including the environments that people are brought up in, their education and income levels, and the types of art they enjoy. However, others claim that a chemical reaction in the brain is responsible for deciding what we like and dislike. Whatever the case, it is certain that people will continue to argue over artistic quality.

포인트 ❶ 첫 문장에 강의의 주제가 제시되고 있다.

1 Q: What is the speaker's main point?

(a) The quality of art can be measured objectively.

(b) Socioeconomic factors play an important role in determining what art people like.

포인트 ❷ 사회 경제적 요소가 영향을 미친다는 주장은 일부 전문가들의 의견에 불과하다.

(c) Certain forms of art are more broadly appealing than others.

(d) People will continue to disagree about works of art.

포인트 ❸ 담화의 argue over artistic quality를 (d)의 disagree about works of art로 패러프레이징한 셈이다.

2 Q: What can be inferred about art from the lecture?

    (a) The amount of money people earn has little effect on the art they enjoy.

    (b) The artistic quality of architecture is disputed less often than the value of movies. → **포인트 ❹** 건축의 예술성만 따로 언급한 내용은 없었다. 확실한 오답부터 걸러내야 한다.

    (c) Changes in people's brain chemistry will alter what they find pleasurable.

    (d) Criticisms of one field of art rarely apply to other areas of the art world. → **포인트 ❺** 예술 분야에 대한 비판도 언급되지 않은 내용이다.

해석

예술성은 본질적으로 취향의 문제입니다. 어떤 사람이 훌륭하다고 생각하는 작품에서 다른 사람은 형편없음을 느낄 수도 있죠. 이러한 다양한 의견이 음악, 미술, 건축, 영화, 문학을 포함한 예술 전반에 걸쳐 있을 수 있습니다. 아직 알려지지 않은 것은 왜 사람들이 동일한 것에 대해 다른 의견을 가지게 되느냐 하는 것이죠. 몇몇 전문가들은 사회 경제적 요소와 함께 사람들이 자라난 환경, 그들의 교육 및 소득 수준, 그리고 그들이 즐기는 예술의 종류를 그 이유로 지목합니다. 그러나 다른 사람들은 두뇌의 화학적 반응이 우리가 무엇을 좋아하고 싫어하는지 결정한다고 주장합니다. 이유야 어찌되었든 사람들이 예술성에 대해 계속해서 논쟁할 것은 확실합니다.

1 Q: 화자의 요지는 무엇인가?

    (a) 예술성은 객관적으로 측정될 수 있다.

    (b) 사회 경제적 요소는 사람들이 어떤 예술을 좋아하는지 결정하는 데 있어 중요한 역할을 한다.

    (c) 특정 종류의 예술은 다른 종류보다 더 광범위한 매력을 가지고 있다.

    (d) 사람들은 계속해서 예술 작품에 대해 다른 의견을 가질 것이다.

2 Q: 강의로부터 예술에 대해 추론할 수 있는 것은 무엇인가?

    (a) 사람들이 버는 돈은 그들이 즐기는 예술에 거의 영향을 미치지 않는다.

    (b) 건축의 예술성은 영화의 가치보다 덜 논의된다.

    (c) 사람들 뇌의 화학 작용의 변화는 이들이 즐겁다고 느끼는 것을 바꿀 것이다.

    (d) 한 분야의 예술에 대한 비판은 예술계의 다른 분야에 거의 적용되지 않는다.

해설

1 화자는 예술성이 주관적이며, 그 이유는 알려져 있지 않지만 계속해서 논쟁거리가 될 것이라 설명하고 있으므로 정답은 (d)이다. (c) 각각의 예술에 매력을 느끼는 정도는 사람마다 다르며, 예술 종류별로 매력 정도를 비교하지도 않았다.

2 강의의 마지막 부분에 따르면, 사람들은 두뇌의 화학 반응으로 인해 같은 예술에 대해 다른 의견을 갖게 된다. 따라서 뇌의 화학 작용이 변하게 되면, 그들이 좋아하는 것 또한 변하게 될 것이므로 (c)가 정답이다. (a) 예술성의 차이를 사람들의 소득 수준과 같은 사회 경제적 요소로 설명하는 의견도 존재한다.

어휘 **artistic quality** 예술성   **magnificent** 장엄한, 훌륭한   **dreadful** 끔찍한, 무서운
gamut 전체, 전반   **socioeconomic** 사회 경제적인   **bring up** 기르다, 양육하다
chemical 화학의, 화학적인   **be responsible for** ~에 책임이 있다, ~의 원인이 되다
case 경우; 사실   **objectively** 객관적으로   **play a role in** ~에 역할을 하다   **dispute** 논쟁하다

LP 03 세부 내용 파악 & 추론

□ **유형분석** 담화의 세부적인 내용 파악과 추론을 동시에 요구하는 유형이다. 두 유형 모두 세세한 내용까지 꼼꼼하게 파악해야 풀 수 있는 어려운 유형에 속한다.

□ **문항패턴**

| Which is correct ~? / 의문사 의문문 | + | What can be inferred ~? / ~ most likely agree with? |

□ **풀이전략** 1 처음 담화를 들을 때 질문에서 세부 내용 파악 문제와 추론 문제가 나온다면, 문제에서 묻는 주요 내용을 반드시 메모해두고, **두 번째 담화를 들을 때 이를 중심으로 처음 노트 테이킹에 살을 붙여 나가야 한다.**
2 **숫자, 시간, 요일과 같은 구체적인 정보는 놓치지 말고 들어야 한다.**
3 선택지에서는 **패러프레이징(paraphrasing)**된 문장에 유의해야 한다.

🔍 리스닝 포인트 찾기

◀ MP3 **1-22**

Our earliest ancestors were hunter-gatherers who were constantly on the move following prey. This nomadic lifestyle hindered the development of larger communities. Then, around 10,000 years ago, a revolution took place that has come to be known as the Neolithic Agricultural Revolution. Essentially, humans began to abandon their hunting and started farming the land. This enabled villages, towns, and then cities to spring up. As humans became less nomadic, civilizations began to develop. The revolution actually took place all over the world but not at the same time. Some people learned farming techniques faster than those in other areas.

1 Q: According to the speaker, 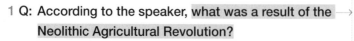 what was a result of the Neolithic Agricultural Revolution?

    (a) People began to have longer lifespans.

    (b) People stopped living itinerant lives.

    (c) People hunted animals only to supplement their diets.

    (d) People founded cities with huge populations.

포인트 ❶ Neolithic Agricultural Revolution이 언급되는 부분을 중점적으로 들어야 한다. 인류가 사냥을 저버리고 토지를 경작하기 시작했다는 내용이 나온다.

2 Q: Which statement would the speaker most likely agree with?

(a) The development of agriculture led to the foundation of modern civilization.

(b) The hunter-gatherer lifestyle is superior to living in agrarian communities.

(c) The birth of cities allowed for conflicts between different peoples to occur.

(d) The concept of agriculture started in one region before spreading to others.

> **포인트 ❷** 담화의 civilizations began to develop가 (a)의 the foundation of modern civilization으로 패러프레이징된 셈이다.

> **포인트 ❸** 생활 방식의 우월성이나 갈등에 관한 언급은 없었다. 확실한 오답은 걸러내 며 들어야 한다

해석 일찍이 우리 조상들은 먹을 것을 따라 계속해서 이동해 다니던 수렵채집꾼이었다. 이러한 유목민 같은 생활 방식은 더 큰 공동체의 발전을 저해했다. 그 후 약 10,000년 전, 신석기 농업 혁명으로 알려지게 된 혁명이 일어났다. 본질적으로, 인류는 사냥을 저버리고 토지를 경작하기 시작했다. 이는 마을과 동네, 그리고는 도시가 생겨나는 것을 가능케 했다. 인류가 유목 생활을 덜 하게 되면서, 문명이 발달하기 시작했다. 혁명은 사실 시기만 달랐을 뿐 전 세계에서 일어났다. 몇 몇 사람들은 다른 지역의 사람들보다 농업 기술을 더 빨리 배웠다.

1 Q: 화자에 의하면, 신석기 농업 혁명의 결과는 무엇인가?

(a) 사람들은 더 오래 살기 시작했다.

(b) 사람들은 떠돌아다니는 삶을 그만 두었다.

(c) 사람들은 먹을 것을 보충하기 위해서만 동물을 사냥했다.

(d) 사람들은 인구가 많은 도시를 세웠다.

2 Q: 화자가 가장 동의할 것 같은 문장은 다음 중 무엇인가?

(a) 농업의 발달이 현대 문명의 기초로 이어졌다.

(b) 수렵채집의 생활방식은 농업 공동체에서 사는 것보다 더 우수하다.

(c) 도시의 탄생은 다른 사람들 사이에서 갈등이 일어나도록 만들었다.

(d) 농업의 개념은 다른 지역으로 퍼지기 전에 어떤 한 지역에서 시작되었다.

해설 **1** 담화의 중간 부분에서 신석기 농업 혁명을 소개한 뒤, 이로 인해 인류가 사냥을 저버리고 토지를 경작하기 시작했으 며, 마을, 동네, 도시가 생기게 되었고, 문명이 발달하기 시작했다고 언급하고 있으므로 (b)가 가장 적절하다. (a) 수명이 나 (d) 인구에 대한 언급은 없었고, (c) 농업 혁명 이후로도 사냥을 했다는 내용 또한 없었다.

2 토지를 경작하면서 도시가 생겨났다고 했으므로 정답은 (a)이다. (d) 담화의 마지막 부분에서 신석기 농업 혁명이 시 기만 다를 뿐 전 세계에서 일어났다는 내용이 나온다. 이를 근거로 한 지역에서 다른 지역으로 퍼졌다고 보기는 어렵다.

어휘 **hunter-gatherer** 수렵채집인   **be on the move** 옮겨 다니다, 이동해 다니다
prey 먹이, 사냥감   **nomadic** 유목의; 방랑하는   **hinder** 저해하다, 방해하다
take place 발생하다; 개최되다   **Neolithic** 신석기 시대의   **abandon** 버리다; 그만두다
spring up (우후죽순) 생겨나다   **civilization** 문명   **itinerant** 떠돌아다니는   **supplement** 보충하다

Section

2

파트별 훈련

PART I

1 **제시 문장의 의미 파악**

Part I에서는 한 문장만을 듣고 이에 적절한 대답을 찾아야 하므로 한 문장만으로도 의미를 파악하는 연습을 해야 한다. 첫 문장만 듣고 이에 뒤따르는 의미를 파악하는 훈련을 해 보자.

MP3 **2-01**

🔊 다음 문장을 듣고 우리말로 주어진 내용이 True인지, False인지 판단하시오.

1 남자는 회의의 첫 안건에 대해 모르고 있다.   T ☐   F ☐

2 여자는 경력에 관해 묻고 있다.   T ☐   F ☐

3 남자는 자신이 위험에 처해 있음을 알리고 있다.   T ☐   F ☐

4 남자는 새 방법에 확신을 갖고 있지 않다.   T ☐   F ☐

5 남자는 회사의 장래에 대한 상대의 생각에 반대하고 있다.   T ☐   F ☐

6 여자는 현재 일하는 방식에 만족하지 않는다.   T ☐   F ☐

7 남자는 길을 가르쳐주고 있다.   T ☐   F ☐

8 여자는 조언을 구하고 있다.   T ☐   F ☐

9 남자는 기침하는 소리에 짜증이 나 있다.   T ☐   F ☐

10 여자는 빈 주차 공간을 발견했다.   T ☐   F ☐

2 제시 문장과 선택지를 모두 듣고 정답 찾기

1에서 들었던 문장에 이어 선택지까지 모두 듣고 적절한 대답을 찾아보자. 선택지를 들을 때, 확실한 정답에는 ○, 확실한 오답에는 ✕, 헷갈리는 경우 △를 해나가면 정답 찾기가 수월해진다.

MP3 **2-02**

🔊 다음을 듣고 제시 문장에 이어질 가장 적절한 대답을 고르시오.

1 (a) ☐   (b) ☐   (c) ☐   (d) ☐

2 (a) ☐   (b) ☐   (c) ☐   (d) ☐

3 (a) ☐   (b) ☐   (c) ☐   (d) ☐

4 (a) ☐   (b) ☐   (c) ☐   (d) ☐

5 (a) ☐   (b) ☐   (c) ☐   (d) ☐

6 (a) ☐   (b) ☐   (c) ☐   (d) ☐

7 (a) ☐   (b) ☐   (c) ☐   (d) ☐

8 (a) ☐   (b) ☐   (c) ☐   (d) ☐

9 (a) ☐   (b) ☐   (c) ☐   (d) ☐

10 (a) ☐   (b) ☐   (c) ☐   (d) ☐

MP3 **2-03**

◀》 다음을 듣고 빈칸을 채우시오.

1   M What's the first item _____ on today's agenda?

(a) We'll talk about that at the next meeting.

(b) _____ and have no agenda at all.

(c) I believe that would be next year's budget.

(d) I thought we'd already finished discussing that.

2   W For how long _____ in the finance industry?

(a) I've been in the business for seven years.

(b) My personal finances _____.

(c) I started as the manager here in 2010.

(d) Sorry, but I don't work there anymore.

3   M Are you aware of how much danger _____?

(a) No, this stunt he's doing is not dangerous at all.

(b) I'm not very concerned about that right now.

(c) Yes, _____ the situation.

(d) We'll take care of everything when the time is right.

4 M I'm not certain that a new approach is going to be effective.

(a) _____ that he's correct.

(b) I believe she's approaching us right now.

(c) Well, _____ and see if it works.

(d) No, it hasn't been very effective at all.

5 M We're curious about your ideas on the company's future.

(a) _____ I submitted.

(b) I'd love to know the answer to that as well.

(c) That's fine. You don't need to be curious.

(d) _____ in the near future.

6 W There has got to be an easier way _____.

(a) I don't see how we can be any more efficient.

(b) I believe this work isn't as easy as you think it is.

(c) Well, _____.

(d) To be honest, we aren't even close to being done.

7 M It would be great if _____ available.

    (a) I intend to drive there right after work is done.

    (b) I believe that we've run out of alternatives.

    (c) It would be quicker just to take a taxi _____.

    (d) I think I know a way to get us there faster.

8 W Take a deep breath, and please _____.

    (a) You've got to control your breathing better.

    (b) That's how you need _____.

    (c) Yes, we're going down to the third floor.

    (d) I'm trying, but my body just won't stop shaking.

9 M _____! You're really starting to drive me crazy.

    (a) You're welcome. I'm glad you enjoyed it.

    (b) I'll try humming a tune you like instead.

    (c) I had no idea _____.

    (d) Sure, you can drive if you'd prefer to.

10 W There's a parking spot. Hurry before someone else sees it.

    (a) _____ for staying in this parking lot.

    (b) Too late! That other car is going to get there first.

    (c) We're going to have to park in the lot across the street.

    (d) _____ in this spot right now.

1 대화의 의미 파악

Part II 역시 세 턴의 대화만을 듣고 이에 적절한 대답을 찾아야 하며, 특히 마지막 말이 정답을 유추하는 데 중요한 역할을 한다. 대화의 흐름을 따라가며 의미를 파악하는 훈련을 해 보자.

MP3 **2-04**

◀)) 다음 문장을 듣고 우리말로 주어진 내용이 True인지, False인지 판단하시오.

1 남자와 여자는 저녁 식사 후 일을 시작할 것이다. T☐ F☐

2 남자는 변호사가 개입하지 않기를 원했다. T☐ F☐

3 여자는 해외 출장을 다녀왔다. T☐ F☐

4 남자는 오후에 고객과의 약속이 있다. T☐ F☐

5 몇몇 직원들이 신입 사원에게 불만이 있다. T☐ F☐

6 여자는 얼마 전 남자에게 요리법을 가르쳐 주었다. T☐ F☐

7 남자는 스키장에서 부상을 당했다. T☐ F☐

8 사람들은 아직 점심 식사를 하지 않았다. T☐ F☐

9 여자는 이메일을 열어보지 않았다. T☐ F☐

10 여자는 남자를 알아보지 못했다. T☐ F☐

대화와 선택지를 모두 듣고 정답 찾기

1 에서 들었던 대화의 선택지까지 모두 듣고 적절한 대답을 찾아보자. 선택지를 들을 때, 확실한 정답에는
〇, 확실한 오답에는 ✗, 헷갈리는 경우 △를 해나가면 정답 찾기가 수월해진다.

MP3 **2-05**

◀)) 다음을 듣고 대화에 이어질 가장 적절한 대답을 고르시오.

1 (a) ☐   (b) ☐   (c) ☐   (d) ☐

2 (a) ☐   (b) ☐   (c) ☐   (d) ☐

3 (a) ☐   (b) ☐   (c) ☐   (d) ☐

4 (a) ☐   (b) ☐   (c) ☐   (d) ☐

5 (a) ☐   (b) ☐   (c) ☐   (d) ☐

6 (a) ☐   (b) ☐   (c) ☐   (d) ☐

7 (a) ☐   (b) ☐   (c) ☐   (d) ☐

8 (a) ☐   (b) ☐   (c) ☐   (d) ☐

9 (a) ☐   (b) ☐   (c) ☐   (d) ☐

10 (a) ☐   (b) ☐   (c) ☐   (d) ☐

3 받아쓰기

2의 내용을 다시 한번 들으며 받아쓰기 해 보자.

MP3 **2-06**

🔊 다음을 듣고 빈칸을 채우시오.

1 M I took all of the files from the office and _____.

W That's good. We're going to have to go over them once lunch is over.

M Okay, but what exactly are we going to be looking at them for?

(a) _____ just as fast as I can right now.

(b) I've already taken care of transferring them to another location.

(c) We've got to check to see if _____ were made.

(d) There's not much information in those files for us to look at.

2 W I've contacted my lawyer, who is going to be getting in touch with you soon.

M I had hoped that our attorneys _____.

W Have you got a better way to solve our disagreement?

(a) We could just _____ on a few things.

(b) My lawyer is in the lobby waiting to speak with you.

(c) No, I don't believe that _____.

(d) Yes, that's my lawyer who is standing over there.

3 M How did you enjoy your business trip last week?

W It was nice _____, but there was a lot of work involved.

M That's true. So, did you have any success with the client _____?

(a) Yes, I met quite a few clients on my trip.

(b) I was there meeting customers for three days.

(c) No, but I think _____ soon.

(d) I'm going to return there next Tuesday.

4

W Aren't you going to visit the chiropractor this afternoon?

M Yes, _____ with him scheduled for three thirty.

W When do you think you'll be able to make it back to the office?

(a) He does really good work on my back.

(b) I should return here _____.

(c) I believe I got here at ten this morning.

(d) He's probably too busy _____.

5

W I'd like to talk to you about the new person _____.

M What's up? Is there something the matter with him?

W Well, several people in the office have complained that _____.

(a) His name is John Randall, and he started working last week.

(b) _____ and tell him to behave properly.

(c) He's busy in a meeting with some customers right now.

(d) I'll file complaints against all of those employees immediately.

6

M This was definitely _____ I've ever had.

W Thank you so much. I'm really pleased that you enjoyed my cooking.

M Oh, it was absolutely delicious. I'd love it _____.

(a) My mother was the one who taught me how to make it.

(b) I believe dessert is ready if you're hungry.

(c) _____ for you before you leave.

(d) Yes, I used a cookbook to learn how to make this.

7

W   You look awful. What on earth happened to your arm? _____!

M   I was skiing this weekend, when I slipped and fell on some ice.

W   Well, I guess you're lucky _____.

    (a) You're definitely right about that.

    (b) Yes, I'm going to be sore for a while.

    (c) No, it doesn't hurt that much.

    (d) _____ as well.

8

M   If you all look to the right, _____ in the city.

W   Are we going to get the opportunity to go inside it on this tour?

M   _____, but we'll be stopping right beside it during our lunch break.

    (a) Great. I'm starving and can't wait to eat.

    (b) It doesn't look very impressive to me.

    (c) That's what I was really worried about.

    (d) So _____ to see it by myself.

9

W   I got this really strange email, so I'm afraid to open it.

M   Hmm... It looks like it's spam mail. _____.

W   That's what I thought. I don't want to open anything _____ _____.

    (a) You should be able to fix any problems by yourself.

    (b) I opened an email the other day _____.

    (c) I get annoyed by all of the spam I receive every day.

    (d) Your computer looks like it's perfectly all right.

10 M Stacy, that really isn't you, is it? _____.

W Hi, Kenny. I thought it was you.

M It's a good thing I _____ and said hello to you.

(a) What's your first name again?

(b) I'd love to, but I don't have enough time.

(c) So, _____ with you?

(d) That's the first thing which I remember.

PART III

정답 및 해설 p.07

1 상황 받아쓰기

Part III에서 처음 주어지는 상황 설명을 잘 듣고 대화를 들으면 정답 찾기가 수월해진다. Part III에 빈출되는 상황 설명 받아쓰기를 통해 청취 훈련을 하는 동시에 어떤 유형의 상황 설명이 출제되는지 살펴보자.

MP3 **2-07**

◆》 다음 문장을 듣고 받아쓰시오.

1 _____

2 _____

3 _____

4 _____

5 _____

6 _____

7 _____

8 _____

9 _____

10 _____

2 질문 받아쓰기

Part Ⅲ부터는 질문이 등장하므로 대화를 어느 정도 파악해도 질문을 제대로 듣지 못하면 답을 찾을 수 없다. Part Ⅲ에 빈출되는 질문 받아쓰기를 통해 청취 훈련을 하는 동시에 어떤 유형의 질문이 출제되는지 살펴보자.

MP3 **2-08**

🔊 다음 질문을 듣고 받아쓰시오.

1 _____

2 _____

3 _____

4 _____

5 _____

6 _____

7 _____

8 _____

9 _____

10 _____

3 **대화와 질문을 모두 듣고 정답 찾기**

1, 2에서 들었던 상황 설명과 질문을 포함하는 문제를 듣고 적절한 답을 찾아보자. 선택지를 들을 때, 확실한 정답에는 ○, 확실한 오답에는 ✗, 헷갈리는 경우 △를 해나가면 정답 찾기가 수월해진다.

MP3 **2-09**

◀» **다음을 듣고 질문에 가장 적절한 답을 고르시오.**

1 (a) ☐   (b) ☐   (c) ☐   (d) ☐

2 (a) ☐   (b) ☐   (c) ☐   (d) ☐

3 (a) ☐   (b) ☐   (c) ☐   (d) ☐

4 (a) ☐   (b) ☐   (c) ☐   (d) ☐

5 (a) ☐   (b) ☐   (c) ☐   (d) ☐

6 (a) ☐   (b) ☐   (c) ☐   (d) ☐

7 (a) ☐   (b) ☐   (c) ☐   (d) ☐

8 (a) ☐   (b) ☐   (c) ☐   (d) ☐

9 (a) ☐   (b) ☐   (c) ☐   (d) ☐

10 (a) ☐   (b) ☐   (c) ☐   (d) ☐

MP3 **2-10**

4 받아쓰기

③의 내용을 다시 한번 들으며 받아쓰기 해 보자.

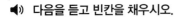🔊 다음을 듣고 빈칸을 채우시오.

1 Listen to a conversation between a husband and a wife.

M _____ so far?

W Well, Simon and Lisa are getting married, and Jane just got fired.

M No way! Anything else?

W Not yet. But _____ right now.

M Great. I'm glad I haven't missed any more of the show.

W Hush. _____.

Q: **What is the main topic of the conversation?**

  (a) Their coworkers

  (b) _____

  (c) Their friends' wedding

  (d) A television program

2 Listen to a conversation in a classroom.

M That was a _____ today.

W I'll say. I never knew all of that about the Roman Empire.

M Professor Burgess makes his lectures so interesting.

W You're right. It's almost _____ in his classes.

M I'm so glad we registered in time for it.

W Yeah, _____ got into the class this semester.

Q: **What are the man and woman mainly discussing in the conversation?**

  (a) _____

  (b) The tests Professor Burgess gives

  (c) Why studying history is so important

  (d) Their enjoyment of one of their classes

3 Listen to a conversation in a restaurant.

M Would you mind _____ for a couple of minutes?

W Okay, but I'm not planning on staying at this restaurant for much longer.

M This should only take a couple of minutes. I've got to _____.

W All right, but please don't take too long.

W I'll be back as soon as I can, and then _____.

W Thanks. I'll be waiting for you right here then.

Q: **What is the man mainly trying to do?**

(a) Buy a new briefcase

(b) _____

(c) Go to the bathroom

(d) Return to his office

4 Listen to a conversation _____.

W What do you think of the terms of the contract?

M _____. They're extremely unfair.

W In what way?

M I don't get nearly enough money. My salary is already too low.

W I suppose we could give you ten percent more.

M _____.

Q: **Which is correct about the man and woman?**

(a) The woman wants to make more money.

(b) The man is unhappy with the contract.

(c) _____.

(d) The woman wants to sign the contract.

5   Listen to a conversation between two friends.

M   _____?

W   One of those telemarketers.

M   _____ when they call me.

W   Me too, but I try not to be rude to them.

M   Why is that?

W   They're doing a job and trying to make money like everyone else.

M   Yeah, but they still seem to call _____.

Q: **Which is correct about the woman?**

(a) She is a telemarketer.

(b) She has a job.

(c) She just called the man.

(d) _____.

6   Listen to a conversation in a café.

W   Fred, what are you doing at this coffee shop all by yourself?

M   I was waiting for Angela to come, but it looks like _____.

W   I can't believe she did that. That doesn't really seem like her at all.

M   You'd be surprised how often she's done this to me lately. _____.

W   If that's the case, then why do you continue _____?

M   That's a good question. I'm going to have to consider changing our relationship soon.

Q: **Why is the man unhappy?**

(a) The woman does not want to go out with him.

(b) He does not enjoy going out for a walk by himself.

(c) His girlfriend _____ for their date.

(d) He recently broke up with his girlfriend.

7 Listen to a conversation between two students.

W _____ the professor gave us back?

M Not very well. He said I wrote on the wrong topic.

W That's too bad. What was your grade?

M I got a C, but Professor Jones told me _____ if I rewrite
   my paper by next Monday.

W That's really kind of him.

M True. But now I'm going to be busy _____.

Q: **What did the professor do?**

(a) Cancel class for the day

(b) Return some papers to the students

(c) Ask the students to go over their papers

(d) _____

8 Listen to a conversation about a man's car.

W It looks like someone hit your car while we were in the restaurant.

M I can't believe it. _____ on the door.

W You're insured, aren't you?

M Yes, but I'm not sure _____.

W You must not have paid very much for it.

M I got _____. I couldn't afford more at the time.

Q: **Which is correct about the man's insurance?**

(a) It will pay for the damage done to his car.

(b) It was not an affordable plan for him.

(c) It will not cover scratches to his vehicle.

(d) Its coverage _____.

9 Listen to a conversation between two coworkers.

W _____ waiting for these things.

M I know. They always come up too slowly.

W It's too bad _____ as well.

M That means we always have to wait the longest.

W At least _____ when we get in.

M That's the only good thing.

Q: **What can be inferred about the man and woman from the conversation?**

(a) They are taking an escalator down.

(b) They are going back to their office.

(c) They are _____.

(d) They are waiting for the elevator.

10 Listen to a conversation _____.

M You don't look happy today.

W I just found out _____.

M That's too bad. What about the other employees?

W Nobody's getting one. The company's not doing well enough.

M At least you still have a job.

W For now. But that could change any day.

Q: **What can be inferred about the woman?**

(a) She is looking for new employment.

(b) _____.

(c) The man is her boss.

(d) _____ soon.

1 질문 받아쓰기

Part IV부터는 담화와 질문이 등장한다. Part IV~V 역시 담화 내용을 어느 정도 파악해도 이에 대한 질문을 제대로 듣지 못하면 답을 찾을 수 없다. Part IV에 빈출되는 질문 받아쓰기를 통해 청취 훈련을 하는 동시에 어떤 유형의 질문이 출제되는지 살펴보자.

MP3 **2-11**

◀)) 다음 질문을 듣고 받아쓰시오.

1 _____

2 _____

3 _____

4 _____

5 _____

6 _____

7 _____

8 _____

9 _____

10 _____

MP3 **2-12**

◀» 다음을 듣고 질문에 가장 적절한 답을 고르시오.

1 (a) ☐ (b) ☐ (c) ☐ (d) ☐

2 (a) ☐ (b) ☐ (c) ☐ (d) ☐

3 (a) ☐ (b) ☐ (c) ☐ (d) ☐

4 (a) ☐ (b) ☐ (c) ☐ (d) ☐

5 (a) ☐ (b) ☐ (c) ☐ (d) ☐

6 (a) ☐ (b) ☐ (c) ☐ (d) ☐

3 받아쓰기

2의 내용을 다시 한번 들으며 받아쓰기 해 보자.

MP3 **2-13**

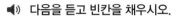 다음을 듣고 빈칸을 채우시오.

1 The Swivel Pocket Fisherman is _____. The collapsible pole bends forward and fits into the groove _____ _____. This allows it to fit neatly in a backpack and even in a jacket pocket. In one quick move, the rod _____ and thus be ready to catch that next big trout. Don't wait for spring. Buy now at our low, low price. It's available ____ _____ across the country.

Q: What is mainly being advertised?

    (a) A winter jacket

    (b) An outdoor outfit

    (c) _____

    (d) A fishing rod

2 _____ is a privilege, not a right. Every nation has the right to refuse an individual entry to its land if its officials believe that _____ _____ or if that person will be unable to provide for himself or his family. Some people believe _____ of the United States is too strict. They claim that it should allow more people to immigrate. This is nonsense. The U.S. allows _____ than does any other country in the world.

Q: What is the speaker's main point?

    (a) The United States must allow more immigrants in the country.

    (b) _____ in their immigration policies.

    (c) The United States' immigration policy is fair.

    (d) Immigrants should be able to take care of themselves.

3 The Kremlin in Moscow was originally a fortress, and _____ _____ of the czars of Russia until the early eighteenth century, when Peter the Great moved the Russian capital to St. Petersburg. _____ in 1917, the new communist government promptly moved the capital back to Moscow. At that time, the Kremlin _____. Today, it serves as the residence and office of the Russian president and is also _____ _____.

Q: **Which is correct according to the talk?**

　(a) The Kremlin is the Russian leader's home.

　(b) Moscow has always been the capital of Russia.

　(c) _____.

　(d) Peter the Great led the Russian Revolution.

4 In the past, even simple medical problems such as appendicitis _____ _____ of a patient's body to correct the problem. Today, however, this is no longer necessary when _____. By using modern medical devices, the procedures are now simpler and safer. The doctor _____ _____ and inserts a long, thin surgical device into the patient. By watching on a video monitor, the doctor can direct the instrument to the correct place and cure the patient _____.

Q: **According to the talk, why is the procedure described safer?**

　(a) The patient _____.

　(b) The patient does not have to stay in the hospital for several days.

　(c) The medical devices used are more precise.

　(d) The patient's body does not need to be surgically opened.

5 *Citizen Kane* was considered _____ in 1941, yet it won just a single Oscar, for best screenplay. Unfortunately, director Orson Welles based his movie about a media tycoon _____: William Randolph Hearst. The powerful Hearst was so enraged by the film that he forbade any of his newspapers to mention the movie and tried, but failed, _____ _____. Hollywood historians believe it was the influence of Hearst which prevented the movie from winning the Oscar for best picture of the year.

Q: **Why was Hearst angry about the movie *Citizen Kane*?**

    (a) It made fun of him.

    (b) _____ in his life.

    (c) The director refused to consult with him on it.

    (d) Orson Welles _____ to base the movie on him.

6 On the streets of many large cities, knockoff products are very common. These are copies of _____ that are offered at cheaper prices than the real ones. For example, a person can buy a Rolex watch for twenty dollars in some places while a real Rolex sells for _____. How can a consumer tell the difference? A real Rolex's second hand sweeps while a fake one ticks one second at a time. Unfortunately, many people _____.

Q: **What can be inferred from the talk?**

    (a) Knockoff products are better than real ones.

    (b) Real Rolex watches _____.

    (c) Knockoff products are only available in cities.

    (d) Some people accidentally buy knockoff products.

PART V

1 **질문 받아쓰기**

Part V 역시 질문을 제대로 듣는 것이 중요하다. Part V에 빈출되는 질문 받아쓰기를 통해 청취 훈련을 하는 동시에 어떤 유형의 질문이 출제되는지 살펴보자.

MP3 **2-14**

◀)) 다음 질문을 듣고 받아쓰시오.

1 _____

2 _____

3 _____

4 _____

5 _____

6 _____

7 _____

8 _____

9 _____

10 _____

2 **담화와 질문을 모두 듣고 정답 찾기**

담화와 질문을 모두 듣고 적절한 답을 찾아보자. 선택지를 들을 때, 확실한 정답에는 ◯, 확실한 오답에는 ✕, 헷갈리는 경우 △를 해나가면 정답 찾기가 수월해진다.

MP3 **2-15**

◀᎒) 다음을 듣고 질문에 가장 적절한 답을 고르시오.

1 (a) ☐ (b) ☐ (c) ☐ (d) ☐

2 (a) ☐ (b) ☐ (c) ☐ (d) ☐

3 (a) ☐ (b) ☐ (c) ☐ (d) ☐

4 (a) ☐ (b) ☐ (c) ☐ (d) ☐

MP3 **2-16**

🔊 다음을 듣고 빈칸을 채우시오.

1-2 _____ to build permanent settlements in California, which then became a part of Mexico, then. Years later, _____ _____ to the west, thousands of Americans from the east moved to California and began settling there in the early nineteenth century. Clashes between the American settlers and the locals _____ that failed. Eventually, California became a part of the United States following the Mexican-American War of 1846-1848, when it was ceded to the U.S. _____ that ended the war. Just two years later, California attained statehood, and today it is by far _____ in the country.

1 Q: What is the main topic of the lecture?

　　(a) _____ on California

　　(b) The reason why the Mexican-American War occurred

　　(c) Major events that have shaped California's history

　　(d) _____ to early settlers

2 Q: Which is correct about California?

　　(a) It became a state at the end of the Mexican-American War.

　　(b) _____ against American settlers.

　　(c) Many of its cities were founded by Spanish missionaries.

　　(d) Its population is growing faster than that of any other state.

3-4 Good evening, everyone, and welcome to this special event. It's my great pleasure tonight _____ to you. Dr. David Sanders quit his high-paying job at a local hospital five years ago to establish _____

_____. He has spent countless hours since then helping the poor and disadvantaged by providing them _____ for free. In the past few years, Dr. Sanders's foundation has grown from a one-man charity to one that now employs twenty full-time doctors. He's here tonight to talk about _____

during that time. So, let's all give Dr. Sanders a big hand and welcome him as our main speaker for this evening's event.

3 Q: **What is the announcement mainly about?**

(a) What Dr. Sanders will talk about tonight

(b) Why Dr. Sanders no longer works at a hospital

(c) What Dr. Sanders _____

(d) How Dr. Sanders became a successful doctor

4 Q: **What can be inferred from the announcement?**

(a) Dr. Sanders places _____ above his own.

(b) Dr. Sanders has hired his former colleagues to help with his foundation.

(c) The foundation run by Dr. Sanders helps people _____.

(d) Dr. Sanders will discuss what he will do in the future during his speech.

Section
3

Actual Test 01~06

Listening Comprehension

Actual Test 01

L

◀ MP3 **3-01**

Part I Questions 1~10

You will now hear ten individual spoken questions or statements, each followed by four spoken responses. Choose the most appropriate response for each item.

◀ MP3 **3-02**

Part II Questions 11~20

You will now hear ten short conversation fragments, each followed by four spoken responses. Choose the most appropriate response to complete each conversation.

Part III **Questions 21~30**

◀ MP3 **3-03**

You will now hear ten complete conversations. For each conversation, you will be asked to answer a question. Before each conversation, you will hear a short description of the situation. After listening to the description and conversation once, you will hear a question and four options. Based on the given information, choose the option that best answers the question.

Part IV Questions 31~36

You will now hear six short talks. After each talk, you will be asked to answer a question. Each talk and its corresponding question will be read twice. Then you will hear four options which will be read only once. Based on the given information, choose the option that best answers the question.

L

Part V **Questions 37~40**

You will now hear two longer talks. After each talk, you will be asked to answer two questions. Each talk and its corresponding questions will be read twice. However, the four options for each question will be read only once. Based on the given information, choose the option that best answers each question.

Actual Test 02

◀ MP3 **3-06**

Part I Questions 1~10

You will now hear ten individual spoken questions or statements, each followed by four spoken responses. Choose the most appropriate response for each item.

◀ MP3 **3-07**

Part II Questions 11~20

You will now hear ten short conversation fragments, each followed by four spoken responses. Choose the most appropriate response to complete each conversation.

Part Ⅲ Questions 21~30

◀ MP3 **3-08**

You will now hear ten complete conversations. For each conversation, you will be asked to answer a question. Before each conversation, you will hear a short description of the situation. After listening to the description and conversation once, you will hear a question and four options. Based on the given information, choose the option that best answers the question.

Part IV Questions 31~36

You will now hear six short talks. After each talk, you will be asked to answer a question. Each talk and its corresponding question will be read twice. Then you will hear four options which will be read only once. Based on the given information, choose the option that best answers the question.

Part **V** Questions 37~40

You will now hear two longer talks. After each talk, you will be asked to answer two questions. Each talk and its corresponding questions will be read twice. However, the four options for each question will be read only once. Based on the given information, choose the option that best answers each question.

Actual Test 03

L

◀ MP3 **3-11**

Part I Questions 1~10

You will now hear ten individual spoken questions or statements, each followed by four spoken responses. Choose the most appropriate response for each item.

◀ MP3 **3-12**

Part II Questions 11~20

You will now hear ten short conversation fragments, each followed by four spoken responses. Choose the most appropriate response to complete each conversation.

Part Ⅲ Questions 21~30

◀ MP3 **3-13**

You will now hear ten complete conversations. For each conversation, you will be asked to answer a question. Before each conversation, you will hear a short description of the situation. After listening to the description and conversation once, you will hear a question and four options. Based on the given information, choose the option that best answers the question.

Part IV Questions 31~36

You will now hear six short talks. After each talk, you will be asked to answer a question. Each talk and its corresponding question will be read twice. Then you will hear four options which will be read only once. Based on the given information, choose the option that best answers the question.

Part V Questions 37~40

You will now hear two longer talks. After each talk, you will be asked to answer two questions. Each talk and its corresponding questions will be read twice. However, the four options for each question will be read only once. Based on the given information, choose the option that best answers each question.

Actual Test 04

Part I **Questions 1~10**   ◀ MP3 **3-16**

You will now hear ten individual spoken questions or statements, each followed by four spoken responses. Choose the most appropriate response for each item.

Part II **Questions 11~20**   ◀ MP3 **3-17**

You will now hear ten short conversation fragments, each followed by four spoken responses. Choose the most appropriate response to complete each conversation.

Part Ⅲ Questions 21~30 ◀ MP3 **3-18**

You will now hear ten complete conversations. For each conversation, you will be asked to answer a question. Before each conversation, you will hear a short description of the situation. After listening to the description and conversation once, you will hear a question and four options. Based on the given information, choose the option that best answers the question.

Part IV Questions 31~36

You will now hear six short talks. After each talk, you will be asked to answer a question. Each talk and its corresponding question will be read twice. Then you will hear four options which will be read only once. Based on the given information, choose the option that best answers the question.

Part V Questions 37~40

You will now hear two longer talks. After each talk, you will be asked to answer two questions. Each talk and its corresponding questions will be read twice. However, the four options for each question will be read only once. Based on the given information, choose the option that best answers each question.

Actual Test 05

Part I Questions 1~10

You will now hear ten individual spoken questions or statements, each followed by four spoken responses. Choose the most appropriate response for each item.

Part II Questions 11~20

You will now hear ten short conversation fragments, each followed by four spoken responses. Choose the most appropriate response to complete each conversation.

Part III **Questions 21~30** ◀ MP3 **3-23**

You will now hear ten complete conversations. For each conversation, you will be asked to answer a question. Before each conversation, you will hear a short description of the situation. After listening to the description and conversation once, you will hear a question and four options. Based on the given information, choose the option that best answers the question.

Part Ⅳ **Questions 31~36**

You will now hear six short talks. After each talk, you will be asked to answer a question. Each talk and its corresponding question will be read twice. Then you will hear four options which will be read only once. Based on the given information, choose the option that best answers the question.

Part V Questions 37~40

You will now hear two longer talks. After each talk, you will be asked to answer two questions. Each talk and its corresponding questions will be read twice. However, the four options for each question will be read only once. Based on the given information, choose the option that best answers each question.

Actual Test 06

L

Part I Questions 1~10

◀ MP3 **3-26**

You will now hear ten individual spoken questions or statements, each followed by four spoken responses. Choose the most appropriate response for each item.

Part II Questions 11~20

◀ MP3 **3-27**

You will now hear ten short conversation fragments, each followed by four spoken responses. Choose the most appropriate response to complete each conversation.

Part III Questions 21~30

◀ MP3 3-28

You will now hear ten complete conversations. For each conversation, you will be asked to answer a question. Before each conversation, you will hear a short description of the situation. After listening to the description and conversation once, you will hear a question and four options. Based on the given information, choose the option that best answers the question.

Part IV Questions 31~36

You will now hear six short talks. After each talk, you will be asked to answer a question. Each talk and its corresponding question will be read twice. Then you will hear four options which will be read only once. Based on the given information, choose the option that best answers the question.

Part V Questions 37~40

◀ MP3 **3-30**

You will now hear two longer talks. After each talk, you will be asked to answer two questions. Each talk and its corresponding questions will be read twice. However, the four options for each question will be read only once. Based on the given information, choose the option that best answers each question.

Section

4

Dictation

01~06

* Dictation 정답은 정답 및 해설 p.68에 있습니다.

Dictation 01

◀ MP3 4-01

1 W Have you heard the new hit single _____?

(a) No, it's not as good as I had expected.

(b) I believe it's currently ranked number nine.

(c) Yes, I've listened to it a couple of times.

(d) I don't particularly _____ that genre.

2 M _____ on what's been going on lately?

(a) That's all right. My coffee cup is already full.

(b) I'm so confused about what's going on here.

(c) The information is in the report on your desk.

(d) James should be able to _____.

3 W Where are you going _____ like that?

(a) I just got back from a formal dinner.

(b) I rented this tuxedo from a local store.

(c) I've got an important business dinner.

(d) I think I look good _____.

4 M It shouldn't be a problem if I _____ early.

    (a) Go ahead. I'll cover for you with the boss.

    (b) Then let's ask our manager for permission.

    (c) Yes, the flight is _____ than usual.

    (d) Hurry up and get back to your office, please.

5 W He's curious about _____.

    (a) We're not scheduled to be there today.

    (b) _____ on the Internet.

    (c) Yes, that's exactly where I work.

    (d) I hope he knows where it is now.

6 M I wonder why no one else _____.

    (a) I couldn't begin to explain what other people think.

    (b) I feel there's no way that we can possibly succeed.

    (c) Looking at things negatively is the way that I am.

    (d) _____ that people will share their thoughts with us.

7 W Jane wasn't exactly clear on how we're going to get enough funding.

    (a) I'm not worried. I know she's got a plan.

    (b) We ought to check _____.

    (c) She's got enough funds in her bank account.

    (d) _____ was just filed.

8 M _____ that you didn't get into any trouble.

    (a) You're the one causing problems.

    (b) It's been a lot of trouble.

    (c) _____.

    (d) You can say that again.

9 W I'll take two tickets for the nine o'clock show, please.

    (a) Here are your tickets. _____ in five minutes.

    (b) I'm very sorry, but there aren't any seats available.

    (c) Are you going to check in any of those bags?

    (d) That movie is _____ in our selection.

10 M _____ instead of going to the concert tonight.

    (a) I believe the concert just got canceled.

    (b) Then _____ now.

    (c) But we already paid for our tickets.

    (d) Home is where the heart is.

Part II Questions 11~20

◀ MP3 **4-02**

11 M We were supposed to leave at 3:00, but no one _____

_____ yet.

W There's been a slight delay. The plane is experiencing mechanical difficulties.

M So, when do you think that _____?

(a) It's time for us to start boarding now.

(b) One of the engines isn't working properly.

(c) The flight will depart around four thirty.

(d) No, the flight _____.

12 W My family and I just got back from our trip to Mexico.

M I'll bet that all of you had a wonderful time while you were there.

W We did. Hey, I've got some pictures with me. _____?

(a) I suppose I can show you the pictures I took.

(b) I'd love to take a look at _____.

(c) Yes, I've already seen all of your photographs.

(d) No, I _____ to Mexico.

13 W _____ of my new hairstyle?

M I must say that I prefer your other style to your new look.

W You know what? _____ I'm going to head back to my hair salon.

(a) I'm going to make a reservation at my barber shop.

(b) Your hair salon is located right across from the post office.

(c) See if your stylist can give you back your old hairstyle.

(d) I think your stylist _____ for quite some time.

14 M I've got to watch what I'm eating. I've been _____ lately.

    W Are you sure about that? You don't look any different to me.

    M My pants are getting tighter these days, so I'm positive I'm getting bigger.

    (a) _____. It's no big deal to put on weight.

    (b) Don't worry too much. It isn't very noticeable at all.

    (c) You should be able to lose weight _____.

    (d) I've easily lost at least a couple of pounds in the past month.

15 W Did you remember to pay _____ that I asked you?

    M Oh, no! I completely forgot about doing it. Shall I transfer the money right now?

    W That's all right. I'll _____ it myself.

    (a) Thanks. I'm so sorry that I failed to remember.

    (b) _____ from the bank.

    (c) We need to do something about all the electricity we use.

    (d) Then don't forget to pay the water and gas bills.

16 M I've gone over your recent work, and I'm impressed _____.

    W I really appreciate hearing that. It's nice to know someone's noticed me.

    M Oh, we've noticed you all right. That's why we're giving you a big bonus this year.

    (a) Great. I can't wait _____.

    (b) But I'm not interested in getting transferred.

    (c) I promise to do better on my next job.

    (d) _____ I've heard in a long time.

17 W _____ of the meeting we just had?

M I'd say that things went pretty well _____ we discussed.

W I agree completely. We're going to have to review the sales part again.

(a) I'll try to sell more products during my next shift.

(b) The number of reviews hasn't changed lately.

(c) I don't think the sales numbers are a concern.

(d) Then let's figure out _____.

18 M I'm thinking about investing some money _____.

W Are you sure that's a wise thing to do? Isn't the market down these days?

M That's the best time to invest if you want to _____.

(a) Then I recommend that you sell everything you've got.

(b) I don't think that's the most important thing.

(c) _____ any of my money yet.

(d) I never really thought of it like that before.

19 W We've only got a couple of cars left on the lot that haven't been taken.

M If that's the case, then _____?

W I can rent you either a four-door sedan or a two-door sports car.

(a) No, I didn't reserve _____.

(b) I don't have my driver's license on me.

(c) I'll take the big one. _____.

(d) I'd prefer to drive something else, please.

20 M We'd better forget about driving and _____.

W Are you sure? I'd much rather take the car than use public transportation.

M I can't think of any other way _____ on time.

(a) Then let's get going to the subway station.

(b) I'll wait for you down by the bus stop.

(c) Let's hurry and _____ so that we can get there.

(d) Okay. The car is parked right in front.

Part III Questions 21~30

◀ MP3 4-03

21 Listen to a conversation between _____.

M I made a reservation a week ago, but there seems to be a problem with it.

W Can you tell me _____?

M I'm going to Columbus, Ohio, but this ticket has me going to Columbus, South Carolina, instead.

W My goodness. It's a good thing _____ in time.

M Is it possible for you to get this problem straightened out?

W Let me contact the airline, and I'll fix your ticket in just a couple of minutes.

Q: **What is the man mainly trying to do?**

(a) _____

(b) Fix a mistake on his ticket

(c) Change the time he is traveling

(d) Get a seat _____

22 Listen to a conversation between _____.

W I hope you enjoyed your dining experience here at Pomodoro's.

M As a matter of fact, everything was perfect. _____ to the chef.

W I'll be sure to let him know you were pleased with the meal.

M The service was quite excellent as well. I'll be sure to return here again soon.

W Thank you for saying that, sir. It's always nice to hear good things from our customers.

M It's my pleasure. _____ about this place as well.

Q: **What is the main topic of the conversation?**

(a) How the man enjoyed the service at the restaurant

(b) _____ from the restaurant

(c) Who the man is going to tell about the restaurant

(d) What the man thought of the restaurant

23 Listen to a conversation _____.

M I'm here to apply for a loan for my business.

W Have you already spoken with _____?

M No, I haven't. I wasn't aware I had to do that before I came down here.

W _____, but it is helpful. We like to discuss what you intend to use the money for before we lend it.

M That's logical. Well, is it possible _____ with someone?

W Why don't you go over to Mr. Burton's desk? He can take care of everything for you.

Q: **What is the man mainly doing?**

(a) Inquiring about how to get a loan.

(b) Trying to set up an appointment.

(c) Asking why his loan application was rejected.

(d) Completing _____.

24 Listen to two friends _____.

M Why didn't you answer the teacher's question she asked you in class?

W I _____ something else.

M What could have been more important than class? She was angry you said nothing.

W I've got _____ to deal with these days.

M Nevertheless, if I were you, I'd apologize to Professor Watson.

W You're probably right about that. I should let her know I didn't intend to be so rude.

Q: **Which is correct about the woman?**

(a) She apologized to her teacher.

(b) She _____ in class.

(c) She told her professor about her personal problems.

(d) She answered a question in her class.

25 Listen to a conversation about the placement of the _____.

W Okay, be careful with the coffee table. It goes right in front of the sofa.

M Do you want me to put it _____?

W No, the rug should go between the coffee table and the TV. I'll move it out of the way.

M Thanks. Now, what are we going to do with all of these bookshelves?

W Let's move them _____. We can store our books there.

M Sure, but let me relax for a minute. Moving these things around is exhausting.

Q: **Where will the man move the bookshelves?**

(a) _____

(b) On top of the rug

(c) Into the empty bedroom

(d) Between the coffee table and the TV

26 Listen to a conversation between two coworkers.

M Chris and I are going to dinner this evening. _____?

W I'd love to, but I'm a little low on funds at the moment.

M Don't worry about that. Dinner is on me. We're celebrating my recent promotion.

W _____. I'd be glad to accompany the two of you then.

M Do you have any particular restaurant in mind _____?

W Not really. Why don't you decide where we're going?

Q: **Which is correct about the woman according to the conversation?**

(a) _____.

(b) She will pay for everyone's dinner.

(c) She knows where they are going to eat tonight.

(d) She does not have much money.

27 Listen to a conversation _____.

W Oops. I can't believe I just knocked over that vase and broke it.

M It looks expensive. You'd better tell someone in the store what you did.

W You're right. _____ to leave and not pay for it.

M That's a good attitude. Some people would sneak away _____ _____.

W I'm not that kind of person. My parents raised me much better than to do that.

M Here comes an employee right now. _____.

Q: Which is correct about the man and woman?

    (a) The woman will offer to pay for the vase.

    (b) The woman is blaming the accident on the man.

    (c) The man is trying to find the store manager.

    (d) They left the store _____.

28 Listen to a conversation between _____.

M You've got a couple of choices for today. The first is to take a tour of the city.

W That sounds promising. _____ and see the main attractions here.

M The other option is to visit a couple of the city's museums.

W If I take the second option, will I get to visit the theater area?

M No, I'm afraid the museums you'd visit aren't nearby. _____.

W I think I'd prefer the first choice then. Sign me up for that one, please.

Q: What does the woman prefer to do?

    (a) Go to the harbor

    (b) Take the city tour

    (c) _____

    (d) See some museums

29 Listen to a conversation about the food the man made.

W This meal is delicious. How did you manage to make the chicken so juicy?

M That's my little secret. _____.

W You've got to share it with me. I'd love to be able to cook like this.

M The next time I'm going to prepare it, _____ and show you how it's done.

W Couldn't you just give me the recipe instead?

M I could, but you have to see the technique _____ properly.

Q: **What can be inferred about the man and woman from the conversation?**

(a) _____ at that restaurant.

(b) They live in the same house.

(c) They often have meals together.

(d) They are interested in cooking.

30 Listen to a conversation between two friends.

W It looks like my cell phone battery has already died. _____.

M Didn't you recharge your phone about an hour ago?

W I did. And I haven't even made a single call since that time.

M Well, since you're almost out of power, you can borrow my phone.

W _____. Anyway, I've got to do something about my phone.

M There's a shop right down the street that should be able to look at it for you.

Q: **What can be inferred about the woman?**

(a) She will _____.

(b) She will call the man in a while.

(c) She will purchase a new telephone.

(d) She will _____ now

31 One aspect of _____ called dermatopathia pigmentosa reticularis is that the person with it has no fingerprints. The fingers are flat and _____ like a normal person's hand. The lack of fingerprints makes it difficult for those with the condition _____ _____ since their fingertips have no traction. When reading a book, they must lick their fingers to turn every page. Additionally, with the modern world often using fingerprints for security checks, people with this condition _____ _____ to prove they suffer from it.

Q: What is the speaker's main point?

(a) _____ is becoming more popular these days.

(b) There is a genetic disorder that causes some people to have no fingerprints.

(c) People with genetic disorders _____ which condition they have.

(d) Not having fingerprints is a problem that people can easily overcome.

32 Attention, all campers. Please listen to _____ on how to behave while staying at the Sunnydale Campground. There are absolutely no fires permitted at anytime whatsoever. Gas barbecues are allowed, but _____ _____. Swimming in the river and lake is permitted only when a lifeguard is on duty during daylight hours. The campers at each campsite are responsible for collecting their garbage and _____. The collection and disposal of garbage is not the responsibility of the campsite owners. Finally, please _____ that wander into the campground.

Q: What is the announcement mainly about?

(a) Making sure people do not feed the animals

(b) The process of garbage disposal

(c) Swimming regulations

(d) _____

33 France continues to be the world's top tourist destination. Despite this, the country ranks low _____ for its quality of service. While its food and drinks are ranked high, many tourists are put off by the lack of service in any language except French and _____ and haughtiness of the French people. While this may be expected of those outside the tourism industry, it comes as a shock to tourists when those _____, including hotel personnel and guides at museums and other tourist sites, _____ _____.

Q: What is a problem with language in France according to the talk?

   (a) French accents are difficult for most tourists to understand.
   (b) Only English and German speakers are usually available.
   (c) Many people in the tourism industry only speak French.
   (d) Most French people _____ learning foreign languages.

34 Flying on a commercial airline is _____ in the world. Fewer than 1,000 people die in airline accidents around the world each year. Compare this with the hundreds of thousands _____. Nevertheless, many people are still afraid to fly. This fear of flying is more of a psychological response _____ than anything else. Additionally, airline accidents are horrific events which result in several days of _____. The coverage, in turn, increases people's fears of dying in such a terrible way.

Q: Which is correct according to the talk?

   (a) Many car accidents _____.
   (b) Driving a car is more dangerous than flying.
   (c) Hundreds of thousands of people have died on airplanes.
   (d) Driving a car can increase _____.

35 Homer's Iliad tells the tale of the Trojan War between Greece and Troy. After a decade of fighting, the Greeks constructed _____, which was hollow inside and contained an armed group of Greek warriors. The Greeks left it on the beach near Troy, and _____. The Trojans believed the horse was a gift and took it inside their city. At night, the Greek warriors hidden inside _____ and opened the city gates for the rest of the Greeks, who had returned to Troy under cover of darkness. A slaughter commenced, and the proud city _____.

Q: Which is correct about the Trojan War according to the lecture?

(a) The war _____.

(b) The Trojans were the victors.

(c) The Greeks fought on horseback.

(d) Only a few Greeks ever entered Troy.

36 _____, the speed of sound and the sound barrier represented two obstacles that most aviators believed were impossible to break. Yet on October 14, 1947, American aviator Charles Chuck Yeager did just that as he became the first human to fly faster _____ by using an experimental rocket aircraft. Due to the secretive nature of the flight, Yeager didn't receive _____ _____ until almost a year later. Several other pilots would later claim to have broken the sound barrier before Yeager, but his flight was the only one that was tracked and recorded _____ and observed by expert eyewitnesses.

Q: What can be inferred from the talk?

(a) Only a few pilots _____ than the speed of sound.

(b) Yeager's feat was not reported on the news the day he did it.

(c) The sound barrier will likely be broken sometime in the future.

(d) No other pilot has flown a plane faster than Chuck Yeager.

Part V Questions 37~40

◀ MP3 4-05

37-38 The two performers who have sold _____ in history are the rock band the Beatles from Great Britain and American musician Elvis Presley. While it is not known exactly how many albums _____ _____ over the course of several decades, each has sold more than 500 million albums in all formats. What makes this feat _____ is that neither of them is currently performing or making music. The Beatles made their last album in the early 1970s, and Elvis died in 1977. Nevertheless, both have continued _____, even in this era of music downloads and music piracy.

37 Q: What is mainly being said in the talk?

    (a) The reasons that _____ remain continually popular

    (b) The demographic groups that the Beetles and Elvis most appealed to

    (c) The changing nature of music sales following _____

    (d) Two musical acts whose accomplishments are unrivaled

38 Q: What can be inferred from the talk?

    (a) The Beetles have sold more albums than Elvis Presley.

    (b) People are still buying music the Beatles and Elvis recorded decades ago.

    (c) Elvis Presley had _____ than any other recording artist.

    (d) The Beatles and Elvis Presley once recorded an album together.

39-40 Attention, all travelers. _____, the following flights have been canceled: Flight 90 to New York, Flight 27 to Buffalo, and Flight 45 to Montreal. A severe snowstorm has moved in over the eastern seaboard, and we don't expect any flights _____ before tomorrow afternoon. We recommend that all passengers with tickets for those flights return home. The airline _____ for those passengers planning to stay in the terminal overnight. Unfortunately, we have just received word that the airport hotel is completely booked. We apologize for this situation, but it is _____.

39 Q: **What does the speaker recommend to the listeners?**

    (a) Visiting ticket counters _____

    (b) Avoiding air travel for the next few days

    (c) _____ as necessary

    (d) Having a free meal in the airport rather than going home

40 Q: **Which is correct according to the announcement?**

    (a) _____ to come back later for their flights.

    (b) Poor weather conditions are affecting flights throughout the country.

    (c) The airline is responsible _____ at the airport.

    (d) The airline will provide some travelers with a free hotel room.

Dictation 02

정답 및 해설 p.69

Part I Questions 1~10

◀ MP3 **4-06**

1 W _____ are you going to visit him this year?

    (a) We'll be meeting next Tuesday.

    (b) I see him at least twice a month.

    (c) He lives _____.

    (d) We've got plans to meet at seven.

2 M What is your exact relationship with that particular company?

    (a) _____ for a couple of years.

    (b) I've got absolutely nothing to do with him.

    (c) They are in the automobile industry.

    (d) I handle practically _____.

3 M This isn't _____ when I proposed this project.

    (a) What was your original vision like?

    (b) Where do you intend to go then?

    (c) _____ is the project now?

    (d) Hasn't anyone seen the proposal yet?

4 W You're going to have to try harder than that _____.

    (a) But it's not difficult enough.

    (b) We're moving in the proper direction.

    (c) Success is _____.

    (d) I'm doing the best that I can.

5 M I'd never been so shocked when I heard the news about the merger.

    (a) _____ this morning.

    (b) You weren't the only one who was surprised.

    (c) It was quite surprising _____.

    (d) I always say there's no news like good news.

6 W You should blame me since I'm the one _____.

    (a) I've accused a lot of people of making mistakes.

    (b) Her problem is going _____.

    (c) Nobody's going to make you the scapegoat.

    (d) Yes, your office is really quite messy.

7 M They wanted to know when you got _____.

    (a) I've had one for over a dozen years.

    (b) It's from the state of New York.

    (c) I was born more than thirty years ago.

    (d) _____ next year.

8 W He's calling to find out _____ or not.

    (a) I'm not particularly interested in getting insurance.

    (b) He's going to get a complete compensation from me.

    (c) _____ are too high.

    (d) I've got coverage, but I'm not sure how much.

9 M _____ on why the package was delivered late.

    (a) It was supposed to be delivered by express mail.

    (b) I told the deliveryman to take it straight there.

    (c) _____ once I return to my office.

    (d) That box is sitting right here in the mailroom.

10 M Someone needs to tell me why _____.

    (a) I didn't tell you anything I wasn't supposed to.

    (b) We'll have to give you some more information.

    (c) There was obviously some kind of mistake made.

    (d) There's no one answering _____.

◀ MP3 **4-07**

11 M Good afternoon. Is there something _____?

W Yes. My name is Mary Stevens. I'm here to meet Mr. Taylor.

M Hello, Ms. Stevens. Why don't you have a seat, and Mr. Taylor will be with you in a bit?

(a) Mr. Taylor said that _____.

(b) I can do that. Do you mind if I sit here?

(c) Sure, you can tell him _____.

(d) I've decided to stay and will wait for him to arrive.

12 W I was hoping to attend _____ this weekend.

M That would be great, but the tickets are simply too expensive for me.

W If _____, would you be interested in going?

(a) I already purchased my tickets online.

(b) Classical music just doesn't appeal to me.

(c) Yes, the tickets _____.

(d) That offer sounds great to me.

13 M Is this the place where I can purchase a bus pass?

W Yes, this is the correct office. What kind of pass are you interested in?

M I want one _____ to all buses for one month.

(a) Take bus number 82 to get there.

(b) The buses _____ midnight.

(c) We don't sell passes in this office.

(d) _____ thirty dollars.

14 W I tried to read your report, but _____ in it.

M Really? I guess I must have been in too much of a hurry when writing it.

W Well, I'd like you _____ and change everything wrong with it.

(a) But I already turned it in to you.

(b) There's nothing wrong with the writing.

(c) _____ by the end of the day.

(d) I haven't gotten around to reading it yet.

15 M I'm looking for something to read that's not too boring.

W I've got a really fascinating book on politics _____.

M Not really. That doesn't sound exciting. I prefer reading fiction anyway.

(a) I don't think _____ then.

(b) I haven't ever seen one that looks like that.

(c) Then borrow this one _____.

(d) Me too. I love stories about real people.

16 W Do you know where the closest ATM is? I need some money.

M I'm pretty sure there is one in the building _____.

W Ah, right. I think I recall seeing one when I was there yesterday.

(a) So pull in there, and we can _____.

(b) I'm not sure there's one at the gas station.

(c) Then it looks like you know where to go.

(d) I didn't know _____.

17 M It's been snowing here ever since I got up in the morning.

W The weatherman said that we're going to get _____ today.

M That will make driving on the streets practically impossible.

(a) I guess we'd better take the car to work instead.

(b) We should just stay home _____.

(c) I'd say the weather seems to be getting better.

(d) _____ on Main Street now.

18 W _____ to Joanna when you spoke to her a few minutes ago.

M Maybe you're right. So what do you think I ought to do?

W You need to go over to her and _____ what you said to her.

(a) If she says she's sorry, then I won't be upset.

(b) She should get over her bad feelings toward you.

(c) Okay, but _____, too.

(d) I don't think that I wrote anything bad.

19 W You look like _____.

M I've been watching what I eat for the past few weeks.

W I'd say you've been doing a good job of it.

(a) I've _____.

(b) I haven't been working out.

(c) _____ at work these days.

(d) I've lost four kilograms already.

20 W My husband and I are _____ this weekend.

M I didn't know you were planning to move.

W We want to get a bigger place for our kids.

(a) _____.

(b) Here's a good house.

(c) I live in a four-bedroom home.

(d) We live _____.

Part III **Questions 21~30**

◀ MP3 **4-08**

21 Listen to a conversation _____.

M Good evening. This is Tasty Pizza. _____?

W I'd like to order a large pepperoni pizza for delivery, please.

M Okay. One large pepperoni pizza. Would you like anything else, ma'am?

W Wait a minute. _____, make it a sausage pizza instead.

M Of course. Would you like something to drink with that?

W Sorry, but would you make that half sausage and half pepperoni, please? I'm not going to change my mind again.

Q: **What is the woman mainly trying to do?**

(a) Find out _____

(b) Determine which pizza will taste the best

(c) Decide _____

(d) Give the man her address

22 Listen to a conversation between two friends.

M _____ my new necktie? It's one hundred-percent silk.

W It's pretty stylish, but didn't it set you back a few dollars?

M Sure, but _____, I simply had to have it.

W You shouldn't spend so much money on clothes. How many ties have you bought this past month?

M Just five. That's not too bad, you know.

W You already own twenty! You're going to _____ if you don't watch your wallet more carefully.

Q: **What is the woman mainly criticizing in the conversation?**

(a) The man's wardrobe

(b) _____

(c) The fact that the man doesn't wear formal clothes

(d) The fact that the man only buys clothes on sale.

23 Listen to a conversation between two neighbors.

M _____ to retiring next week.

W Have you considered what you're going to do during your free time?

M My wife and I are going to take some trips around the country at first.

W It sounds like you _____.

M We've been diligently saving for our retirement for over thirty years.

W Congratulations. You should speak with my husband and _____

_____.

M I can do that if you really want me to. I wouldn't mind.

Q: **What is the conversation mainly about?**

(a) Saving _____

(b) How to enjoy one's retirement

(c) The woman's husband's _____

(d) The man's future activities

24 Listen to a conversation _____.

M What are you doing here, Lisa? I thought you moved last week.

W I did, but I've returned to visit some friends for the evening.

M Oh, okay. How is your new place? _____ all right?

W It's nice, but it's a little far from the city.

M Then _____ if you're not near everyone here?

W I got a new job in the suburbs, so I moved there _____.

M That's smart. I hadn't heard about your changing jobs.

Q: **Which is correct according to the conversation?**

(a) _____ now.

(b) The woman recently moved.

(c) The man lives close to his workplace.

(d) The man was expecting to see the woman.

25 Listen to two coworkers discuss their meeting.

M Hello, Kate. This is Eric. _____ to talk?

W Of course, Eric. Are you calling about our meeting this afternoon?

M Yes, that's why I called. Would you mind putting it off until tomorrow morning? My manager has called _____ which everyone here has to attend.

W I suppose there's nothing you can do about that. What time works for you tomorrow?

M _____ in the morning. When can you meet?

W Let's meet at ten. That should give us enough time to discuss everything before lunch.

Q: **Why does the man postpone the meeting with the woman?**

(a) He forgot about their meeting and _____.

(b) He undertook an urgent task from his manager.

(c) _____ at a meeting his manager will hold.

(d) He has to take part in a conference as a manager.

26 Listen to a conversation at a store.

W Excuse me. _____ in the past thirty minutes? It's a black leather purse with silver designs on the side.

M I'm sorry, but no one has turned in a purse like that.

W That's too bad. Is there any way I can report my purse missing?

M _____ and be sure to describe your purse in detail.

W Will someone from the store get in touch with me if it gets found?

M _____ if anyone turns it in. So leave your telephone number on the form, too.

Q: **What does the woman have to do first** _____?

(a) Get the store's phone number

(b) Contact the police

(c) Give some details about her purse

(d) _____

27 Listen to a conversation at an office.

W Why didn't you _____ when I called a few minutes ago?

M I've been here the entire time, but the phone didn't ring once.

W You haven't changed your phone number, have you? _____, right?

M That's me. Actually, I don't think it's your fault. My phone's been acting up lately.

W How so?

M _____ that they called but got no answer despite the fact that I was in my office.

Q: **Which is correct according to the conversation?**

(a) _____ to answer his phone calls.

(b) There is a problem with the man's telephone.

(c) _____ needs to repair the phone.

(d) Many people have been complaining about the man recently.

28 Listen to two friends discuss _____.

M Aren't you going to warm up first before you start working out?

W No, I don't see the need for that. I prefer to get right into my routine instead.

M But you're _____ injuring yourself. You might pull or strain a muscle.

W I've been doing this for a few months, but I haven't had any problems.

M It's just a matter of time. You're actually pretty lucky not to have suffered an injury yet.

W _____. Maybe I should change the way that I do things.

Q: **What can be inferred about the woman?**

(a) _____ before she exercises.

(b) She is in much better shape than the man.

(c) She prefers to work out _____.

(d) She has a personal trainer.

29 Listen to a conversation between a husband and a wife.

M _____ for a parking spot. They're always hard to find in the morning.

W I think there's a spot available right next to that pickup truck.

M No, _____ parked there. It's really hard to notice since it's so tiny.

W Oh, sorry about that. It looks like this level is all filled up.

M Then we ought to head up to the second floor. Perhaps we can park there.

W Just _____. It's always half-empty up there.

Q: **What can be inferred from the conversation?**

(a) They must pay for their parking spot.

(b) The woman is driving the car.

(c) They are _____.

(d) The man drives a pickup truck.

30 Listen to two friends discuss _____.

W I received an invitation to Brian and Teresa's wedding in the mail today.

M Oh, I had forgotten all about that. Are you going to attend it?

W Probably not. I already have something planned for next weekend.

M _____. I'm sure they're going to miss you if you don't go.

W They shouldn't have waited so long to invite me. _____ of them.

M Yeah, I got my invitation two weeks ago. I wonder what took yours so long to arrive.

W I'm not really sure. I suppose it could be that _____ anymore.

Q: **What can be inferred about the woman?**

(a) She is not very close to Brian and Teresa.

(b) _____ that she is not getting married.

(c) She wants to attend the wedding with the man.

(d) She will cancel her plans to attend the wedding.

Part IV Questions 31~36

◀ MP3 4-09

31 While a relatively rare occurrence, static electricity is known to cause fires at gas stations _____ into their cars or small portable gas tanks. The person may walk away for a few seconds or get back into his or her car. By doing this, the individual _____ on his or her body. After filling the tank, when the person touches the nozzle to remove it, the static electricity leaps from the person's hand to the nozzle, causing _____ _____. Most people panic at this point and pull the gas nozzle out, which makes the situation much worse _____ everywhere.

Q: What is mainly being said in the talk?

(a) The conditions _____

(b) The need to avoid fires at gas stations

(c) The effects static electricity has on gasoline

(d) Some ways _____

32 Paleontologists from the University of North Carolina have found _____ _____ inside the remains of a Tyrannosaurus Rex, a fearsome carnivorous dinosaur. The fragment _____, bone cells, and collagen. The researchers also found some protein and dated it to 68 million years ago, making it _____ ever found. While the researchers were unable to come up with a complete DNA sequence from these fragments, they found many similarities between it and modern bird DNA. This has given new impetus to the theory that _____

Q: What is the talk mainly about?

(a) The finding of a Tyrannosaurus Rex fossil

(b) A rare discovery _____

(c) A connection between ancient and modern birds

(d) A protein sample of an ancient bird

33   Management would like to announce that there will be _____
of both water and electrical service in the building tomorrow. The reason is that these
services are scheduled to _____. The interruptions
will commence at 9 AM and may continue until, but not after, 5 PM. The elevators
may also be _____ at times, and some floors will experience power
outages that could last up to one hour at a time. After 5 PM, all services will return to
normal. We apologize in advance _____ this may cause.

Q: **Which is correct according to the announcement?**

(a) The inspections will continue until late in the evening.

(b) _____ will be off all day long.

(c) The building is undergoing electricity and gas inspections.

(d) People might not be able to _____ tomorrow.

34   Downloading music, television shows, and movies onto a computer is illegal unless the
person pays a fee _____. Nevertheless, all over the world,
television shows, movies, and music are being downloaded without the creators
_____ for their efforts. Most people consider this a minor
issue. They claim that famous stars, movie studios, and recording companies have lots
of money and _____ because of people downloading their
works. Since everyone is doing it, they say, it isn't a crime. The truth is that downloading
is the same as stealing and _____.

Q: **Which is correct according to the talk?**

(a) Illegal downloading has driven some movie studios _____.

(b) Many people do not believe downloading is a crime.

(c) Efforts are being made _____.

(d) Artists create billions of dollars worth of new products every year.

35 Yesterday, _____ hit the British Isles. It was the worst storm in the country in twenty years. More than ten centimeters of snow fell on London, and many other cities and districts reported accumulations of similar amounts. Both Heathrow and Gatwick, the country's _____, were closed throughout much of the day, and over 600 flights were cancelled. Most of the nation's motorways have been closed while snow-clearing machinery is at work making the roads safe _____. The Center for Emergency Management is requesting that all citizens refrain from traveling at this point unless _____.

Q: **According to the news report, what was the most significant result of the snowstorm over Britain?**

(a) Some areas have reported flooding.

(b) _____ in various places.

(c) It caused a major disruption in travel.

(d) It resulted in serious accumulations of snow.

36 Lesotho is a country in Africa _____ by the larger nation of South Africa. This landlocked country is mountainous, and most of the nation sits _____ 5,000 feet or higher. The country's population is slightly more than two million people, with 99% belonging to the Sotho tribe. Lesotho has a constitutional monarchy with a king _____ and a prime minister serving as the leader of the government. Its economy is based on exporting agricultural products, textiles, and clothing. Over 80% of the population _____ _____ and by selling their small surpluses.

Q: **Which statement about Lesotho would the speaker most likely agree with?**

(a) It has no ports on the ocean.

(b) Most people there live in cities.

(c) Its population is greater than South Africa's.

(d) Its people sell clothes _____.

37-38 During World War II, the British experimented with anthrax _____ _____. Since that time, other nations, including the United States, have developed weapons employing anthrax and _____ _____. These weapons can cause enormous numbers of deaths in a very painful manner, so _____ needs to ensure no one uses them in war. Experimenting with anthrax and other diseases like smallpox as weapons is inhumane, and _____ their use as weapons. Their mere existence is dangerous. There is always the possibility of human error, and these weapons _____ and kill a nation's own citizens or even spread around the world. It seems that merely experimenting with these weapons _____ opening Pandora's Box.

37 Q: **What is the speaker's main point?**

(a) Anthrax is not an effective biological weapon.

(b) Biological weapons _____.

(c) Most biological weapons have the potential to kill all humanity.

(d) The diseases spread by biological weapons have no cure.

38 Q: **What can be inferred about biological weapons from the talk?**

(a) Many deaths have occurred from biological weapons.

(b) The British were the first to use anthrax during World War II.

(c) Biological weapons could lead to _____.

(d) There is some justification for biological weapons.

39-40 Please be advised that Hurricane Harvey _____. All citizens living within ten miles of the coast should have evacuated by now. For those determined _____ in their homes, do not go outside for the next several hours until the bulk of the hurricane passes by. _____ that Harvey will drop up to twenty inches of rain over the next twenty-four hours. In addition, the storm surge created by Harvey _____ up to thirty feet high, which will likely cause flooding throughout the city. It looks like this storm is going to cause lots of damage but hopefully few injuries. Please _____ _____ for continuing updates on Hurricane Harvey.

39 Q: **Which is correct according to the weather report?**

(a) Areas closer to the water are _____.

(b) Wind damage from the hurricane will be the biggest problem.

(c) Meteorologists do not know which way the storm will move next.

(d) The hurricane _____ parts of the city.

40 Q: **What can be inferred from the weather report?**

(a) The city is in a place where hurricanes often make landfall.

(b) The hurricane has already injured some people.

(c) The entire city _____ by emergency crews.

(d) The storm is going to be over the city for at least a day.

Dictation 03

Part I **Questions 1~10**

◀ MP3 **4-11**

1 M Can I interest you _____?

(a) I'm planning to sign the contract back at the office.

(b) No, I haven't read today's newspaper.

(c) Actually, I completely disagree _____.

(d) I'm not doing anything until I find out what you think.

2 W What would it take for you _____ with this report?

(a) Once we're done, you'll have to help me out with something.

(b) After we file the report, the boss is going to be quite pleased.

(c) That report is something that _____.

(d) I'm sorry, but I didn't take it. Perhaps someone else did.

3 M _____ on Eric showing up on time for the meeting?

(a) He has been acting somewhat strangely these days.

(b) The last time I saw him, he was sitting in his office.

(c) I guarantee that he'll be at least twenty minutes late.

(d) I'm pretty sure _____ about the meeting.

4 W I didn't hear your last comment as clearly as I would have liked.

(a) _____ until I finish speaking.

(b) Then permit me to repeat everything I just said.

(c) I'd advise you _____ in the future.

(d) That's fine with me. I don't have anything to say.

5 M It appears that _____ on how to handle this.

(a) I'm afraid that's how it looks to me, too.

(b) Someone's got to know _____.

(c) How about giving me your opinion then?

(d) We're moving as fast as we can.

6 W There must be something you can say _____.

(a) I promise that I haven't said a word to her.

(b) She hasn't been feeling well for days.

(c) _____. She never listens to me at all.

(d) She seems to be getting better lately.

7 M _____ how much money it's going to take to repair this.

(a) It's going to be an enormous task to repair it.

(b) It'll probably run in the hundreds of dollars.

(c) _____ in my account soon.

(d) Try to figure out exactly what needs to be fixed.

8 W I can't remember ever seeing _____ in my life!

(a) There's nothing you can do to stop them.

(b) _____ for them.

(c) If you focus, you should be able to recall something.

(d) I still can't believe the team won the game.

9 W _____ just as soon as anything new happens.

(a) I'll make sure that I get in touch with you.

(b) Yes, this report really needs to be updated.

(c) _____ coming up in ten minutes.

(d) No, there's no news to give you at this moment.

10 M They've already agreed to a compromise on that issue, haven't they?

(a) We should have never given in to them.

(b) I'm pretty sure _____.

(c) No, we're not going to agree with them at all.

(d) Yes, I think it is difficult _____.

Part II Questions 11~20

◀ MP3 4-12

11 W Good afternoon. Have you had enough time _____ yet?

M Yes, we have. And I think we're all ready to go ahead and order.

W Great. Then _____ for me to bring you?

(a) You can prepare my steak rare, please.

(b) I believe I'll start with the shrimp appetizer.

(c) I'm not ready to look at the dessert menu yet.

(d) You can bring us the bill _____.

12 M I'm thinking of getting a pet, but I'm not sure what animal is best for me.

W A dog or a cat would be good. I'd stay away _____ like lizards though.

M Really? What do you have against animals like them?

(a) They're _____ so don't make good pets.

(b) Dogs are really great companions since they like people so much.

(c) When you get an exotic pet, it tends to impress a lot of people.

(d) _____ since they aren't particularly friendly.

13 W Why don't you tell me what I missed while I was away _____?

M The only interesting thing which happened was that _____.

W Is he the guy that's sitting at the desk next to Mark?

(a) No, Mark is not doing anything right now.

(b) Yes, I know exactly who the new guy is.

(c) No, _____ here.

(d) Yes, that's him. His name is Steve Walters.

14 W I just got a call from Joe's big brother. He was in an accident and _____.

M Get over there as fast as you can and make sure he's all right.

W I'll give you a call as soon as I know _____.

(a) He's in no condition to do anything at all right now.

(b) Thanks. _____ after you talk to his doctor.

(c) Tell him he needs to hurry up and report to the office.

(d) Find out the license plate of the car that hit him.

15 M I've got to take my dog _____. She needs to get her fur cut.

W Yeah, it's getting pretty long. Do you need me to do anything while you're out?

M It would be great if you could clean the living room for me.

(a) _____ by the time you return.

(b) No, we don't have enough room here to raise a dog.

(c) Sure, I don't mind _____.

(d) Yes, I cleaned up everything just now.

16 W Excuse me, but is it possible _____ on a drink?

M Sure. Tell me what you were drinking, and I'll get you another glass.

W It was just a coke. Oh, I'd like _____, too, please.

(a) Okay, so what kind of drink would you like?

(b) I'm sorry, but we've completely _____.

(c) Sure thing. I'll be back with everything in just a minute.

(d) Right. Your entrée should be almost ready by now.

17 M You should _____ that I read online.

W I don't have time now. Do you mind emailing it to me instead?

M Not at all. Just let me know your email address, and _____ to you.

   (a) I'll write it down since it's a little long.

   (b) Thanks. I'll _____ when I'm not busy.

   (c) I thought you knew I live at 39 Pine Street.

   (d) I'm not exactly sure how to send email.

18 W Have you ever taken the subway here in the city?

M Yes, I have, but I prefer taking buses instead. They're _____.

W I'd have to disagree with that assessment. I find the subway to be faster.

   (a) Then let's get off when we arrive at the next station.

   (b) True, but _____ anywhere near my office.

   (c) I always take the number 20 bus to work every morning.

   (d) _____ is better than taking the bus.

19 M Good evening. I'd like to renew these two books and _____.

W All right. First, I'll need to see your ID card, sir.

M Here it is. Oh, I believe that one of these books _____.

   (a) Yes, you are permitted to check this one out for two weeks.

   (b) Actually, it's due today, so you won't have to _____.

   (c) No, the due date for that book was three days ago.

   (d) That's why we're not charging you a fine.

20 W Did you see that Johnny got a job here? That's incredible.

M I'll say. He was _____ of everyone we interviewed.

W I wonder how he managed to convince the HR manager to hire him.

(a) It must have been _____.

(b) I thought he did well at the interview.

(c) _____ as to how he did it.

(d) He's been hired by the Marketing Department.

Part III Questions 21~30

◀ MP3 4-13

21 Listen to a conversation _____.

M Hello. This is James Thompson. _____ for some clothes.

W Yes, Mr. Thompson. I've got your order on the screen here in front of me.

M I ordered a size large red polo shirt. I'm wondering if you have that in a larger size.

W _____ while I check... Yes, it is available. And in colors other than red, too.

M Can you give me the bigger size then?

W That's no problem. I'll change your order right now. _____ in about a week.

Q: **What is the man mainly trying to do?**

(a) Find out how much his order will cost

(b) Change an order he just made

(c) Purchase a bigger sweater than the one he ordered

(d) _____

22 Listen to two colleagues discuss _____.

W Nick, can you take notes at the meeting we're about to attend?

M Okay, I'll bring a legal pad and write down what everyone says.

W You don't need to make _____. That's unnecessary.

M Then I'll just note the gist of what everyone's talking about.

W Exactly. But be sure to record _____ and who is against the various proposals.

M I'll do the best that I can.

Q: **What is the main topic of the conversation?**

(a) The agenda _____

(b) The notes the man just took

(c) The need to record _____

(d) The man's role at the meeting

23 Listen to two coworkers _____.

M How did the meeting with the manager go just now? Did you get a pay raise?

W To be honest, _____ that issue with him.

M But that's all you've been talking about this entire week. What happened in there?

W I simply couldn't _____ to discuss it with him. I figured he'd say no anyway.

M That's the wrong attitude to take. You've got to _____.

W Maybe I will someday, but I don't think I can do that at the present.

Q: What is the man mainly doing in the conversation?

(a) Telling the woman to apply for the manager's position

(b) Saying that the woman should be less nervous

(c) Asking the woman about her new pay raise

(d) Encouraging the woman _____

24 Listen to two friends _____.

M I can't seem to stop sneezing these days. It's driving me crazy!

W It's probably being caused _____ in the air. It's affecting me as well.

M Whatever the reason is, I wish it would stop. It seems like I'm sneezing every few minutes.

W Try to avoid the outdoors _____. The pollen will disappear soon.

M I sure hope so. I'm going through so much tissue. It's unbelievable.

W _____, see a doctor. He might be able to prescribe something for you.

Q: What causes the man to keep sneezing so much?

(a) The pollen in the air

(b) Too many outdoor activities

(c) Some pills _____ for him

(d) The tissue that he uses

25 Listen to a conversation about a woman's problem.

W George! You're just the man I wanted to see.
   It's a good thing _____.

M What's up, Kelly? Is there something I can do for you?

W Actually, there is. My computer doesn't seem _____
   these days.

M I suppose you'd like for me to look at it, right?

W If you've got the time, I'd really appreciate _____.

M Let me see... I think I've got some spare time in half an hour. I'll drop by then.

Q: **Which is correct according to the conversation?**

(a) The woman just purchased a new computer.

(b) The man recently _____.

(c) The woman has been looking for the man.

(d) The man cannot help the woman until the next day.

26 Listen to a conversation _____.

M I've got to get to the airport soon. _____ in about three hours.

W I thought you weren't scheduled to leave until two days from now.

M That was my original plan, but I couldn't wait to get there, _____.

W You must be really excited about going back to your hometown.

M You're right about that. I haven't been there in almost seven years.

W I'm sure you'll have a wonderful time. Anyway, _____.

Q: **Which is correct about the man according to the conversation?**

(a) His flight is going to take approximately three hours.

(b) He _____ in a long time.

(c) He is not pleased about going on this trip.

(d) He is going to miss his flight.

27 Listen to a conversation between two coworkers.

W Don't open that door! You're not allowed to go in there.

M Nobody told me anything about that. Are you sure _____?

W There's an orange label on the door, which means only security staff can enter.

M Oh... I always wondered what those different colors meant.

W You didn't know? I thought _____ what the color codes stand for.

M Not me. I suppose I should go _____ at my employee manual.

Q: According the conversation, who can enter a room with an orange label on the door?

(a) All staff members

(b) Store managers

(c) _____

(d) Guards

28 Listen to a conversation about a mall in Centerville.

M I'm heading down to Centerville tonight. _____?

W That's kind of a far trip. Isn't it about an hour and a half away from here?

M Yes, but it's where I do most of my shopping. _____ there.

W Right. I had forgotten all about the big outlet mall in Centerville.

M So, are you in or out? _____ for the drive down.

W I'll go with you. I can be ready to go right at six when we finish work.

Q: Which is correct according to the conversation?

(a) The man is _____.

(b) The drive to Centerville takes two hours.

(c) The woman will drive to the shopping mall.

(d) They will leave in about six hours.

29 Listen to two friends _____.

M How about visiting the beach this weekend?

W Sure, I haven't done that in a while.

M No kidding. You look like _____.

W I know. I've been cooped up in my home lately.

M Then the beach should be good for you.

W You're right. I'll pack a lunch for us so we can eat by the ocean.

M Excellent. _____.

Q: **What can be inferred about the woman?**

(a) _____ outdoors.

(b) She is ready to have lunch.

(c) She just put on some suntan lotion.

(d) She lives _____.

30 Listen to a conversation about a business trip.

W _____ this morning. The price increased by about ten percent.

M Wow, that's a lot. Do we have the money in the budget?

W No, so we'll have to ask for more funds.

M I don't think _____ will like that.

W True, but you have to go on this business trip, don't you?

M Yes, but they _____ in the future.

Q: **What can be inferred from the conversation?**

(a) The woman is the man's boss.

(b) The man is on the board of directors.

(c) The man is not paying for the expenses of the business trip.

(d) The woman _____ the company budget

31 As we have seen recently, virtually all of the world's countries' economies
_____. When there are economic problems
in Europe or the United States, even bigger issues may arise in South America or
Asia. _____, the world is a much smaller place. While this has
tremendous benefits during times when _____, this can
also cause great harm when the economy starts to worsen. In short, we must be wary
of the effects of globalization since it can cause _____.

Q: **What is the speaker's main point?**

(a) Globalization is mostly dangerous to countries in Asia and South America.

(b) Globalization is very important when the global economy is declining.

(c) Globalization has more potential to be harmful _____.

(d) Globalization is really only beneficial to countries in Europe and the United States.

32 Lightning is _____ in a storm cloud. As the particles rise
and fall, numerous collisions between them cause the separation of electrical charges.
_____ rise to the top while negatively charged ones
sink to the bottom. As the storm moves, the negatively charged bottom of the storm
is followed by positive charges on the ground_____ like trees
and telephone poles. A channel opens between the positively charged ground and the
negatively charged _____, and the result is lightning.

Q: **What is the main topic of the talk?**

(a) _____

(b) The dangers of lightning

(c) The composition of storm clouds

(d) A comparison between _____

33 _____ that teachers' only duties are lecturing to their students and grading papers and exams. This is far from the truth. _____ _____, teachers have a number of different duties that they do. For one, many assist students _____. Some teachers serve as head or assistant coaches of their schools' athletic teams. And many teachers take the opportunity to tutor or mentor students who are either falling behind or _____ _____ and require extra teaching.

Q: Which is correct about teachers?

    (a) They are required to be involved in students' extracurricular activities.

    (b) _____ the amount of work they do.

    (c) They must either coach or tutor students as part of their duties.

    (d) Grading exams is not _____.

34 The company has asked me to go over _____ with everyone. First, when you are on a business trip, you can only go business class for overseas trips. _____ is restricted to economy class. You are permitted to rent midsized sedans for cars, and, of course, all of your gasoline expenses _____ by the company. Finally, you are allowed a per diem of one hundred dollars a day to cover your food and other expenses. Should you need to spend more to take a customer out to eat, then you will need to get _____ _____ for the extra expense.

Q: Which is correct according to the announcement?

    (a) Employees can spend _____ on rental cars.

    (b) There is a ten-gallon a day gasoline limit for the employees.

    (c) Employees must receive oral permission to take customers out to eat.

    (d) _____ for employees to fly in business class.

35 The Wiggles are an Australian children's singing and comedy group. The four main members are Greg, Murray, Jeff, and Anthony. Three of them met while _____ _____ at their university in 1990. They decided to do a class project which involved singing since all three _____. It was so well-received that they decided to make an album of children's songs. With help from some friends in the music industry, the Wiggles' first album was produced in 1991. Soon, the group began touring Australia and _____. A television show followed, and, by the turn of the century, the Wiggles were among _____ in the world.

Q: **How did several members of the Wiggles meet?**

(a) They met on a tour of Australia.

(b) They were introduced by some people _____.

(c) They met each other on a television show.

(d) _____ while taking the same class.

36 Since the late 1800s, people across Europe, especially in Spain and France, have been making _____ in the most unusual places: caves. What they are finding is cave art, some of which was painted _____ almost 30,000 years ago. While the first instances of cave art were deemed forgeries, once reports of them continued coming in, _____ their authenticity. Most cave art depicts various animals, some of which are still found in Europe and _____. Researchers are not quite sure what the purposes, if any, of the drawings were.

Q: **What can be inferred about cave art from the lecture?**

(a) Some of it has been proven _____.

(b) The people who made it did not explain why they did so.

(c) It often shows animals with people hunting them.

(d) It is found only in two countries in Europe.

Part V Questions 37~40

◀ MP3 4-15

37-38 The university wishes to announce that the following courses have been

canceled _____. On Monday at 9 AM,

Art History 101, on Tuesday at 8:30 AM, Physical Education 203, and on Friday at 9 AM,

Chemistry 301 are officially canceled. Students who enrolled in these classes _____

_____ in the same course or may enroll in another course on the

same day. If such arrangements do not meet your required needs, please see _____

_____ in Room 402 in the main administration building. Every effort will

be made to accommodate students and to let them take all of the classes they wish to

enroll in. However, _____ who need certain

courses in order to graduate. The university apologizes in advance _____

_____ these cancellations may cause.

37 Q: **What is the announcement mainly about?**

    (a) How to register for a class _____

    (b) Why certain classes have been canceled

    (c) The effect of the cancellation of some classes

    (d) Where students _____ should go

38 Q: **What can be inferred about the classes from the announcement?**

    (a) Art history is a popular subject at the university.

    (b) A number of students did not register for courses on time.

    (c) Underclassmen are less likely to be enrolled _____.

    (d) Class cancellations happen frequently at the university.

39-40 Various cultures _____ about vampires for centuries, and lately these tales seem to be growing increasingly popular. Today, _____ _____ without someone producing a new book series or movie with vampires as the protagonists. In the past, vampires were seen as monsters of the night _____ _____ of helpless young women, yet, in recent years, the vampire as hero has found a niche among fans of the genre. American author Stephanie Meyer's series of young adult novels on vampires _____ by telling the story of a young male vampire in love with a female mortal. Through four books and movies, the young couple _____ millions of teenage fans worldwide.

39 Q: According to the talk, how were vampires traditionally depicted?

   (a) Vampires _____ as being monsters.
   (b) Vampires subsisted on the body fluids of helpless females.
   (c) Young women often _____.
   (d) Protagonists would fight alongside vampires to defeat other creatures.

40 Q: Which is correct about vampires according to the talk?

   (a) Most modern stories about vampires deal with romance.
   (b) The vampire as a protagonist _____.
   (c) Vampire stories have failed to catch on with wider audiences.
   (d) A recent series of vampire stories is based on vampire legends.

Dictation 04

정답 및 해설 p.71

Part I Questions 1~10

◀ MP3 **4-16**

1 M Would you mind _____ so that I can get some rest?

(a) Of course not. Pull over here, and we can switch positions.

(b) I'm going to drive for about two hours until we get home.

(c) You must be _____ to want to drive all night long.

(d) I haven't gotten enough rest lately because of my job.

2 W _____ your contact number so that I can call you later?

(a) Call me anytime between one and three PM.

(b) Yeah, I'll be sure _____ you.

(c) You'll get my response sometime tomorrow.

(d) I'll write it down on this memo pad for you.

3 W Excuse me. Could you tell me how to check _____ with this machine.

(a) Here's your credit card receipt.

(b) Oh, this is out of order, so you'd better use a different one.

(c) Give me your passbook and identification, please.

(d) Yes, _____ for that.

4   M   We need to hear everything you can remember about her comments.

(a) _____ what he said back there.

(b) Sure. I made a few comments to her.

(c) I'll recount them _____.

(d) You'll have to tell me exactly what she stated.

5   W   I doubt there is any way that you can _____.

(a) Everything we tried was a total success.

(b) Maybe, but I'm still going to _____.

(c) You didn't even try to do the same thing.

(d) We're still in the experimental stages now.

6   M   With your most recent actions, you're putting yourself _____.

(a) I haven't decided where I'm going to place it.

(b) My current position is bank manager.

(c) No, this stock is not going to lose any value.

(d) Perhaps, but _____ with that.

7 M Don't look at me. I've got _____ it.

    (a) I always knew that you were up to no good.

    (b) When is that report going to be on my desk?

    (c) Then _____ causing these problems?

    (d) We're going to go ahead with it whether you like it or not.

8 W I'm afraid that the design wasn't really supposed to look like this.

    (a) Here's a model of _____.

    (b) Why don't you give me your vision for it?

    (c) _____ the design concept to me.

    (d) I've no idea what he actually looks like.

9 M It doesn't appear as if you gave me _____.

    (a) Really? Let me see how much I returned to you.

    (b) Sure, you can pay for that with coins if you like.

    (c) Your change _____ five dollars and thirty cents.

    (d) No, I don't believe that I can change a thing.

10 W We're willing to _____ from you right now.

    (a) Then I'll meet you outside your office in just a while.

    (b) His suggestion is the best one I've heard in this meeting.

    (c) At the moment, I've got nothing _____.

    (d) That's not the result which I was hoping to see.

11 W The budget meeting _____. I can't believe what happened.

M Yeah, it looks like our funding is going to get cut by fifty percent next year.

W What are we going to do if we lose all that money?

(a) I had a meeting _____ to discuss the budget.

(b) They can't reduce my salary by that much.

(c) I suppose some staff members will get laid off.

(d) _____ exactly where you left it.

12 M What are you doing at the park _____?

W I like to go jogging here when it's nice and quiet.

M I'm the same way. _____ for a while then?

(a) I often jog for at least thirty minutes.

(b) You look like _____.

(c) Actually, I just finished my entire run.

(d) Yes, I've been coming here for quite a while.

13 M I'd like to pay for these clothes _____, please.

W I'm sorry, sir, but your credit card has expired. I can't accept it.

M Oh. Then is it possible to pay for everything _____?

(a) I guess I can accept your card if you insist.

(b) We only take cash or credit cards here.

(c) Please _____, sir.

(d) Yes, I'll check on it just one more time.

14 W You're still planning _____ later today, right?

M Yes, I'll be going there once I finish doing the yard work.

W Then please remember to buy everything _____.

(a) I didn't forget to purchase anything you wanted.

(b) I've already got it in my pocket, so I won't forget.

(c) _____ yet, so I'm not going there.

(d) The supermarket is at least fifteen minutes away from here.

15 M What do you think is wrong with me, Doctor Jones?

W _____ than the flu. Just stay in bed for three days, and you'll be fine.

M _____. I'm glad it's nothing more serious.

(a) You won't get any worse if you follow my instructions.

(b) You're in danger of _____.

(c) I think that your pneumonia should get better soon.

(d) I believe that staying here for one night would be ideal.

16 M Unless traffic picks up pretty soon, we're not going to _____.

W I think we'd better call ahead to let them know we'll be late.

M That's a good idea. We don't want anyone to be surprised _____.

(a) We haven't told anyone yet why we won't be there.

(b) _____. Start driving.

(c) It's no surprise that I missed the last meeting.

(d) I'll tell them to start the meeting without us.

17 W _____ now that you've gotten some rest.

M I feel much better as well. Thanks for giving me some extra time off.

W It's the least that I could do. You're _____.

    (a) And you're the best boss I've ever had.

    (b) That's not a very nice thing for you to say.

    (c) You're right. _____.

    (d) We'll get them to work better in the future.

18 M Do you happen to have anything _____?

W Well, you can order something like a tuna salad if that's what you want.

M That sounds great. And I'll take _____ as well.

    (a) What do you want from our menu?

    (b) Would you care for something to drink?

    (c) How did you enjoy your dessert?

    (d) _____ would you like?

19 W We need to _____ for the kids before we go out for the evening.

M Why don't we give the teenage girl down the street a call?

W I already did, but she told me _____ for tonight.

    (a) I suppose we could ask your sister to help us.

    (b) We haven't made plans for any of this.

    (c) Tell her to remember _____.

    (d) I'll talk to the kids and make them change their minds.

20 W So, James is still going to provide us _____, right?

M Um, he's not on the project anymore. Didn't you know that?

W I'm unaware that there were any changes made to the plan.

(a) Yes, James just made _____ to the department.

(b) I don't know why you don't pay closer attention to the numbers.

(c) You must not have read the memo that just got sent out.

(d) There's nothing I can do to help you _____.

◀ MP3 4-18

21 Listen to a conversation about a woman's plan.

W I'm collecting donations _____.

We're buying her a present.

M What are we planning to get for her?

W It depends on _____. We'd like to be able to pay for her to

take a cruise.

M It sounds like you're expecting us to donate a lot of money.

W _____ to do so. Just give whatever you can afford to part with.

M All right. I'll write you a check and give it to you _____.

Q: **What is the woman mainly trying to do?**

(a) Encourage the man to give generously

(b) Convince the man to attend Mary's retirement party

(c) Ask the man _____

(d) Explain what present she would like to buy

22 Listen to a conversation between a husband and a wife.

W _____. I've got no idea where we are.

M Do you want me to pull over and ask someone for directions?

W That would make sense, but I don't see anyone _____.

M There's a taxi driver idling on the side of the road. Let's ask him for help.

W I'd say that we don't have any other alternative.

M Since he's on your side of the car, _____ and talk to him.

Q: **What are the man and woman mainly talking about?**

(a) Their current location

(b) Where to take a taxi

(c) _____

(d) Whom to ask for directions

23 Listen to a conversation _____.

M Would you mind _____ when you've got a spare minute
  or two?

W Of course not. What would you like to discuss with me?

M I want to go over the numbers on the Blaine account. _____.

W Are you positive? I double-checked them before I submitted them to you.

M _____ have gone over them, and they believe
  something's wrong.

W Let me grab my files, and I'll hurry over to your office right now.

Q: **What is the man mainly trying to do in the conversation?**

(a) Complain about the woman's calculations

(b) Explain why he wants to talk to the woman

(c) Tell the woman about his accountants' numbers

(d) Request that the woman _____ again

24 Listen to a conversation _____.

W Remember to wear your best outfit tomorrow. And _____ either.

M I don't care about how I'm going to appear. I'm more focused on their potential
  questions.

W Have you completed your research on the firm and what kind of work it does?

M _____. But what if they ask me about my job
  experience?

W Be honest. Tell your interviewers what you've done at your previous jobs.

M I don't think they're going to be impressed. _____
  in my career.

W I'm sure you're going to do a wonderful job.

Q: **What does the woman suggest that the man do at his interview?**

(a) Give honest answers to the interviewers

(b) _____ on their choice of clothes

(c) Ask questions related to the company he is applying to

(d) Try to frown to look serious

25 Listen to a conversation _____.

W You seem like you're concerned about something. What's going on?

M I'm just a little nervous because I've got a blind date in a few minutes.

W Is one of your friends _____?

M Yes, and, apparently, she's kind of a minor celebrity, so that's why I'm feeling anxious.

W Try to relax. I'm sure you'll do fine and that she's going to enjoy your company.

M Thanks for saying that. _____.

Q: Which is correct about the man according to the conversation?

(a) A lot of people know who he is.

(b) He _____ before.

(c) He is friends with some famous people.

(d) He does not usually get nervous before meeting people.

26 Listen to two friends discuss their neighborhood.

M _____, it looks like some new businesses are coming here.

W I wasn't aware of that. Does it give any reasons why?

M Apparently, the city council is giving companies tax breaks if they set up shop here.

W That's positive news. Several of my neighbors _____ lately.

M Mine, too. Hopefully, they'll be able to find employment in the next few months.

W Is that when most of these firms are going to be arriving?

M Yes. A couple _____, but most won't be here until summer.

Q: Which is correct according to the conversation?

(a) Some companies have just opened in the city.

(b) The man is a member of the city council.

(c) The woman was recently fired from her job.

(d) The new firms are going to pay _____.

27 Listen to a conversation _____.

M Hey, is that a new television sitting there in your living room?

W It sure is. _____ to my home a couple of hours ago.

M What was wrong with your old television? It seemed to work pretty well.

W The reception on it wasn't that good, so _____.

M I see. It looks like it must have set you back quite a bit.

W _____, you'd be surprised by how little I actually paid for it.

Q: **Why did the woman decide to change her old television?**

(a) She doesn't enjoy watching television.

(b) There were new televisions on sale.

(c) _____.

(d) It was old hat.

28 Listen to a conversation between _____.

M Is that the only item you would like to purchase tonight, sir?

M Yes, that's it. By the way, are you able to gift-wrap it? It's a present for my father.

W Of course. And since it costs more than $50, _____.

M That's good to hear. And can you deliver this package as well?

W Yes, we can, but that's going to _____. Is that all right?

M Never mind. I'll take it with me instead. The party's tomorrow.

Q: **What is offered to the man for free?**

(a) A gift

(b) _____

(c) Gift-wrapping service

(d) Delivery

29 Listen to two friends discuss the woman's glasses.

W I'm having trouble with my glasses lately. _____.

M The problem might not be with your glasses. Perhaps you need a new prescription.

W Do you think that's it?

M It's possible. Do you remember the last time _____?

W Gosh, it's been at least three or four years since I've done that.

M That's way too long. You need to do it _____.

Q: What can be inferred about the woman?

(a) She prefers wearing contacts to glasses.

(b) She does not take proper care of her eyes.

(c) She has an appointment _____.

(d) She will start getting her eyes checked regularly.

30 Listen to a conversation between two neighbors.

M Your car seems like _____. It could be brake fluid.

W I hadn't even noticed that. Do you think you have time to look at it?

M _____ now, but you should bring it by my garage later on.

W Okay, I'm definitely going to do that.

M If there are any problems with your car, I'll find them and fix them.

W Then _____ in a few hours. I'm going back to my office now.

Q: What can be inferred about the man?

(a) He is _____.

(b) He will take the woman to work.

(c) His home has a garage.

(d) His car is working properly.

Part IV Questions 31~36

◀ MP3 4-19

31 March Madness is the nickname of the American National Collegiate Athletic Association's _____ held each year in March and April. Teams from around the country compete to enter the tournament each year, but _____. Then, they are divided into four groups of sixteen teams. After two rounds of games, _____. They are called the Sweet Sixteen. After the next round, only the Elite Eight remain. Finally, the four remaining teams are called the Final Four. Then, _____ _____ and the final game are played, and America crowns its college men's basketball champion.

Q: What is the talk mainly about?

(a) The popularity of an American sporting event

(b) The last team to win during March Madness

(c) _____ a sports tournament

(d) The chances of a team winning a basketball tournament

32 _____, or CCTV cameras, are everywhere these days. Now there are plans to put these cameras in classrooms. They will be used to monitor student and teacher behavior. Many students and teachers oppose them, thinking they will make the classroom feel like a prison _____. But I'd like to know what goes on in my daughter's classroom. If a teacher hits a student or if _____, it's a good idea to have a camera to record it. That way, parents can understand what really happened.

Q: What is the speaker's main point?

(a) CCTV cameras will create _____ in classrooms.

(b) Teachers will welcome CCTV cameras while students will not.

(c) CCTV cameras in classrooms are needed to determine responsibility of certain incidents.

(d) CCTV cameras _____ on people's lives and doing away with privacy.

33 The Dust Bowl was the name given to _____ in the 1930s that afflicted much of the Midwestern United States. Year after year, less rain fell than in previous years, so the farmlands of the Midwest got drier and drier until the crops died in the fields and the wind _____. With high numbers of people involved in agriculture in one way or another, the drought had _____ _____. Entire communities turned into ghost towns as people packed up and moved either east or west to find work.

Q: **Why did the farmers** _____?

    (a) They couldn't grow anything due to a lack of water.

    (b) They were not able to _____ properly.

    (c) There were many job opportunities in other parts of the country.

    (d) They were not interested in farming anymore.

34 _____ is often called the silent killer. It can cause heart attacks and strokes and may also lead to _____. The main causes of high blood pressure are stress, a lack of exercise, a diet high in red meats and fats and too much salt, and _____ toward the illness. African-Americans are at greater risk than any other ethnic group. _____ is to take drugs and make changes to one's life style.

Q: **Which is correct according to the talk?**

    (a) More African-Americans suffer from strokes than any other group of people.

    (b) People who eat red meat _____ high blood pressure.

    (c) Anyone who exercises will be able to avoid getting high blood pressure.

    (d) People of different ethnic groups get high blood pressure _____.

35 New Toasted Crisps Raisin Bran cereal is just _____. Chock full of vitamins, minerals, and all that other good stuff which a growing body needs, Toasted Crisps Raisin Bran ought to be a part of _____.
This cereal is guaranteed to boost your energy levels and make you feel full all morning long, so you won't be tempted to snack and _____. There are zero percent sugar and fat in this new product, yet it still tastes great. We use only _____ _____ to make our raisins.

Q: **Which is correct according to the advertisement?**

(a) Some sugar is found in the cereal.

(b) The cereal is good for people's health.

(c) The cereal _____.

(d) A person might gain weight from eating it.

36 _____ used to be of great importance to advertisers, who wanted to know who was watching the shows and approximately how many people were watching them. This way, advertisers could purchase time _____ _____ to air on stations before, after, or during the programs that had the highest number of their potential consumers. However, newer technology _____ _____. Nowadays, many people download and watch shows on their smartphones or on their computers by using file-sharing websites. Moreover, these technologies also _____, which means many viewers don't even see the products being advertised.

Q: **Which statement would the speaker most likely agree with?**

(a) Many television stations are losing money on certain shows.

(b) Advertisers are in favor of people _____.

(c) Only a few shows get high ratings nowadays.

(d) Exactly how many people watch certain programs is unknown.

◀ MP3 4-20

37-38 Many cities around the world are suffering from a problem _____

_____. Simply put, the buildings, roads, and other places in

the city become old and rundown, so they have _____.

This is known as urban blight. Fortunately, many cities engage in renewal projects

that attempt to improve the areas suffering from urban blight. In some instances,

construction crews _____ and build new ones

over them. Or buildings and homes may be renovated to improve the way they look.

Some cities also raze certain areas and _____ like

parks. There are a number of ways to eliminate urban blight. As time passes, cities get

_____ in how they do so.

37 Q: According to the lecture, what do cities do about areas suffering from urban blight?

(a) Erect new buildings on the sites of the old ones that they knock down

(b) Provide residents with easy access to _____

(c) Replace the areas with office buildings so that the current residents will move

(d) Construct more homes to attract residents to these areas

38 Q: Why does urban blight occur according to the lecture?

(a) Historical buildings are knocked down to make way for green areas.

(b) Cities around the world have suffered _____.

(c) Parts of a city are not sufficiently maintained for a long time.

(d) _____ is not a practical solution for most cities.

39-40 Glengarry Estates are now available in the Pinecrest area of our lovely city. _____

_____ current low mortgage rates and find yourself the new owner of

a luxurious domicile in a matter of days. _____ for viewing

from 9 AM to 9 PM during the week and from 9 AM to 6 PM on Saturday. _____

_____ with one of our real estate agents, just call 555-2525. They

will be happy to show you around and to give you all the details on how to purchase

one of _____. Pinecrest is famous for its views and fresh

mountain air. It's also close to local schools and _____, and

the ultra-modern Pinecrest Shopping Mall is just minutes away. Don't miss out on the

opportunity of a lifetime.

39 Q: **What is the advertisement mainly about?**

    (a) A resort _____

    (b) A new housing development for sale

    (c) A shopping mall that is preparing to open

    (d) _____ offered by a bank

40 Q: **What can be inferred from the advertisement?**

    (a) The Pinecrest area is the most affluent part of the city.

    (b) The process of purchasing a home takes a long time.

    (c) Potential customers can visit _____.

    (d) The houses in the estates are only available for purchase.

Dictation 05

◀ MP3 4-21

1 M _____ of the current state of my health?

    (a) We're going to have to take some X-rays.

    (b) Let me check your blood pressure.

    (c) Overall, _____.

    (d) I'm as healthy as I can be now.

2 W Would you please let me know your qualifications for this job?

    (a) I've got _____ in the field.

    (b) The job offers an excellent salary and benefits.

    (c) _____ for this job.

    (d) Yes, my job is to inform clients of our new products.

3 M Since when did you become interested _____?

    (a) I'm a member of a local soccer team.

    (b) We're going outside right now.

    (c) I prefer _____.

    (d) I started them at the age of ten.

4 W To the best of my knowledge, _____ yet.

    (a) I asked them what they were going to do.

    (b) We don't know enough to make that choice.

    (c) We need to influence them before they choose then.

    (d) _____ is what's hurting us.

5 M You must have paid a lot of money _____ to the stage.

    (a) A true fan of opera always attends opening night.

    (b) True, but the price _____.

    (c) This is just a dress rehearsal for the real show.

    (d) I bought the tickets with my own money.

6 W I'd like to get your input _____ to the committee.

    (a) I'll report to them after I finish this call.

    (b) The meeting is still going on.

    (c) _____ in my inbox yet.

    (d) Give me some time to read it first.

7 W _____ where Ms. Smith wants me to put these files.

    (a) She requested they be given to her immediately.

    (b) Print them and sort them _____.

    (c) They're sitting on her desk by the keyboard.

    (d) Ms. Smith is waiting for you in the lobby.

8 W _____.

    (a) How much does it cost?

    (b) Then close the door, please.

    (c) You're going the wrong way.

    (d) _____.

9 M I'm planning to watch a movie with my friends this weekend.

    (a) Sure, _____.

    (b) I've got the tickets right here.

    (c) That sounds like a lot of fun.

    (d) No thanks. _____.

10 M I'm so excited that I'm taking my family _____ this summer.

    (a) That should be a pleasurable time.

    (b) I've been waiting _____.

    (c) I hope they all enjoy jogging together.

    (d) You don't have to use the car's cruise control.

Part II Questions 11~20

◀ MP3 4-22

11 M I had been hoping to see you at Bruce's wedding last Sunday. What happened?

W _____ from my parents and had to go out of town immediately.

M That doesn't sound good. Is everything all right with your family?

(a) My father is actually in the hospital right now.

(b) I heard that _____.

(c) I just got back from my parents' today.

(d) Yes, I'll be sure _____.

12 W I purchased this car a week ago, but it's already giving me problems.

M That's too bad. Are you going to take it back to the dealer _____?

W I already did, but he wouldn't help me out at all. What do you think I should do?

(a) Be sure to make an appointment _____.

(b) I'd return it to the dealer and see what he has to say about it.

(c) You didn't check out the car well enough before you purchased it.

(d) You ought to see if _____ to help you.

13 M I can't believe _____ in just a couple of months.

W Yeah, it's really exciting, but I'm also concerned about the future.

M _____. Have you decided what you're doing after you finish school?

(a) I've still got one more semester of school left.

(b) Yes, I'm currently majoring _____.

(c) No, I haven't finished writing my thesis yet.

(d) I'm applying for jobs at several different companies.

14 W If you're not too busy now, do you mind if I talk with you for a bit?

M Not at all. _____ for you.

W That's great. Well, could you tell me why Eric is so angry with me?

(a) You'll have to ask him where he's been the last two days.

(b) I think he's unhappy _____ you had last night.

(c) I'd love to chat with you, but I've got a meeting to attend.

(d) I think he is pleased with _____.

15 W I've got a couple of tickets for tonight's basketball game. Are you interested?

M I can make it there _____ it starts after eight o'clock.

W Tipoff is scheduled for nine o'clock, so I'd say _____.

(a) The home team is probably going to win.

(b) Then I guess _____ on time.

(c) In that case, I'll definitely be able to go with you.

(d) I can't remember which team won the previous game.

16 M _____ again. Do you have the number for the plumber?

W I think I left his card on the desk in your study.

M Okay, I found it. I'll ask him to come over as quickly as he can.

(a) I hope _____ as much as the last time.

(b) The bathroom pipes are always causing us problems.

(c) The plumber said he can make it here before noon.

(d) Yeah, the water _____ pretty fast.

17 W _____ hear the next speaker at the conference.

M Really? What is he going to be talking about?

W Future trends in our line of work. He's actually _____ in the industry.

(a) Okay, I won't mention it again then.

(b) Yes, I met him at a recent conference I attended.

(c) I'll have to be sure _____ to him.

(d) There's nothing going on in our line of work now.

18 M _____ if the mail has been delivered yet?

W I checked on the way in, but there wasn't anything for you.

M That's too bad. I've been waiting for a letter to arrive for a couple of days.

(a) _____ in the box.

(b) You'll need to put a stamp on it to mail it.

(c) You should send it _____ the next time.

(d) I'm sure it will get here sooner or later.

19 W How did you and your family enjoy your trip to South America?

M We had a really amazing time there and saw _____.

W You'll have to tell me more about it. I'm considering going there myself.

(a) We enjoyed it there, but _____.

(b) If you do, it'll be a trip that you won't regret taking.

(c) I _____. You'll be wasting your money.

(d) I already let you know what went on there.

20 M   _____, please. It's been in my family for decades.

    W Oh, I wasn't aware of that. Then _____.

    M Yes, it is. It was given to my grandfather years ago by his grandfather.

    (a) I wonder how much he had to pay for it back then.

    (b) It really has been with your family for a long time.

    (c) _____.

    (d) You don't have to think about it.

Part III Questions 21~30

◀ MP3 4-23

21 Listen to a conversation between _____ .

M Excuse me, but it seems as if _____ yet.

W Which flight did you come in on?

M I was on flight PL576 from London. We arrived two hours ago, but my luggage is nowhere to be seen.

W It probably got sent somewhere else by mistake. _____ , please?

M What exactly is the procedure for getting my bags back?

W _____ , so we can find out where it is quickly once you submit the proper form.

Q: **What is the conversation mainly about?**

(a) Where the man's luggage is

(b) The man's recent flight

(c) Where the man is going

(d) _____

22 Listen to a conversation between two colleagues.

W Larry, did you remember _____ before you sent it to me?

M Of course I did. Why? Is something the matter with it?

W _____ with mistakes. You even spelled my name wrong!

M What? Would you mind letting me have a look at it, please?

W Here you are. You know, _____ in how this letter turned out.

M Ah, I see the problem. I sent you the wrong file. I'll email you the right one immediately.

Q: **What is the main topic of the conversation?**

(a) _____ the man made

(b) How the man will solve the problem

(c) The quality of the man's work

(d) What the man needs to do next

23 Listen to a conversation at an office.

W Is there something wrong _____? It won't print anything.

M This red light is flashing, so I think that means _____.

W I wonder why the last person who used it didn't fix it. That wasn't very considerate.

M _____. I can take care of this problem in just a minute.

W No kidding? How did you learn to repair copiers?

M I used to do that _____ years ago when I was a university student.

Q: **What is the man mainly trying to do?**

(a) Discuss _____

(b) Un-jam the copy machine

(c) Determine who used the copier last

(d) Get a repairman to service the copier

24 Listen to a conversation between a bus driver and a passenger.

W Excuse me, but is this bus going to the Beachside Resort?

M No, it isn't. You got _____ by mistake. You need the number 25 bus.

W Oh, then where is this bus going to take me?

M _____ is the Westside Shopping Mall. You can catch the bus you want there.

W That's fine then. I guess I'll just stay on this bus until we arrive.

M I hope you brought a book with you. It's _____ there.

Q: **Which is correct about the woman according to the conversation?**

(a) She wants to go to the shopping mall.

(b) She is riding on the number 45 bus.

(c) She got on the bus at the Beachside Resort.

(d) She will have to _____.

25 Listen to two friends discuss _____.

W I don't think I can continue to meet Ronald.

M You were so excited to _____ with Ronald. What happened?

W You're not going to believe where he wants to take me this evening.

M I give up. _____.

W He wants to go to the opera even though he knows how much I can't stand it.

M That's odd. He seems like _____ to your thoughts than that.

Q: **How does the woman sound about her plans for the evening?**

    (a) Nervous

    (b) Pleased

    (c) Concerned

    (d) _____

26 Listen to a conversation between two friends.

M What happened to your clothes? It looks like _____ in the rain.

W Not exactly. Even though it's raining, I remembered to bring my umbrella with me.

M Then how on earth _____?

W I was walking down the street when a bus drove right through this huge puddle.

M Oh no! _____ all over you, didn't it?

W Bingo. Now I'm going to have to change my clothes before my next appointment.

Q: **What happened to the woman?**

    (a) She left her umbrella at home.

    (b) She ruined all of her clothes.

    (c) A bus splashed her with water.

    (d) She fell into _____.

27 Listen to a conversation between two coworkers.

W You seem to be _____. Did you hurt yourself?

M I bought a new pair of shoes yesterday, so I'm still trying to break them in.

W You _____ the wrong size. I don't think new shoes should hurt that much.

M Actually, they're a little too small. The salesman gave me the wrong pair.

W Go back to the store and exchange them. You look like _____.

M I'm planning to go there _____ and take care of everything.

Q: **Which is correct about the man according to the conversation?**

(a) He bought his shoes on sale.

(b) His shoes _____.

(c) He is on his lunch break.

(d) He is walking strangely.

28 Listen to a conversation _____.

W You're going to apply for that job this afternoon, aren't you?

M Actually, I _____ and decided not to go there.

W What could possibly disqualify you from that position?

M Apparently, _____ is required for anyone who works there.

W That's too bad. But I'm positive something else will come along soon.

M I sure hope so. I really need to find employment quickly.

Q: **What can be inferred about the man?**

(a) _____ from college.

(b) He has never held a job before.

(c) He will apply for another job tomorrow.

(d) _____ now.

29 Listen to a conversation between two students.

M I heard the school awarded you a scholarship _____.

W That's right. I was so surprised to get the letter in the mail the other day.

M _____. You've always had outstanding grades.

W I know, but I was competing against some really outstanding students.

M It appears that _____ than them. Congratulations.

W Thanks. The money will really ease my financial burden next year, so I'm quite pleased.

Q: **What can be inferred from the conversation?**

   (a) The woman likes to _____.

   (b) The woman is grateful for the man's compliments.

   (c) The woman has _____.

   (d) The man is jealous of the woman's scholarship.

30 Listen to a conversation _____.

M I can't believe what happened. I lost the entire file I was working on.

W Don't you save your work every few minutes?

M Uh, no. _____ doing that.

W You should have. Anyway, let me look at it. I might be able to recover the file.

M Is that possible? I had no idea you could get back anything _____.

W There's a chance I can help you, but I wouldn't count on seeing your file again.

Q: **What can be inferred about the man?**

   (a) _____ about computers.

   (b) He needs to upgrade his current computer.

   (c) He has a lower position than the woman.

   (d) He thinks _____.

31   Casual Fashions is having _____ this week.
Since spring is coming, we've got to get rid of all of our winter stock to
make sure we have room in the store for the fashions you want to wear _____
_____. So we're offering discounts of up to seventy percent on some of
our winter clothes. We're selling sweaters for half price, _____
for forty percent off, and winter jackets at discounts from anywhere between thirty to
seventy percent off. Come down to the store to see _____ you
can get.

Q: **What is the advertisement mainly about?**

(a) A going-out-of-business sale

(b) _____

(c) A clearance sale

(d) A Christmas sale

32   Easily one of the most relaxing hobbies _____ is fishing.
There is nothing better than spending time either on the shore or in a boat _____
_____ in a river or lake. This is especially true when there is no one else
anywhere near the water. _____ except for the occasional
croaking of a bullfrog or the quacking of a duck or some other waterfowl.

Q: **What is the speaker's main point about fishing?**

(a) It is boring.

(b) _____.

(c) It is exciting.

(d) _____.

33 This is a reminder _____ to help keep our neighborhoods looking clean. There have been numerous complaints of garbage—mostly paper and plastic refuse—_____ and even in people's yards. Please don't throw your garbage on the ground as that contributes to making our neighborhood unsightly. Instead, keep your garbage with you until _____ in a trash receptacle. Also, if you should happen to see anyone littering, kindly remind them that they should not do so.

Q: **What is mainly being announced?**

(a) The fines _____ for littering

(b) How littering results in lower property values

(c) The need to dispose of trash where it belongs

(d) The recent program _____

34 Robots are found in many places and _____. The American military is trying to develop battlefield robots. Some will be used to disarm landmines and other explosive devices. Others will scout enemy territory. A third type _____ and will be as close to humanlike as possible. A great deal of money is being invested in these projects, and there are already flying robots _____ that can select enemy targets on a battlefield while avoiding friendly ones.

Q: **Which is correct according to the talk?**

(a) Military robots _____ in the future.

(b) Military robots all use artificial intelligence.

(c) Most military robots scout enemy targets.

(d) Robots are already being used _____.

35 Many people believe drowning is _____. This is far from the truth. When someone is drowning, the person's instinct is to keep his or her mouth closed and not breathe. But the longer _____, the stronger the desire to breathe grows. Soon, the instinct to breathe overrides the brain, which is telling the person not to breathe. The person _____ his or her mouth and breathes in water. This water fills the lungs, causing the person to gag while the body _____.

Q: Which is correct according to the talk?

   (a) The majority of drowning victims have no water in their lungs.

   (b) Drowning usually results from the involuntary breathing of water.

   (c) People who drown usually do not suffer much pain.

   (d) People _____ in order to keep from drowning.

36 The news nowadays often shows footage of large groups of people _____ _____. These groups might be protesting a country's leader, legislation, or even the meeting of an organization. Mostly, they are trying to _____ _____. While protests themselves are a natural part of society, all too often the protesters turn to violence. They disrupt meetings, destroy property, and even harm police or regular citizens. This serves _____. After all, they should be resorting to the ballot box to change society, not trying to use violence and thuggish behavior to do so.

Q: What can be inferred from the lecture?

   (a) _____ always involve the threat of force.

   (b) Police can easily break up protesting groups of people.

   (c) People who do not vote _____.

   (d) Protesters harm their own cause when they use violence.

Part V Questions 37~40

◀ MP3 4-25

37-38 Hi. This is Johnny Davis at 458-8912. I guess you aren't home. Anyway, I'm calling about the motorcycle that you advertised _____

_____ in the newspaper. The ad says it is a Yazuka 500, is three years old, is black _____, and has recently been inspected and approved. Well, all of that sounds good to me, but I'd also like to know _____ _____ and if it has ever been involved in an accident. The ad says you're asking three thousand dollars for it. _____ for me. Maybe we can talk about that. Call me back after 6 PM so that we can chat about it. Thanks.

37 Q: Why does Johnny Davis leave the phone message?

(a) To return a call _____

(b) To inquire about the price of a motorcycle

(c) To determine whether an item _____

(d) To get more information about something for sale

38 Q: Which is correct about the motorcycle?

(a) It has received _____ three years ago.

(b) It has never been in an accident.

(c) _____ than Johnny Davis wants to pay.

(d) It has relatively low mileage.

39-40 Prior to going on trips to foreign lands, _____ to see which vaccines they should get. Vaccines are predominantly developments from the twentieth and twenty-first centuries, and they have been crucial to helping people _____. Two such diseases are smallpox and polio. Before there were vaccines for them, these two diseases killed or crippled large numbers of people. _____, they have both essentially been eradicated from the world. Today, scientists are hard at work trying to develop vaccines for any number of viruses. _____ are AIDS and avian flu. Avian flu is particularly worrisome because of its virulent nature. In fact, many are worried that _____ could rapidly spread around the world and kill millions before it ended.

39 Q: **What is the speaker's main point about vaccines?**

    (a) They have led to the eradication of _____.

    (b) They were first developed in the 1900s.

    (c) Travelers should get them before going to other countries.

    (d) Further research on developing them for AIDS and avian flu _____.

40 Q: **What can be inferred about vaccines from the talk?**

    (a) An outbreak of avian flu _____.

    (b) There are vaccines for most deadly viruses.

    (c) Polio was once the deadliest virus on the Earth.

    (d) Vaccines can prevent outbreaks of diseases.

Dictation 06

Part I Questions 1~10

◀ MP3 4-26

1 M What kind of a deal did _____ offer you?

    (a) We finally managed to sell our apartment.

    (b) It seems like _____ then.

    (c) It wasn't good enough for us to accept.

    (d) I've got his business card right here.

2 W Could you tell me exactly _____?

    (a) My company specializes in computer software.

    (b) You can find us on Oak Street next to the police station.

    (c) Sure. We open at nine and close at six every day.

    (d) Yes, I'm sure that _____ getting here.

3 W Isn't the road we need to get on _____?

    (a) We're turning left at this intersection.

    (b) Slow down, or you'll get a ticket.

    (c) I'm sure this is the right way to go.

    (d) _____ from Thomas.

4 w You need to put more effort into your work _____.

   (a) What exactly do you recommend that I do?

   (b) Who thinks that _____?

   (c) Why didn't you tell me about this?

   (d) When are you going to expect results?

5 m _____ at the shopping center.

   (a) Then we should go there to buy a couple.

   (b) That's exactly where I'm heading this afternoon.

   (c) It's so heavy that I can't carry it by myself.

   (d) _____ that she tells me.

6 w It's about time _____ on the next project.

   (a) I always arrive at work at eight thirty.

   (b) I'd rather that we took a break first.

   (c) _____ for the next year.

   (d) Sorry, but he doesn't work here any longer.

7 M Pardon me, but I didn't mean _____ just now.

    (a) You're going to pay for the damage to my car.

    (b) Yeah, this bump on my head is really painful.

    (c) That's quite all right. _____.

    (d) I wasn't doing anything important just now.

8 W I confess that _____ about your recent behavior.

    (a) Excuse me, but there's nothing wrong with her.

    (b) You don't have to confess to anything.

    (c) That's a matter _____.

    (d) I'm sorry. I'll try to be nicer in the future.

9 W There was a huge accident on the highway _____.

    (a) Then I'm glad I drove to work this morning.

    (b) I was wondering what the problem was.

    (c) _____ that no one was injured.

    (d) Take another route to get to the highway.

10 M It seems as though we'd better get you to the hospital.

    (a) It's located right across from the park.

    (b) Please take me there _____.

    (c) I've got an appointment with Dr. Stanton.

    (d) I've been admitted _____.

◀ MP3 **4-27**

11 W I'm going to _____ in a bit. Do you have any clothes for me to wash?

M If you don't mind, I'd love it _____ for me.

W Okay. Does it need to be washed in warm or cold water?

(a) Yes, that's what I would prefer for you to do.

(b) _____. It doesn't really matter.

(c) You need to be sure that it gets ironed.

(d) I think the last time I washed it was two weeks ago.

12 W Is anyone about ready to go to lunch?

M I could _____ to eat right now.

W Great. How about going somewhere together?

(a) _____ twenty minutes ago.

(b) The cafeteria is located downstairs.

(c) Sure. I'd love to _____.

(d) I came back from the food court.

13 M I'm looking for something that's perfect to wear _____.

W Why don't you take a look at these shirts over here?

M No, they aren't quite _____. I want something less dressy.

(a) The outfit you have on looks fine to me.

(b) _____ on blue jeans today.

(c) Let me show you some of our tuxedos.

(d) I know exactly what you need. Follow me.

14 W I tried calling you this morning, but you didn't pick up the phone.

M I was _____ meeting a client until lunch.

W Oh, I wasn't aware of that. Anyway, _____.

(a) So, what do you want to talk to me about?

(b) Yeah, we had lunch _____.

(c) That's what I wanted to discuss with you.

(d) When are you planning on calling me back?

15 M How do you get most of your news these days? From the paper?

W To be honest, I prefer reading news reports online. _____

_____.

M Not me. I still like sitting down with a newspaper or watching the news on TV.

(a) But so much of it is old by the time you hear it.

(b) _____ to the local newspaper.

(c) Television news is definitely going to be big in the future.

(d) Anyway, I don't usually _____ to the news.

16 W _____ that you were going to do your chores.

M I meant to, but I got caught up doing some other work.

W That's fine, but you still need to do _____.

(a) Okay, I'll work on my homework soon.

(b) Right. I ordered dinner just a while ago.

(c) I'll start cleaning five minutes from now.

(d) _____ to be done right now.

17 M Did anyone call while I was _____?

W Yes, there are three messages for you, including one from Mr. Marino.

M Excellent. I'm going into my office _____ right now.

(a) He's already in there waiting for you.

(b) _____ on top of your desk.

(c) I'll tell him to expect a visit from you.

(d) I'll give him the message and let him know where you are.

18 W This copier doesn't seem _____. What's the matter with it?

M It appears to have a paper jam. I can fix that easily.

W You're amazing. You're always able to repair any machine _____.

(a) This is actually a rather simple problem to solve.

(b) I'll make _____ for you.

(c) You don't have to say that about the machine.

(d) There's nothing the matter with me at all.

19 M Do you know where Mr. Simmons is? I have to give him my rent today.

W _____ just a few minutes ago. Is your rent due now?

M Well, I'm really three days late, but _____ until today.

(a) Mr. Simmons takes good care of this place.

(b) I pay my rent on time every month.

(c) You should pay it tomorrow then.

(d) _____ of him.

20 M I'd like to _____ on my credit card, please.

W Sure. Would you please fill out this form?

M I need five hundred dollars.

(a) I can't afford _____.

(b) You'll have to wait in line, sir.

(c) You don't have a credit card, do you?

(d) Write the amount down _____.

21 Listen to a conversation at an office.

W I've got to send this contract to John, but _____.

M It's been acting up all morning. Let me take a look at it.

W I hope you can fix it; otherwise, _____ to fax this.

M Don't worry. It's probably something minor, so I can take care of it.

W I keep telling Mr. Peterson that we need to _____.

M You're right. We ought to complain about the state of our equipment at the next meeting.

Q: What is the woman mainly complaining about?

(a) Her computer

(b) Her office

(c) The fax machine

(d) _____

22 Listen to two coworkers _____.

M Julie, I'd like you to accompany Tom on his business trip tomorrow.

W I'm sorry, but I've already got two meetings scheduled in the morning.

M Is there a way to reschedule them _____?

W I doubt it. Why is it so urgent that I go along with Tom?

M He hasn't negotiated any contracts yet, and _____.

W So you want to make sure he doesn't mess up the process, right?

M Exactly. I'd like you _____ and give him advice if he requires it.

Q: What is the man mainly trying to do in the conversation?

(a) Convince the woman to go with Tom

(b) Order the woman _____

(c) Instruct the woman on her new duties

(d) Ask the woman to negotiate with Tom

23 Listen to a conversation between two friends.

W Is that a Beethoven CD you're listening to?

M Yes, it is. _____ you knew anything about classical music.

W On the contrary, it's my favorite genre. But I prefer Mozart to Beethoven.

M I don't mind Mozart's music, but in my opinion, _____.

W As for me, I prefer the sounds of Mozart's music. It can be so peaceful.

M It's amazing how they both wrote incredible music _____ in style.

Q: **What is the conversation mainly about?**

(a) Loud music

(b) Opera

(c) _____

(d) The man's CD

24 Listen to two friends discuss their hobbies.

W Would you like to go to the observatory with me this weekend?

M _____? I never would have guessed that.

W It's my newest hobby. I find looking at the stars to be fascinating.

M _____. I did that when I was younger, but I'm into hiking now. That's what I spend the majority of my time doing every weekend.

W So I guess _____ to the observatory on Saturday, right?

M I assume we'll be visiting it at night, right? So I think I can make it.

W Wonderful. _____ at nine, and then we can drive there.

Q: **What is the woman mainly doing in the conversation?**

(a) Talking to the man about his hobbies

(b) Explaining why she enjoys stargazing

(c) Telling the man _____

(d) Asking the man to do something with her

25 Listen to a conversation _____.

W I don't think you're doing that the proper way.

M What do you mean? This is how I've always done it since I was young.

W Well, my trainer taught me a different way.
Shall I show you _____ to do?

M I guess. This should be interesting.

W Okay... _____ to stretch all the way down. Relax and let your body stretch itself naturally.

M Hey, this does feel better. It doesn't seem like _____ at all.

Q: **Which is correct according to the conversation?**

(a) The man has some problems with his body.

(b) The man and woman are exercising.

(c) The woman _____.

(d) The man does not appreciate the woman's advice.

26 Listen to a conversation about a woman's dress.

M _____? Why are you so dressed up tonight?

W I'm going to the dinner party at Mark's house this evening. Aren't you going?

M Sure, but this is what I'm wearing. I guess _____ from Mark.

W What message? I haven't heard from him since Tuesday.

M He texted to everyone today telling us to dress casually. _____ _____.

W I'd better run home and put on something else. _____ in the crowd.

Q: **Which is correct about the woman?**

(a) She bought her new dress _____.

(b) She does not want to look different from everyone else.

(c) She enjoys dressing up for special occasions.

(d) Mark doesn't have her phone number.

27 Listen to a couple discuss the movie they watched.

W Wouldn't you agree that _____ ruined the movie?

M Totally! Peter Sanders was atrocious. What a wooden performance!

W _____, the woman who played the maid stole the show.

M I couldn't agree with you more. I wish she had had more screen time.

W She must be a new actress because I've no idea what her name is.

M It's Amy Stewart, but I only know that _____.

Q: **What impressed the man and woman the most?**

(a) The movie they just saw

(b) The end credits of the movie they watched

(c) Peter Sanders's acting

(d) _____

28 Listen to a conversation at a restaurant.

W You have a good appetite tonight. _____.

M I skipped lunch, so this is the first thing I've had since breakfast.

W You've been doing that a lot lately. What's going on?

M _____ at work that I don't have time to break for lunch.

W Can't you at least order some food to your office or simply have a sandwich at your desk?

M My manager won't allow the employees to have food in their offices.

W That's not _____. Your welfare needs to come before work.

Q: **Which is correct about the man according to the conversation?**

(a) _____.

(b) He is on a diet.

(c) He does not like his job.

(d) He is often away from his office.

29 Listen to two friends order coffee.

W I'll go ahead and order the coffee. What do you want?

M I'm not really sure. Just order me _____.

W Okay. I'm going to get a regular coffee. Do you want yours with cream or sugar?

M Cream, I suppose. Actually, I don't know. How do you drink it?

W _____, but a lot of people don't like it that way.

M Oh, I see. Well, just order me something _____.

W All right. You know you're not making this easy for me.

Q: What can be inferred about the man?

(a) _____ speaking to the woman.

(b) He does not frequently drink coffee.

(c) He has never been to that coffee shop before.

(d) He would prefer his coffee _____.

30 Listen to a conversation between two colleagues.

M What are these boxes doing here in your office? Did you quit?

W I haven't resigned, but _____ to the Marketing Department.

M That's news to me. Is this something you requested?

W Yes, it is. Between you and me, _____ working with Paul.

M I know exactly what you mean. Good luck with your new job assignment.

W Thanks. It sure will be nice _____ on the third floor.

Q: What can be inferred about the man and woman from the conversation?

(a) They work on the third floor.

(b) They are applying for new positions.

(c) _____.

(d) Both of them are transferring.

Part IV **Questions 31~36**

◀ MP3 **4-29**

31 The following events _____ at the Civic Auditorium

in March. The Northridge Elementary School will put on a spring concert

on Saturday, March 6. _____, and all parents and

visitors are welcome to this night of music and dance. Seating will be on _____

_____. For the week of March 8 to 12, there will be a production

of William Shakespeare's comedy Twelfth Night performed by the Broad Street Players.

On Saturday and Sunday evening, March 13 and 14, a concert _____

_____ will be held at 8 PM.

Q: **What is the speaker mainly doing in the announcement?**

(a) Telling people what is happening at the auditorium in March

(b) Praising some of the shows being put on

(c) Requesting that as many people as possible attend the events

(d) Encouraging people _____ for April events

32 _____ is undoubtedly the Super Bowl, the

National Football League's championship game. The game originated from the talks

surrounding the merger of the younger upstart American Football League and the older

National Football League in the late 1960s. Originally _____

_____ showing off the champions of the two distinct leagues, in 1970, the game

became the championship game of the NFL _____ __.

The term "Super Bowl" supposedly came from one of the league owners, who saw his

grandchild playing with something _____.

Q: **What is the main topic of the talk?**

(a) The National Football League

(b) A comparison _____

(c) The origin of the Super Bowl

(d) Why final games are so popular

33 Now for the six o'clock news. _____ on I-95 near the Hanover Turnpike. Foggy and rainy conditions are being blamed for the collision, which happened around three thirty. At least twenty-five cars and other vehicles, including an oil tanker _____, were involved. Police and emergency crews evacuated the area, and eventually the fire _____. Preliminary reports indicated that fifteen people have been injured, including the oil tanker driver, and three of them have suffered _____.

Q: What caused the crash according to the news report?

(a) Hazardous driving

(b) The flipping over of an oil tanker

(c) A fire next to the interstate

(d) _____

34 _____ Howard Hughes became reclusive in the final years of his life. He owned many hotels and spent most of his time in them, especially the Desert Inn hotel in Las Vegas. Hughes _____ due to his poor diet and his addictions to certain medicines. He also suffered from the delusion that everything and everyone _____. He refused to shake hands with anyone and constantly had his room and possessions cleaned. Ironically, the man himself _____. Hughes died intestate, which led to a long legal battle for his multibillion-dollar estate.

Q: Which is correct about Howard Hughes according to the talk?

(a) He gave away his riches before he died.

(b) He was born and raised in Las Vegas.

(c) _____ for much of his life.

(d) He had very poor hygiene in his last years

35 Many people complain about fast-food and _____. Yet huge numbers of people still frequent them. Why? Well, people know exactly what they'll get no matter which of the franchise's chains they visit. Call it _____. If you had a choice between having dinner at a chain restaurant or a restaurant you've never been to before, where would you likely go? You'd probably dine at the sure thing. Most people, after all, _____.

Q: **What can be inferred about chain restaurants from the lecture?**

(a) _____ at all their restaurants.

(b) They charge less than most other restaurants.

(c) They appeal to people _____.

(d) They create new meals to appeal to all kinds of people.

36 One of the most impressive places on Earth _____. It's the Great Barrier Reef, located off the eastern coast of Australia in the Pacific Ocean. Stretching almost 2,000km, it's easily _____ in the world. A relatively young place as far as coral reefs go, the Great Barrier Reef has become _____ in Australia. People go there for a number of reasons. Naturally, snorkeling and scuba diving are popular activities. _____ visit the Great Barrier Reef each year, making it a popular, and money-making tourist attraction.

Q: **Which statement would the speaker most likely agree with?**

(a) More tourists visit the Great Barrier Reef than anywhere else in Australia.

(b) There are coral reefs that are older than the Great Barrier Reef.

(c) The Great Barrier Reef is as long as the entire continent of Australia.

(d) The most popular way to see the reef is _____ there.

37-38 Taiwan and China _____ with each other in an

international dispute since 1949. In that year, the Nationalist forces fled

mainland China after their defeat by the Communists following the three-year-long

Chinese Civil War. The Nationalists claimed Taiwan as theirs and _____

_____ on the island. Since that time, China has claimed Taiwan is a Chinese

province _____ against its mother country. Until the early 1970s,

most countries in the world recognized Taiwan as the legitimate Chinese government.

However, in recent decades, many _____, which

now holds the seat in the United Nations that had previously been reserved for Taiwan.

_____, and no one can foresee any permanent

solution to the issue.

37 Q: What is the speaker's main point?

(a) The dispute between China and Taiwan is a source of tension.

(b) The Communist victory in the Chinese Civil War led to the creation of Taiwan.

(c) Taiwan _____ in the United Nations to China.

(d) Taiwan was formerly a province of China.

38 Q: Which is correct about Taiwan?

(a) It was founded _____.

(b) It was considered the Chinese government for roughly two decades.

(c) _____ for Nationalists during the war.

(d) It has renounced its status as the legitimate Chinese government.

39-40 The Winslow Hotel is the newest addition to _____ worldwide. Located at 101 Park Avenue in the downtown area, the hotel has a marvelous array of amenities for our guests. Each room has a mini bar, a coffeemaker, a hairdryer, and an iron and an ironing board. There is a gym on the third floor, and a swimming pool is located _____. Both are open from 6 AM to midnight. All guests may also take advantage of our three lovely dining rooms or have meals _____ _____ 24 hours a day. Breakfast is included with the price of your room and is served from 6 AM to 11 AM in the main floor dining room. _____ _____ by calling our customer service representatives at 275-9076 or at our website at www.winslowhotel.com.

39 Q: _____ about the Winslow Hotel?

  (a) It is located near the park downtown.

  (b) It has coffeemakers in every room.

  (c) It has a swimming pool open 24 hours a day.

  (d) It offers breakfast _____.

40 Q: Which is correct according to the advertisement?

  (a) Reservations can be made in three different ways.

  (b) The swimming pool and gym are on the same floor.

  (c) Guests are expected to do their own laundry.

  (d) The company owns _____.

TEPS

Actual Test 04

Actual Test 05

Actual Test 06

NEW THE
신유형 분석 반영!
뉴텝스 최강 실전대비서!

TEPS

NEW TEPS Research Team

청해

더 뉴텝스 **실전연습**

정답 및 해설

500

다락원

파트별 훈련

Part I

1 제시 문장의 의미 파악

1	F	2	T	3	F	4	T	5	F
6	T	7	F	8	F	9	F	10	T

2 제시 문장과 선택지를 모두 듣고 정답 찾기

1	(c)	2	(a)	3	(b)	4	(c)	5	(a)
6	(a)	7	(d)	8	(d)	9	(c)	10	(b)

3 받아쓰기

1 M What's the first item up for discussion on today's agenda?

(a) We'll talk about that at the next meeting.
(b) I'm totally neutral and have no agenda at all.
(c) I believe that would be next year's budget.
(d) I thought we'd already finished discussing that.

해석 M 오늘 안건에서 논의할 첫 번째 사항은 무엇입니까?

(a) 그건 다음 회의에서 얘기하도록 하죠.
(b) 저는 전적으로 중립이고 어떠한 의도도 없습니다.
(c) 내년도 예산이 될 것 같습니다.
(d) 저희가 이미 그것에 대해 논의를 끝냈다고 생각하는데요.

해설 의문사 what으로 논의할 내용을 묻고 있으므로 구체적인 답변을 하는 (c)가 가장 적절하다. (a), (d) that을 사용했으므로 무엇을 이야기할 것이고, 무엇을 이야기했는지 알 수 없고, (b) 여자의 의견을 물어보지 않았다.

어휘 item 항목, 사항
be up for discussion 논의에 오르다, 논의 대상이 되다
agenda 안건; 의도   neutral 중립의   budget 예산

2 W For how long have you been employed in the finance industry?

(a) I've been in the business for seven years.
(b) My personal finances have never been better.
(c) I started as the manager here in 2010.
(d) Sorry, but I don't work there anymore.

해석 W 금융업계에서 얼마나 일하셨나요?

(a) 저는 이 업계에 7년간 있었습니다.

(b) 저의 금전 상황이 이렇게 좋았던 적이 없습니다.
(c) 저는 2010년에 이곳에서 매니저로 일하기 시작했습니다.
(d) 죄송합니다만, 저는 거기서 더 이상 일하지 않습니다.

해설 for how long으로 기간을 묻고 있으므로 7년간 있었다고 답한 (c)가 정답이다. (c) 일하기 시작한 시점을 묻는 질문에 적절한 대답이며, (b) finances를 사용한 오답이다.

어휘 employ 고용하다   finance industry 금융업계
personal finances   개인 금전 상황

3 M Are you aware of how much danger you could have put yourself in?

(a) No, this stunt he's doing is not dangerous at all.
(b) I'm not very concerned about that right now.
(c) Yes, he's completely aware of the situation.
(d) We'll take care of everything when the time is right.

해석 M 너 얼마나 위험했는지 알기나 해?

(a) 아니. 그가 하는 이런 스턴트 연기는 전혀 위험하지 않아.
(b) 난 지금 그걸 걱정하는 게 아니야.
(c) 그래. 그는 그 상황을 완벽히 이해하고 있어.
(d) 적절한 시기가 되면 우리가 모든 걸 책임질게.

해설 헷갈리는 선택지가 나온다면 확실한 오답부터 걸러내야 한다. 남자가 Are you ~?로 질문했으므로 (a)와 (c)는 주어가 적절하지 않아 오답이다. (d) 위험했던 것은 과거시제이고, 책임지겠다는 말은 미래시제로 자연스럽지 않다.

어휘 be aware of ~을 알다
put ~ in danger ~을 위험에 빠뜨리다   stunt 스턴트, 묘기
be concerned about ~에 대해 걱정하다, 염려하다

4 M I'm not certain that a new approach is going to be effective.

(a) I'm absolutely positive that he's correct.
(b) I believe she's approaching us right now.
(c) Well, let's give it a try and see if it works.
(d) No, it hasn't been very effective at all.

해석 M 난 새로운 접근법이 효과적일지 모르겠어.

(a) 난 그가 옳다고 전적으로 확신해.
(b) 그녀가 지금 우리에게 다가오고 있는 것 같아.
(c) 글쎄. 일단 시도해 보고 효과가 있는지 보자.
(d) 아니. 그건 전혀 효과적이지 않았어.

해설 남자가 새로운 방법이 효과가 있을지 확신하지 못하고 있으므로 일단 시도해 보고 효과를 판단해 보자는 (c)가 가장 적절하다. (a) he가 누군지 알 수 없고, (b), (d) approach와 effective

를 사용한 오답이다.

어휘 approach 접근법; 다가가다　effective 효과적인
I am positive that ~을 확신하다
give it a try 시도하다, 한번 해보다　work 효과가 있다

5 M We're curious about your ideas on the company's future.

    (a) They're all listed on the report I submitted.
    (b) I'd love to know the answer to that as well.
    (c) That's fine. You don't need to be curious.
    (d) I'll still be working here in the near future.

해석 M 저희는 회사의 미래에 대한 당신의 생각이 궁금합니다.

    (a) 그건 제가 제출한 보고서에 다 나열되어 있습니다.
    (b) 저 또한 그에 대한 답을 알고 싶습니다.
    (c) 괜찮습니다. 궁금해 하지 않으셔도 됩니다.
    (d) 저는 당분간 여기서 계속 일할 예정입니다.

해설 남자가 여자의 생각을 듣고 싶어 하므로 자신의 보고서에 적혀 있다고 답하는 (a)가 정답이다. (b), (c) 자신의 의견을 묻는 데 대해 자연스럽지 않은 대답이고, (d) 회사의 미래에 대한 의견을 물었으므로 오답이다.

어휘 curious 궁금한　list (목록을) 작성하다, 나열하다
submit 제출하다

6 W There has got to be an easier way to finish our work in time.

    (a) I don't see how we can be any more efficient.
    (b) I believe this work isn't as easy as you think it is.
    (c) Well, let's wrap things up.
    (d) To be honest, we aren't even close to being done.

해석 W 우리 일을 제때 끝내려면 좀 더 쉬운 방법이 있어야 할 것 같은데.

    (a) 난 우리가 어떻게 더 효율적일 수 있는지 모르겠어.
    (b) 이 일이 네가 생각하는 것만큼 쉽지는 않은 것 같아.
    (c) 자, 여기서 일을 마무리하자.
    (d) 솔직히 말해서, 우리 마무리하려면 한참 멀었어.

해설 일을 제때 끝내기 위해 더 쉬운 방법을 찾아야 한다고 말했으므로 과연 더 효율적인 방법이 있는지 의문을 갖는 (a)가 가장 적절하다. (b) 여자는 이 일을 쉽게 생각하고 있지 않고, (c) 갑자기 일을 마무리하자는 대답은 어색하다. (d) 일의 마무리에 관한 내용은 아니다.

어휘 in time 제때에, 시간에 맞게　efficient 효율적인
wrap up ~을 마무리하다　to be honest 솔직히 말해서

7 M It would be great if there were an alternate route available.

    (a) I intend to drive there right after work is done.
    (b) I believe that we've run out of alternatives.
    (c) It would be quicker just to take a taxi to our destination.
    (d) I think I know a way to get us there faster.

해석 M 갈 수 있을 만한 다른 길이 있으면 좋겠는데.

    (a) 난 일 끝나자마자 거기로 차를 몰고 갈 생각이야.
    (b) 이제는 다른 대안이 없어.
    (c) 목적지까지 그냥 택시 타고 가는 게 더 빠르겠어.
    (d) 난 좀 더 빨리 거기로 가는 길을 알고 있어.

해설 남자가 다른 길을 찾고 있으므로 좀 더 빠른 길을 제시하는 (d)가 정답이다. (b) alternate를 이용한 오답이고, (c) 이미 차를 타고 있으므로 택시를 타자는 대답은 어색하다.

어휘 alternate 대체의, 교대의　route 길, 경로
intend to ~하려고 하다, ~할 의도이다
run out of ~을 다 써버리다, ~이 바닥나다
alternative 대안　destination 목적지

8 W Take a deep breath, and please try to calm yourself down.

    (a) You've got to control your breathing better.
    (b) That's how you need to handle the problem.
    (c) Yes, we're going down to the third floor.
    (d) I'm trying, but my body just won't stop shaking.

해석 W 숨을 깊이 들이 쉬고, 마음을 차분히 가라앉히도록 하세요.

    (a) 호흡을 잘 조절하셔야 합니다.
    (b) 그렇게 문제를 해결해야 하는 거죠.
    (c) 네. 저희는 3층으로 내려갈 겁니다.
    (d) 저도 진정하려고 하는데, 몸이 계속 떨리네요.

해설 진정하라는 여자의 말에 그것이 어렵다고 대답하는 (d)가 가장 적절하다. (a), (b) 여자가 할 법한 말이고, (c) 관련 없는 내용이다.

어휘 take a breath 호흡하다, 숨 쉬다
calm ~ down ~을 진정시키다　handle 다루다, 처리하다

9 M Stop humming all the time! You're really starting to drive me crazy.

    (a) You're welcome. I'm glad you enjoyed it.
    (b) I'll try humming a tune you like instead.
    (c) I had no idea you were so sensitive.
    (d) Sure, you can drive if you'd prefer to.

해석 M 콧노래 좀 그만 불러! 정말 미칠 것 같다고.

(a) 천만에. 네가 즐거웠다고 하니 좋다.
(b) 대신 네가 좋아하는 노래로 흥얼거릴게.
(c) 네가 그렇게 예민한지 몰랐어.
(d) 물론이지. 원한다면 네가 운전해.

해설 남자가 계속되는 여자의 콧노래를 지적하고 있으므로 몰랐다고 대답하는 (c)가 정답이다. (a) 남자는 여자의 콧노래를 즐기지 않았고, (b) 남자는 콧노래 자체를 싫어한다.

어휘 hum 콧노래를 부르다, 흥얼거리다
drive ~ crazy ~을 미치게 하다   tune 곡; 선율
sensitive 민감한, 예민한

10 W There's a parking spot. Hurry before someone else sees it.

(a) We're going to get charged for staying in this parking lot.
(b) Too late! That other car is going to get there first.
(c) We're going to have to park in the lot across the street.
(d) I'm trying to parallel park in this spot right now.

해석 W 저기 주차할 공간이 있다. 다른 사람이 발견하기 전에 서두르자.

(a) 이 주차 구역에 주차하면 비용을 물게 될 거야.
(b) 너무 늦었어! 다른 차가 저길 먼저 차지하겠어.
(c) 길 건너편에 있는 구역에 주차해야 할 것 같아.
(d) 난 지금 여기서 평행 주차를 하려고.

해설 주차 공간을 발견하여 서둘러 가자고 했으므로 다른 차가 차지하여 너무 늦었다고 대답하는 (b)가 가장 적절하다. (a) 주차 비용이나 (d) 주차 방법에 관한 내용은 언급되지 않았다.

어휘 parking spot 주차 공간   charge (비용을) 청구하다
lot 구역, 지구   parallel park 평행 주차하다

Part II

1 대화의 의미 파악

1	F	2	T	3	T	4	F	5	T
6	F	7	F	8	T	9	T	10	F

2 대화와 선택지를 모두 듣고 정답 찾기

1	(c)	2	(a)	3	(c)	4	(b)	5	(b)
6	(c)	7	(a)	8	(d)	9	(b)	10	(c)

3 받아쓰기

1 M I took all of the files from the office and put them in the conference room.
W That's good. We're going to have to go over them once lunch is over.
M Okay, but what exactly are we going to be looking at them for?

(a) I'm looking over them just as fast as I can right now.
(b) I've already taken care of transferring them to another location.
(c) We've got to check to see if any sales figure mistakes were made.
(d) There's not much information in those files for us to look at.

해석 M 사무실에서 모든 파일을 넘겨받아 회의실에 두었습니다.
W 좋아요. 점심시간이 끝나면 검토해봐야겠네요.
M 네. 그런데 정확히 무슨 이유로 파일을 살펴보려는 건가요?

(a) 저는 지금 최대한 빨리 검토하고 있는 중입니다.
(b) 이미 다른 장소로 이동하도록 처리해두었습니다.
(c) 혹시나 판매 수치에 실수가 있는지 확인하려면 검토해야죠.
(d) 그 파일에는 우리가 검토할 만한 정보가 별로 없습니다.

해설 두 사람은 회의실로 옮겨 놓은 파일을 점심시간이 끝난 후 검토할 예정이다. 마지막 말에서 남자가 파일 검토의 이유를 묻고 있으므로 실수가 있는지 확인하기 위해서라고 답하는 (c)가 정답이다. (a) 점심 식사 후에 함께 검토한다고 했고, (d) 파일을 볼 필요가 없다고 말하고 있으므로 대화 내용과 상반된다.

어휘 conference room 회의실   go over 검토하다
take care of ~을 돌보다; ~을 처리하다   transfer 옮기다
location 장소, 위치   sales figure 판매 수치

2 W I've contacted my lawyer, who is going to be getting in touch with you soon.
M I had hoped that our attorneys wouldn't need to get involved.
W Have you got a better way to solve our disagreement?

(a) We could just reach a compromise on a few things.
(b) My lawyer is in the lobby waiting to speak with you.
(c) No, I don't believe that we disagree with each other.
(d) Yes, that's my lawyer who is standing over there.

해석 W 제가 변호사에게 연락했으니, 그가 곧 당신에게 곧 연락을 줄 것입니다.
M 전 변호사들이 관여하지 않길 바랐는데요.
W 우리의 입장 차이를 해결할 수 있는 더 나은 방법이 있습

니까?

(a) 몇 가지 사항에서는 타협을 볼 수 있을 것 같은데요.
(b) 제 변호사가 당신과 이야기를 나누려고 로비에서 기다리고 있습니다.
(c) 아닙니다. 저는 우리가 서로 의견이 다르다고 보지 않습니다.
(d) 네. 저기 서 있는 사람이 제 변호사입니다.

해설 여자가 변호사를 선임했다고 하자 남자는 변호사들이 관여하지 않기를 바랐다고 답한다. 따라서 해결 방안에 있어 몇 가지는 타협을 볼 수 있다고 답하는 (a)가 가장 적절하다. (b), (d) 남자는 변호사를 선임하지 않겠다고 했고, (c) 여자는 서로의 입장에 차이가 있다고 본다.

어휘 get in touch with ~와 연락하다   **attorney** 변호사
get involved 관여하다   disagreement 의견 차이
reach a compromise 타협에 이르다

3 M How did you enjoy your business trip last week?
W It was nice to do some overseas traveling, but there was a lot of work involved.
M That's true. So, did you have any success with the client you met on your trip?

(a) Yes, I met quite a few clients on my trip.
(b) I was there meeting customers for three days.
(c) No, but I think we'll come to an agreement soon.
(d) I'm going to return there next Tuesday.

해석 M 지난주 출장은 어땠습니까?
W 해외여행을 하니 좋더라고요. 그런데 해야 할 일이 많았어요.
M 그렇죠. 그러면, 출장 중 만난 고객과는 성공적이었나요?

(a) 네. 저는 출장에서 꽤 많은 고객들을 만났죠.
(b) 그곳에서 고객들을 만나며 3일 정도 있었죠.
(c) 아니요. 하지만 조만간 합의점에 이를 수 있을 것이라 생각합니다.
(d) 저는 다음 주 화요일에 그곳으로 돌아갈 것입니다.

해설 마지막 말을 정확하게 듣는 것이 관건이다. 남자가 고객과의 만남이 성공적이었는지 묻고 있으므로 조만간 의견 일치를 볼 것이라고 답하는 (c)가 정답이다. (a), (b) 고객과의 만남 자체에 초점을 두고 있고, (d)는 관련 없는 내용이다.

어휘 business trip 출장   client 고객 (= customer)
come to an agreement 합의에 도달하다

4 W Aren't you going to visit the chiropractor this afternoon?
M Yes, I've got an appointment with him scheduled for three thirty.

W When do you think you'll be able to make it back to the office?

(a) He does really good work on my back.
(b) I should return here no later than five.
(c) I believe I got here at ten this morning.
(d) He's probably too busy to take care of you today.

해석 W 오늘 오후에 척추 지압사에게 안 가는 거야?
M 갈 거야. 3시 30분에 지압사와 예약이 잡혀 있어.
W 사무실로는 언제 돌아올 수 있을 것 같아?

(a) 그는 내 등을 정말 잘 지압해 줘.
(b) 적어도 다섯 시에는 여기 올 거야.
(c) 오늘 오전 10시에 출근했던 것 같아.
(d) 그는 아마 오늘 너무 바빠서 널 치료해주지 못할 거야.

해설 여자의 마지막 말이 관건이다. 언제 돌아올 것인지 묻고 있으므로 시간 관련 답변이 나와야 한다. 정답은 (b)이다. (c) 시간에 관한 대답이지만 남자의 출근 시간은 여자의 질문과 무관하다.

어휘 chiropractor 척추 지압사   make it 제시간에 도착하다
no later than 늦어도

5 W I'd like to talk to you about the new person you recently hired.
M What's up? Is there something the matter with him?
W Well, several people in the office have complained that he's both rude and lazy.

(a) His name is John Randall, and he started working last week.
(b) I'll have a chat with him and tell him to behave properly.
(c) He's busy in a meeting with some customers right now.
(d) I'll file complaints against all of those employees immediately.

해석 W 당신이 얼마 전에 고용한 신입 사원에 대해서 이야기하고 싶은데요.
M 무슨 일인가요? 그에게 문제라도 있습니까?
W 사실, 사무실의 몇몇 직원들이 그가 무례하고 게으르다고 불평을 해왔어요.

(a) 그의 이름은 John Randall이고, 지난주부터 일하기 시작했습니다.
(b) 제가 그와 이야기를 해서 똑바로 행동하라고 주의를 주겠습니다.
(c) 그는 지금 고객들과 회의 중이어서 바쁩니다.
(d) 즉시 그 직원들 모두를 상대로 항의를 제기하겠습니다.

해설 여자는 남자에게 사무실 직원들이 신입 사원에 불만이 있음을 전하고 있다. 따라서 신입 사원에게 주의를 주겠다고 답하는 (b)가 가장 적절하다.

6 M This was definitely one of the best meals I've
ever had.
W Thank you so much. I'm really pleased that
you enjoyed my cooking.
M Oh, it was absolutely delicious. I'd love it if
you gave me the recipe.

(a) My mother was the one who taught me
how to make it.
(b) I believe dessert is ready if you're hungry.
(c) I'll print a copy of it for you before you
leave.
(d) Yes, I used a cookbook to learn how to
make this.

해석 M 이건 정말 제가 이제껏 먹었던 음식 중 최고입니다.
W 감사합니다. 제 음식을 맛있게 드셨다니 정말 기쁘군요.
M 와, 정말 맛있었습니다. 제게 요리법을 알려주시면 좋을 것
같아요.

(a) 바로 저희 어머니께서 어떻게 만드는지 가르쳐주신 분
이죠.
(b) 출출하시면 디저트가 준비되어 있습니다.
(c) 가시기 전에 요리법 사본을 인쇄해드릴게요.
(d) 네. 만드는 법을 알아내기 위해 요리책을 이용했죠.

해석 남자의 마지막 말만 잘 들으면 풀 수 있는 문제다. 요리법을
가르쳐주면 좋겠다는 말에 사본을 인쇄해주겠다는 (c)가 가장
적절하다. (a) 의문사 who에 적절한 답변이다.

7 W You look awful. What on earth happened to
your arm? It's in a cast!
M I was skiing this weekend, when I slipped and
fell on some ice.
W Well, I guess you're lucky you didn't get hurt
even worse.

(a) You're definitely right about that.
(b) Yes, I'm going to be sore for a while.
(c) No, it doesn't hurt that much.
(d) My friend had an accident as well.

해석 W 너 많이 안 좋아 보인다. 팔은 왜 그렇게 된 거야? 깁스했잖
아!
M 이번 주말에 스키 타다가 빙판에 미끄러져 넘어졌어.
W 저런, 네가 더 크게 다치지 않아서 다행이다.

(a) 네 말이 맞아.
(b) 그래. 한 동안 욱신거릴 것 같아.

(c) 아니. 그렇게 아프지는 않아.
(d) 내 친구도 사고가 났어.

해석 스키를 타다가 다친 남자에게 여자가 크게 다치지 않아서 다
행이라고 말하고 있다. 이에 동의하는 내용의 (a)가 적절하다.

8 M If you all look to the right, you'll see the
oldest building in the city.
W Are we going to get the opportunity to go
inside it on this tour?
M It's not scheduled, but we'll be stopping right
beside it during our lunch break.

(a) Great. I'm starving and can't wait to eat.
(b) It doesn't look very impressive to me.
(c) That's what I was really worried about.
(d) So I'll have a chance to see it by myself.

해석 M 모두 오른쪽을 보시면, 이 도시에서 가장 오래된 건물을 보
실 수 있습니다.
W 이번 투어에서 건물 안으로 들어갈 기회가 있나요?
M 계획은 없습니다만, 점심 식사를 하면서 건물 바로 옆에 잠
시 머물 예정입니다.

(a) 잘됐네요. 너무 배가 고파서 빨리 먹고 싶어요.
(b) 저한테는 그렇게 인상적이지 않네요.
(c) 바로 그게 제가 걱정했던 것입니다.
(d) 그러면 저 혼자서 건물을 볼 기회가 있겠네요.

해석 현재 도시에서 가장 오래된 건물을 보고 있으며, 건물 안으로
들어가는 일정은 없다. 그러나 점심 식사를 건물 바로 옆에서
할 예정이므로 여자는 혼자 건물을 감상할 수 있을 것이다. 따
라서 정답은 (d)이다. (a) 지금이 점심시간인 것은 아니다.

9 W I got this really strange email, so I'm afraid to
open it.
M Hmm... It looks like it's spam mail. I'd delete
it if I were you.
W That's what I thought. I don't want to open
anything which might damage my computer.

(a) You should be able to fix any problems by
yourself.
(b) I opened an email the other day that
crashed my computer.
(c) I get annoyed by all of the spam I receive
every day.
(d) Your computer looks like it's perfectly all
right.

M 음... 스팸 메일인 것 같은데. 내가 너라면 삭제할 것 같아.
W 나도 그렇게 생각했어. 내 컴퓨터에 해가 될 수 있는 건 뭐든 열고 싶지 않아.

   (a) 넌 어떤 문제든 혼자 해결할 수 있어야 해.
   (b) 예전에 이메일을 열었는데 컴퓨터가 다운되었어.
   (c) 난 매일 받는 모든 스팸 메일 때문에 정말 짜증나.
   (d) 네 컴퓨터 아주 멀쩡해 보여.

해설 여자는 이상한 이메일을 받았지만 컴퓨터에 해가 되지 않을까 하는 생각에 열어보지 못하고 있다. 남자 역시 자신이라면 삭제할 것 같다고 이야기하고 있으므로 예전에 이메일로 인해 컴퓨터가 다운된 적 있었다고 답하는 (b)가 가장 적절하다. (c) 전혀 불가능한 대답은 아니지만 현재 여자의 이메일에 초점을 두고 있으므로 (b)가 더 적절하다.

어휘 delete 삭제하다   crash (컴퓨터를) 다운시키다, 고장 내다 annoy 괴롭히다, 귀찮게 하다

10 M Stacy, that really isn't you, is it? You've changed so much.
W Hi, Kenny. I thought it was you.
M It's a good thing I came over here and said hello to you.

   (a) What's your first name again?
   (b) I'd love to, but I don't have enough time.
   (c) So, how are things going with you?
   (d) That's the first thing which I remember.

해석 M Stacy, 너 맞아? 너 정말 많이 변했다.
W 안녕, Kenny. 넌 줄 알았어.
M 여기 와서 널 만나게 되다니 정말 좋다.

   (a) 이름이 어떻게 된다고 하셨죠?
   (b) 그러고 싶지만 난 시간이 별로 없어.
   (c) 그래, 요즘 어떻게 지내?
   (d) 내가 제일 먼저 기억나는 게 그거야.

해설 두 사람이 오랜만에 만난 상황이다. 간단하게 인사를 나누었으므로 안부를 묻는 (c)가 정답이다. (a) 서로 아는 사이이므로 이름을 묻지 않을 것이고, (b) 잠깐 얘기하자고 제안하지는 않았다.

어휘 say hello to ~에게 안부 인사하다

Part Ⅲ

1 상황 받아쓰기

1 Listen to a conversation between a husband and a wife.
2 Listen to a conversation in a classroom.
3 Listen to a conversation in a restaurant.
4 Listen to a conversation in a president's office.
5 Listen to a conversation between two friends.
6 Listen to a conversation in a café.
7 Listen to a conversation between two students.
8 Listen to a conversation about a man's car.
9 Listen to a conversation between two coworkers.
10 Listen to a conversation between two acquaintances.

2 질문 받아쓰기

1 What is the main topic of the conversation?
2 What are the man and woman mainly discussing in the conversation?
3 What is the man mainly trying to do?
4 Which is correct about the man and woman?
5 Which is correct about the woman?
6 Why is the man unhappy?
7 What did the professor do?
8 Which is correct about the man's insurance?
9 What can be inferred from the conversation?
10 What can be inferred about the man and woman?

3 대화와 질문을 모두 듣고 정답 찾기

1 (d)   **2** (d)   **3** (c)   **4** (b)   **5** (d)
6 (c)   **7** (b)   **8** (d)   **9** (d)   **10** (b)

4 받아쓰기

1 Listen to a conversation between a husband and a wife.

  M **What have I missed so far?**
  W Well, Simon and Lisa are getting married, and Jane just got fired.
  M No way! Anything else?
  W Not yet. But it's gone to commercial right now.
  M Great. I'm glad I haven't missed any more of the show.
  W Hush. It's coming back on now.

  Q: What is the main topic of the conversation?
    (a) Their coworkers
    (b) Some advertisements
    (c) Their friends' wedding
    (d) A television program

해석 남편과 아내 간의 대화를 들으시오.

M 지금까지 내가 놓친 게 있어?
W Simon과 Lisa가 결혼할 예정이고, Jane은 해고됐어.
M 말도 안 돼! 다른 내용은 없고?
W 아직은 없어. 근데 지금 광고로 넘어갔어.
M 좋아. 더 많은 내용을 놓치지 않아서 다행이다.
W 쉿. 이제 다시 시작한다.

Q: 대화의 주제는 무엇인가?
(a) 동료
(b) 광고 몇 편
(c) 친구의 결혼
(d) TV 프로그램

해석 결혼과 해고 등 인물의 스토리에 대해 이야기하고 지금은 광고(commercial) 중이라 했으므로 (d)가 정답이다.

어휘 fire 해고하다   commercial (TV, 라디오의) 광고
coworker 동료   advertisement (상품 등의) 광고

2 Listen to a conversation in a classroom.

M That was a really informative lecture today.
W I'll say. I never knew all of that about the Roman Empire.
M Professor Burgess makes his lectures so interesting.
W You're right. It's almost as if history comes alive in his classes.
M I'm so glad we registered in time for it.
W Yeah, no one from the waiting list got into the class this semester.

Q: What are the man and woman mainly discussing in the conversation?
(a) Enrolling in a history class
(b) The tests Professor Burgess gives
(c) Why studying history is so important
(d) Their enjoyment of one of their classes

해석 교실에서의 대화를 들으시오.

M 오늘 정말 유익한 강의였어.
W 내 말이. 난 로마 제국에 대해 이 모든 걸 전혀 몰랐었어.
M Burgess 교수님은 수업을 참 재미있게 하시는 것 같아.
W 맞아. 그의 수업 시간에는 마치 역사가 다시 살아나는 것 같아.
M 우리가 제때 등록해서 정말 다행이야.
W 그러니까. 대기자 명단에 있던 학생 모두 이번 학기 수업에 못 들어 왔지.

Q: 대화에서 남자와 여자가 주로 이야기하고 있는 것은 무엇인가?
(a) 역사 수업에 등록하는 것
(b) Burgess 교수님이 내는 시험
(c) 역사를 공부하는 것이 중요한 이유
(d) 그들 수업 중 한 수업에서의 즐거움

해설 두 학생이 유익하고, 흥미로우며, 생동감 있는 Burgess 교수님의 역사 수업에 대해 이야기하고 있으므로 정답은 (d)이다.

(a) 수업 등록은 마지막에 나온 세부 내용에 그치며, (b), (c) 시험이나 역사 공부의 중요성에 대한 언급 또한 없었다.

어휘 informative 정보를 주는; 유익한
the Roman Empire 로마 제국
come alive 생생하게 보이다; 활기를 띠다   register 등록하다
waiting list 대기자 명단   enroll 등록하다

3 Listen to a conversation in a restaurant.

M Would you mind watching my briefcase for a couple of minutes?
W Okay, but I'm not planning on staying at this restaurant for much longer.
M This should only take a couple of minutes. I've got to run to the restroom.
W All right, but please don't take too long.
M I'll be back as soon as I can, and then you can return to your office.
W Thanks. I'll be waiting for you right here then.

Q: What is the man mainly trying to do?
(a) Buy a new briefcase
(b) Order some food
(c) Go to the bathroom
(d) Return to his office

해석 식당에서의 대화를 들으시오.

M 잠시만 제 가방 좀 봐 주실 수 있나요?
W 그럴게요. 하지만 저 이 식당에 오래 있지는 않을 거예요.
M 몇 분밖에 안 걸릴 거예요. 화장실에 다녀오려고요.
W 알겠습니다. 너무 오래 끌지 마시고요.
M 최대한 빨리 돌아올게요. 그러면 사무실로 가셔도 돼요.
W 그래요. 그럼 바로 여기서 기다리고 있을게요.

Q: 남자가 주로 하려는 것은 무엇인가?
(a) 새 가방 사기
(b) 음식 주문하기
(c) 화장실에 가기
(d) 사무실로 돌아가기

해설 식당에서 남자가 여자에게 가방을 맡아달라고 부탁하고 있고, 그 이유는 화장실에 가기 위해서이다. 따라서 (c)가 정답이다. (b) 식당에 있기는 하지만 주문하려는 것이 아니고, (d) 사무실로 돌아가려는 것은 여자이다.

어휘 briefcase (서류) 가방
Don't take too long. 너무 오래 끌지 말아주세요.

4 Listen to a conversation in a president's office.

W What do you think of the terms of the contract?
M I find them unsatisfactory. They're extremely unfair.
W In what way?
M I don't get nearly enough money. My salary is already too low.

W I suppose we could give you ten percent more.

M That's still not enough.

Q: Which is correct about the man and woman?
(a) The woman wants to make more money.
(b) The man is unhappy with the contract.
(c) The man dislikes negotiating.
(d) The woman wants to sign the contract.

해석 사장실에서의 대화를 들으시오.

W 계약 조건에 대해 어떻게 생각하시나요?

M 만족스럽지 않습니다. 상당히 불공평하네요.

W 어떤 면에서요?

M 제가 월급을 충분히 받지 못하고 있어요. 제 월급은 지금 너무 낮아요.

W 10%를 더 드릴 수 있을 것 같습니다.

M 그것도 여전히 부족합니다.

Q: 남자와 여자에 대해 옳은 것은 무엇인가?
(a) 여자는 더 많은 돈을 벌고 싶어 한다.
(b) 남자는 계약에 만족하지 못하고 있다.
(c) 남자는 협상하는 것을 싫어한다.
(d) 여자는 계약을 체결하길 원한다.

해설 남자는 계속해서 계약이 불공평하고, 월급이 너무 부족하다고 이야기하고 있다. 따라서 정답은 (b)이다. (a) 급여를 더 받기 원하는 사람은 남자이고, (c) 남자가 협상 자체를 싫어하는 것은 아니다.

어휘 president's office 사장실 · terms (pl.) (합의, 계약 등의) 조건 unsatisfactory 만족스럽지 않은 · negotiate 협상하다 sign the contract 계약을 체결하다, 계약서에 서명하다

5 Listen to a conversation between two friends.

M Who was just on the phone?

W One of those telemarketers.

M I can't stand when they call me.

W Me too, but I try not to be rude to them.

M Why is that?

W They're doing a job and trying to make money like everyone else.

M Yeah, but they still seem to call at the worst times.

Q: Which is correct about the woman?
(a) She is a telemarketer.
(b) She has a job.
(c) She just called the man.
(d) She is polite to others.

해석 두 친구 간의 대화를 들으시오.

M 방금 전화 누구였어?

W 텔레마케터였어.

M 그 사람들이 전화하면 짜증이 나.

W 나도 그래. 그래도 그 사람들에게 무례하지는 않으려고 해.

M 왜?

W 그들은 일을 해서 다른 사람들처럼 돈을 벌려고 하는 거잖아.

M 맞아. 하지만 항상 가장 안 좋은 때 전화를 거는 것 같더라고.

Q: 여자에 대해 옳은 것은 무엇인가?
(a) 텔레마케터이다.
(b) 직업이 있다.
(c) 방금 남자에게 전화를 했다.
(d) 다른 사람들에게 정중하다.

해설 짜증을 내는 남자와 달리 여자는 텔레마케터의 일을 이해하고, 그들을 무례하게 대하지 않으려 한다고 했으므로 (d)가 정답이다. 대화의 'I try not to be rude'가 (d)의 'She is polite'으로 패러프레이징 된 셈이다. (a), (c) 텔레마케터가 여자에게 전화한 것이고, (b) 여자가 직업이 있는지의 여부는 알 수 없다.

어휘 stand 참다, 견디다

6 Listen to a conversation in a café.

W Fred, what are you doing at this coffee shop all by yourself?

M I was waiting for Angela to come, but it looks like she stood me up.

W I can't believe she did that. That doesn't really seem like her at all.

M You'd be surprised how often she's done this to me lately. It's really bothersome.

W If that's the case, then why do you continue going out with her?

M That's a good question. I'm going to have to consider changing our relationship soon.

Q: Why is the man unhappy?
(a) The woman does not want to go out with him.
(b) He does not enjoy going out for a walk by himself.
(c) His girlfriend did not show up for their date.
(d) He recently broke up with his girlfriend.

해석 카페에서의 대화를 들으시오.

W Fred, 이 커피숍에서 혼자 뭐 하고 있어?

M Angela가 오기를 기다리고 있어. 그런데 날 바람맞힌 것 같네.

W 걔가 그랬다니 믿을 수 없어. 정말 그녀 답지 않은데.

M 최근 그녀가 얼마나 자주 나를 이렇게 대했는지 알면 놀랄 거야. 정말 짜증나.

W 정말 그렇다면 왜 계속해서 그녀랑 사귀는 거야?

M 좋은 질문이야. 조만간 우리 관계를 바꾸는 것을 생각해봐야 할 것 같아.

Q: 남자의 기분이 나쁜 이유는 무엇인가?
(a) 여자가 그와 만나는 것을 원하지 않는다.
(b) 혼자서 산책하는 것을 좋아하지 않는다.
(c) 여자 친구가 데이트 장소에 나타나지 않았다.
(d) 최근 여자 친구와 헤어졌다.

해설 여자가 혼자 있는 Fred에게 그 이유를 묻자 여자 친구인

Angela에게 바람맞은 것 같다고 말한다. 따라서 정답은 (c)이다. (a) 여자가 아닌 Angela가 그와 만나기를 원치 않는 듯 보이고, (d) 마지막에 Fred가 여자 친구와의 관계를 재고해야겠다고 했으나 아직 헤어진 것은 아니다.

7 Listen to a conversation between two students.

W How did you do on the paper the professor gave us back?
M Not very well. He said I wrote on the wrong topic.
W That's too bad. What was your grade?
M I got a C, but Professor Jones told me I could improve my grade if I rewrite my paper by next Monday.
W That's really kind of him.
M True. But now I'm going to be busy for the next three days.

Q: What did the professor do?
(a) Cancel class for the day
(b) Return some papers to the students
(c) Ask the students to go over their papers
(d) Assign the students some homework

해석 두 친구 간의 대화를 들으시오.

W 교수님께서 돌려주신 보고서 어땠어?
M 별로 좋지 않았어. 내가 잘못된 주제에 대해 작성했다고 하시더라고.
W 안 됐다. 점수는 어떻게 나왔는데?
M C 받았어. Jones 교수님은 내가 다음 주 월요일까지 보고서를 다시 쓰면 점수를 올려줄 수도 있다고 하셨고.
W 교수님 정말 좋으시다.
M 맞아. 하지만 이제 나 앞으로 3일간은 바빠지겠지.

Q: 교수가 한 일은 무엇인가?
(a) 오늘 수업을 휴강하기
(b) 학생들에게 보고서 돌려주기
(c) 학생들에게 보고서 검토하라고 요청하기
(d) 학생들에게 숙제를 내주기

해설 여자의 첫 번째 말인 the paper the professor gave us back을 들었다면 쉽게 풀 수 있는 문제다. 두 사람은 교수님이 검토 후 돌려준 보고서에 대해 이야기하고 있으므로 정답은 (b)이다. (c) 남자에게 보고서를 다시 써서 제출하면 점수를 정정해준다고 했지 학생들에게 보고서를 검토하라고 한 것은 아니다.

8 Listen to a conversation about a man's car.

W It looks like someone hit your car while we were in the restaurant.
M I can't believe it. There's a big scratch on the door.
W You're insured, aren't you?
M Yes, but I'm not sure if it covers this.
W You must not have paid very much for it.
M I got the lowest level of insurance. I couldn't afford more at the time.

Q: Which is correct about the man's insurance?
(a) It will pay for the damage done to his car.
(b) It was not an affordable plan for him.
(c) It will not cover scratches to his vehicle.
(d) Its coverage is not very comprehensive.

해석 남자의 차에 관한 대화를 들으시오.

W 우리가 식당에 있는 동안 누가 네 차를 박은 것 같아.
M 말도 안 돼. 문에 긁힌 자국이 엄청 큰데.
W 보험에 가입은 했지?
M 응. 그런데 이것도 포함할지 모르겠네.
W 그렇게 비싼 보험으로 하지 않았나 보네.
M 최저 수준의 보험으로 했어. 당시에 그 이상은 낼 수 없었거든.

Q: 남자의 보험에 대해 옳은 것은 무엇인가?
(a) 차가 입은 피해를 지불해 줄 것이다.
(b) 가격이 적당한 보험이 아니었다.
(c) 차에 난 긁힌 자국을 보장하지 않을 것이다.
(d) 적용 범위가 그다지 넓지 않다.

해설 여자가 남자의 차가 긁힌 데 대한 보상을 받기 위해 보험 적용 범위를 묻자 남자는 최저 수준의 보험을 들어서 잘 모르겠다고 답한다. 따라서 보험 적용 범위가 그다지 넓지 않음을 알 수 있다. 정답은 (d)이다. (a), (c) 긁힌 자국을 보상해 줄지 그렇지 않을지는 아직 모르는 상태이고, (b) 가격이 적당한 보험을 들었다고 했다.

9 Listen to a conversation between two coworkers.

W I can't stand waiting for these things.
M I know. They always come up too slowly.
W It's too bad we're on the top floor as well.
M That means we always have to wait the longest.
W At least it's never crowded when we get in.
M That's the only good thing.

Q: What can be inferred about the man and woman from the conversation?
(a) They are taking an escalator down.
(b) They are going back to their office.
(c) They are both afraid of heights.
(d) They are waiting for the elevator.

해석 두 동료 간의 대화를 들으시오.

W 이거 기다리는 거 더 이상 못 참겠어.
M 내 말이. 항상 너무 느릿느릿 올라온다니까.
W 우리가 꼭대기 층에 있다는 것도 정말 별로야.
M 우리가 늘 가장 오래 기다려야 하니까.
W 적어도 우리가 탈 때는 붐비지 않지만 말이야.
M 그게 유일한 좋은 점이지.

Q; 대화로부터 남자와 여자에 대해 추론할 수 있는 것은 무엇인가?
(a) 에스컬레이터를 타고 내려가는 중이다.
(b) 사무실로 돌아가고 있는 중이다.
(c) 둘 다 고소공포증이 있다.
(d) 엘리베이터를 기다리고 있는 중이다.

해설 맨 위층에 있어서 가장 오래 기다려야 하지만 탈 때는 사람이 적다고 한 것으로 보아 엘리베이터에 대해 이야기하고 있음을 추론할 수 있다. 따라서 (d)가 정답이다. (a) 무언가 타고 내려가는 중이 아니라 기다리고 있는 중이며, (b) 사무실에서 막 나온 것으로 보인다.

어휘 stand 참다, 견디다   floor 층
at least 적어도; 어쨌든   be crowded 붐비다
be afraid of heights 고소 공포증이 있다

10 Listen to a conversation between two acquaintances.

M You don't look happy today.
W I just found out I'm not getting a raise.
M That's too bad. What about the other employees?
W Nobody's getting one. The company's not doing well enough.
M At least you still have a job.
W For now. But that could change any day.

Q: What can be inferred about the woman?
(a) She is looking for new employment.
(b) Her job is not secure.
(c) The man is her boss.
(d) She will get promoted soon.

해석 두 지인 간의 대화를 들으시오.

M 오늘 기분이 안 좋아 보이네.
W 급여 인상을 받지 못할 거란 사실을 방금 알게 됐어.
M 안타깝다. 다른 직원들은 어때?
W 아무도 급여 인상을 받지 못할 거야. 회사 상황이 안 좋아.
M 그래도 너는 직장이 있긴 하잖아.
W 지금은. 하지만 언제든지 바뀔 수 있어.

Q: 여자에 대해 추론할 수 있는 것은 무엇인가?
(a) 새로운 일자리를 알아보고 있다.
(b) 직장이 안정적이지 못하다.
(c) 남자가 자신의 상사이다.
(d) 곧 승진할 것이다.

해설 회사 상황이 좋지 않아 급여 인상을 받지 못한 여자에게 남자는 그래도 직장이 있다며 위로한다. 그러나 여자는 그 또한 언제든지 바뀔 수 있다고 답하고 있으므로 직장이 안정적이지 못하다고 추론하는 (b)가 가장 적절하다.

어휘 acquaintance 아는 사람, 지인
find out ~을 알아내다; ~을 알게 되다
get a raise 급여 인상을 받다   at least 적어도, 최소한
for now 지금은, 지금으로서는   employment 직장; 취업
secure 안정적인   promote 승진시키다

Part IV

1 질문 받아쓰기

1 What is the main topic of the lecture?
2 What is the talk mainly about?
3 What is mainly being advertised?
4 What is the speaker's main point?
5 Which is correct about vaccines according to the talk?
6 What caused the crash according to the news report?
7 What type of weather is expected on Sunday?
8 Which is correct according to the announcement?
9 What can be inferred from the sports news?
10 What can be inferred from the phone message?

2 담화와 질문을 모두 듣고 정답 찾기

1 (d)   2 (c)   3 (a)   4 (d)   5 (b)   6 (d)

3 받아쓰기

1 The Swivel Pocket Fisherman is exactly what every sportsman needs. The collapsible pole bends forward and fits into the groove along the bottom of the reel. This allows it to fit neatly in a backpack and even in a jacket pocket. In one quick move, the rod can be assembled in seconds and thus be ready to catch that next big trout. Don't wait for spring. Buy now at our low, low price. It's available at all sporting outlets across the country.

Q: What is mainly being advertised?
(a) A winter jacket
(b) An outdoor outfit
(c) A hunting rifle
(d) A fishing rod

해석 스위블 포켓 피셔맨은 바로 모든 스포츠인이 원하는 것입니다. 접을 수 있는 낚싯대는 앞으로 구부러져 릴 아랫부분을 따라 나 있는 홈에 딱 맞아 떨어집니다. 그래서 가방이나 심지어 자켓 주머니에도 깔끔하게 들어가게 되는 것이죠. 한 번만 재빨리 움직이면, 낚싯대는 금방 조립이 되어 커다란 송어를 잡을 준비가 되는 것입니다. 봄까지 기다리지 마십시오. 지금 아주 저렴한 가격으로 구입하십시오. 전국 모든 스포츠 대리점에서 구입 가능합니다.

Q: 주로 광고되고 있는 것은 무엇인가?
(a) 겨울 재킷
(b) 야외용 복장
(c) 사냥용 소총
(d) 낚싯대

해설 낚시에 대해 잘 모른다면 쉽지 않은 문제이다. 장비의 이름인 The Swivel Pocket Fisherman과 reel(낚싯줄을 감는 장치), rod(낚싯대), trout(송어) 등으로 보아 정답은 (d)이다.

어휘 collapsible 구부릴 수 있는 pole 막대기 bend 구부러지다 groove (파인) 홈 reel (낚시도구) 릴 rod 낚싯대 assemble 조립하다 trout 송어 outfit 복장; 장비 rifle 소총

2 Immigration to another country is a privilege, not a right. Every nation has the right to refuse an individual entry to its land if its officials believe that the person is a threat or if that person will be unable to provide for himself or his family. Some people believe the immigration policy of the United States is too strict. They claim that it should allow more people to immigrate. This is nonsense. The U.S. allows more immigrants and refugees entry than does any other country in the world.

Q: What is the speaker's main point?
(a) The United States must allow more immigrants in the country.
(b) Countries need to be stricter in their immigration policies.
(c) The United States' immigration policy is fair.
(d) Immigrants should be able to take care of themselves.

해석 다른 나라로의 이민은 권리가 아니라 특권이다. 모든 국가는 해당 국가로 들어오는 개인의 입국을 거부할 권리가 있다. 당국이 그 사람이 위협이 된다든지, 자기 자신이나 가족을 부양할 수 없을 것이라 생각한다면 말이다. 몇몇 사람들은 미국의 이민 정책이 너무도 엄격하다고 본다. 그들은 미국이 더 많은

사람들의 이민을 허용해야 한다고 주장한다. 이는 말도 안 되는 주장이다. 미국은 전 세계의 어떤 다른 나라보다 더 많은 이민자와 난민을 받아들이고 있다.

Q: 화자의 요지는 무엇인가?
(a) 미국은 자국으로 들어오는 이민자들을 더 많이 허용해야 한다.
(b) 국가들은 이민 정책을 더욱 엄격히 할 필요가 있다.
(c) 미국의 이민 정책은 공정하다.
(d) 이민자들은 자활할 수 있어야 한다.

해설 요지란 화자가 진정으로 하고 싶어 하는 말이다. 담화 뒷부분에서 일부 사람들은 미국 정부가 이민을 더 많이 허용해야 한다고 주장하고 있고, 화자는 이에 대한 반대 의견을 제시하고 있다. 따라서 정답은 (c)이다. (d) 관련된 언급은 있지만 화자가 하고자 하는 말은 아니다.

어휘 immigration 이민 privilege 특권 officials (pl.) 당국 threat 위협 provide for oneself 자립하다, 자활하다 strict 엄격한 nonsense 말도 안 되는 소리, 허튼 소리 refugee 난민

3 The Kremlin in Moscow was originally a fortress, and it became the main residence of the czars of Russia until the early eighteenth century, when Peter the Great moved the Russian capital to St. Petersburg. Following the Russian Revolution in 1917, the new communist government promptly moved the capital back to Moscow. At that time, the Kremlin resumed its place of prominence. Today, it serves as the residence and office of the Russian president and is also a place for ceremonial displays.

Q: Which is correct according to the talk?
(a) The Kremlin is the Russian leader's home.
(b) Moscow has always been the capital of Russia.
(c) The communists are still in control of Russia today.
(d) Peter the Great led the Russian Revolution.

해석 모스크바의 크렘린 궁전은 원래 요새였고, 18세기 초반까지 러시아 황제의 저택으로 사용되었는데, 이때 Peter 대제가 러시아의 수도를 상트페테르부르크로 옮겼다. 1917년 러시아 혁명 이후, 새로 들어선 공산 정권은 즉시 수도를 다시 모스크바로 옮겼다. 당시 크렘린 궁전의 명성은 다시 제 위치로 돌아갔다. 오늘날 이는 러시아 대통령이 거주하고 업무를 보는 곳이며, 공식 행사를 위한 장소가 되기도 한다.

Q: 담화에 따르면 옳은 것은 무엇인가?
(a) 크렘린 궁전은 러시아 대통령의 가택이다.
(b) 모스크바는 항상 러시아의 수도였다.
(c) 공산주의자들은 오늘날에도 여전히 러시아를 지배하고 있다.

(d) Peter 대제가 러시아 혁명을 주도했다.

담화 마지막 부분에서 크렘린 궁전은 러시아 대통령이 거주하고(residence) 업무를 보는 곳(office)이라는 내용이 나오므로 정답은 (a)이다. (b) Peter 대제 시절 수도를 상트페테르부르크로 옮긴 적이 있고, (c), (d) 알 수 없는 내용이다.

originally 원래, 본래 **fortress** 요새
residence 주택, 거주지 **czar** (러시아) 황제 **capital** 수도
communist 공산주의자; 공산주의 **promptly** 신속히, 즉시
resume 다시 시작하다; (자기 위치로) 다시 돌아가다
prominence 우월함; 명성 **serve as** ~의 역할을 하다
ceremonial 의식의
be in control of ~을 관리하다, 통제하다

4 In the past, even simple medical problems such as appendicitis involved the surgical opening of a patient's body to correct the problem. Today, however, this is no longer necessary when conducting certain types of operations. By using modern medical devices, the procedures are now simpler and safer. The doctor simply makes a small incision and inserts a long, thin surgical device into the patient. By watching on a video monitor, the doctor can direct the instrument to the correct place and cure the patient in a matter of minutes.

Q: According to the talk, why is the procedure described safer?
(a) The patient does not need any anesthesia.
(b) The patient does not have to stay in the hospital for several days.
(c) The medical devices used are more precise.
(d) The patient's body does not need to be surgically opened.

과거에는, 맹장염과 같은 단순한 의학 문제라 하더라도 이를 치료하기 위해서 환자의 몸에 칼을 댈 것을 수반했다. 그러나 오늘날, 특정 종류의 수술을 집도할 때에는 더 이상 그럴 필요가 없다. 현대 의학 장비를 사용함으로써, 수술은 이제 더 간단하고 안전해졌다. 의사는 그저 조금만 절개하여 길고, 가느다란 수술 장비를 환자에게 삽입한다. 영상 모니터를 보면서, 의사는 이 장비를 올바른 위치로 가져다 놓고, 몇 분 만에 환자를 치료할 수 있게 된 것이다.

Q: 담화에 의하면, 묘사된 수술 절차가 더 안전한 이유는 무엇인가?
(a) 환자가 어떤 마취도 할 필요가 없다.
(b) 환자가 며칠간 병원에 입원할 필요가 없다.
(c) 사용되는 의학 장비가 더욱 정밀하다.
(d) 환자의 몸이 수술을 위해 개복될 필요가 없다.

특정 정보를 묻는 유형이지만 담화 내용 전반을 파악해야 하

는 어려운 문제이다. (a), (b) 몸에 칼을 대지 않으니 마치나 입원을 하지 않을 것이라 추론해 볼 수 있는 내용이지만, 직접적으로 언급되지 않았다. (c) 담화에서 언급되고는 있지만 장비의 정밀함 자체에 중심을 두고 말하고 있다기보다는 (d) 정밀한 장비로 인해 환자의 몸에 칼을 대지 않아도 되기 때문에 오늘날의 수술이 안전하다는 말을 하고자 하는 것이다.

appendicitis 맹장염 **surgical** 외과의, 수술의
conduct (특정 활동을) 하다 **operation** 수술
medical device 의료 장비 **procedure** 절차; 수술, 시술
make an incision 절개하다 **insert** 삽입하다
instrument 기구 **anesthesia** 마취 **precise** 정밀한

5 *Citizen Kane* was considered the best movie of the year in 1941, yet it won just a single Oscar, for best screenplay. Unfortunately, director Orson Welles based his movie about a media tycoon on a real-life media tycoon: William Randolph Hearst. The powerful Hearst was so enraged by the film that he forbade any of his newspapers to mention the movie and tried, but failed, to get its showing stopped. Hollywood historians believe it was the influence of Hearst which prevented the movie from winning the Oscar for best picture of the year.

Q: Why was Hearst angry about the movie Citizen Kane?
(a) It made fun of him.
(b) It was based on events in his life.
(c) The director refused to consult with him on it.
(d) Orson Welles never got permission to base the movie on him.

시민 케인(Citizen Kane)은 1941년 그 해 최고의 영화로 여겨졌지만 오스카 각본상만을 받는 데 그쳤다. 유감스럽게도 감독 Orson Welles는 미디어 거물에 대한 그의 영화를 실제 미디어 거물인 William Randolph Hearst에 근거하여 제작했다. 강력한 영향력을 가지고 있던 Hearst는 그 영화를 보고 너무나도 격분하여 어떤 신문사도 그 영화에 대해 언급하지 못하도록 했고, 비록 실패했지만 영화 상영 역시 중단시키려고 했다. 할리우드 역사학자들은 바로 Hearst의 영향력이 이 영화가 오스카 작품상을 수상하는 것을 가로막았다고 생각한다.

Q: Hearst가 영화 시민 케인에 대해 화가 났던 이유는 무엇인가?
(a) 그를 희화화했다.
(b) 그의 삶의 일들을 기초로 했다.
(c) 감독이 그에 대해 자신과 의견 나누기를 거부했다.
(d) Orson Welles가 그를 영화화해도 된다는 허락을 받지 않았다.

특정 정보를 묻는 유형이 나왔으므로 두 번째 담화를 들을 때 Hearst가 시민 케인을 보고 굉장히 격분했다는 부분에 유의하여 들어야 한다. 그 앞 문장에서 unfortunately로 시작하며 시민 케인이 Hearst의 삶에 근거하여 제작되었다는 내용이 나오므로 (b)가 가장 적절하다. (d) Orson Welles가 허락을 받

지 않은 것은 사실이지만, Hearst는 허락을 받지 않아서라기보다 자신의 삶을 기초로 했다는 사실 자체에 화가 난 것이다.

6 On the streets of many large cities, knockoff products are very common. These are copies of famous brand-name items that are offered at cheaper prices than the real ones. For example, a person can buy a Rolex watch for twenty dollars in some places while a real Rolex sells for at least five thousand dollars. How can a consumer tell the difference? A real Rolex's second hand sweeps while a fake one ticks one second at a time. Unfortunately, many people are duped by these knockoffs.

Q: What can be inferred from the talk?
(a) Knockoff products are better than real ones.
(b) Real Rolex watches cannot be duplicated.
(c) Knockoff products are only available in cities.
(d) Some people accidentally buy knockoff products.

해석 많은 대도시 거리에는 가짜 상품이 매우 흔하게 있다. 이는 유명 브랜드 제품의 모조품으로, 진짜 제품보다 싼 가격에 제공된다. 예를 들어, 어떤 지역에서는 롤렉스 시계를 20달러에 살 수 있는데, 진짜 롤렉스는 적어도 5,000달러에 팔린다. 소비자는 어떻게 그 차이를 구분할 수 있을까? 진짜 롤렉스의 초침은 미끄러지듯이 움직이지만, 가짜는 한번에 1초씩 째깍거린다. 불행히도, 많은 사람들은 이러한 가짜 상품에 속는다.

Q: 담화로부터 추론할 수 있는 것은 무엇인가?
(a) 가짜 상품이 진짜보다 낫다.
(b) 진짜 롤렉스 시계는 복제될 수 없다.
(c) 가짜 상품은 도시에서만 살 수 있다.
(d) 어떤 사람들은 어쩌다가 가짜 상품을 사게 된다.

해설 마지막 문장에서 많은 사람들이 가짜 상품에 속는다고 이야기 했으므로 몇몇 사람들은 우연히 모조품을 살 것이라 추론할 수 있다. 따라서 정답은 (d)이다. (b) 가짜 롤렉스 시계의 가격과 특징을 언급하는 것으로 보아 진짜 롤렉스 시계가 복제되고 있음을 알 수 있고, (d) 도시 거리에서 가짜 상품을 흔하게 발견할 수 있다고 했지, 도시에서만 발견할 수 있다고 하지는 않았다.

Part V

1 질문 받아쓰기

1 What is the main topic of the phone message?
2 What is mainly being announced in the talk?
3 What is the speaker mainly doing in the talk?
4 What is the speaker's main point about fishing?
5 Which is correct about the dam?
6 What type of weather is expected on Sunday?
7 What is the best way for people to lose weight?
8 Which is correct according to the news report?
9 What can be inferred from the lecture?
10 What can be inferred about cell phones?

2 담화와 질문을 모두 듣고 정답 찾기

1 (c)   2 (b)   3 (c)   4 (a)

3 받아쓰기

1-2

Spanish missionaries were the first to build permanent settlements in California, which then became a part of Mexico. Years later, learning of the rich lands to the west, thousands of Americans from the east moved to California and began settling there in the early nineteenth century. Clashes between the American settlers and the locals led to some minor rebellions that failed. Eventually, California became a part of the United States following the Mexican-American War of 1846-1848, when it was ceded to the U.S. as part of the peace treaty that ended the war. Just two years later, California attained statehood, and today it is by far the most populous state in the country.

1 Q: What is the main topic of the lecture?
(a) The continued Spanish influence on California
(b) The reason why the Mexican-American War occurred
(c) Major events that have shaped California's history
(d) The importance of agriculture to early settlers

2 Q: Which is correct about California?
- (a) It became a state at the end of the Mexican-American War.
- (b) There were failed uprisings against American settlers.
- (c) Many of its cities were founded by Spanish missionaries.
- (d) Its population is growing faster than that of any other state.

해석 스페인 선교사들은 캘리포니아에 영구 정착촌을 이룬 최초의 사람들이었고, 이는 그 후에 멕시코 영토가 되었습니다. 몇 년 후, 서부의 풍요로운 땅에 대해서 알게 된 수천 명의 동부 출신 미국인들은 캘리포니아로 이주해왔고, 19세기 초 그곳에 정착하기 시작했습니다. 미국 정착민들과 현지인 간의 갈등은 몇몇 소규모의 반란을 이끌었지만 실패했습니다. 결국 캘리포니아는 1846년에서 1848년에 걸친 멕시코-미국 전쟁 이후 미국의 일부가 되었고, 이때 전쟁을 끝냈던 평화 조약의 일환으로 미국에 양도된 것입니다. 단 2년 만에, 캘리포니아는 주(州)로서의 지위를 얻었고, 오늘날 단연코 국내에서 가장 인구가 많은 도시가 되었습니다.

1 Q: 강의의 주제는 무엇인가?
- (a) 캘리포니아에 계속되는 스페인의 영향력
- (b) 멕시코-미국 전쟁이 일어난 이유
- **(c) 캘리포니아의 역사를 이룬 주요 사건들**
- (d) 초기 정착민들에게 있어 농업의 중요성

2 Q: 캘리포니아에 대해 옳은 것은 무엇인가?
- (a) 멕시코-미국 전쟁이 끝날 무렵 주(州)가 되었다.
- **(b) 미국 정착민들에 대항하였으나 실패로 끝난 반란이 있었다.**
- (c) 다수의 도시가 스페인 선교사들에 의해 세워졌다.
- (d) 인구가 다른 어떤 주의 인구보다도 빠르게 성장하고 있다.

해설 1 강의의 핵심어는 캘리포니아이다. 처음에는 스페인 선교사들이 이곳에 왔고, 이후 멕시코 영토가 되었지만 미국 동부의 사람들이 돈을 쫓아 이주해오기 시작했으며, 마지막으로 멕시코-미국 전쟁으로 미국 땅이 되었다는 일련의 사건들을 설명하고 있으므로 정답은 (c)이다. (b) 동부 미국인들이 이주해오면서 현지인과 갈등을 일으켰기 때문이라는 전쟁 이유는 나타나 있지만 세부 내용에 불과하다.

2 담화 중간 부분에 미국 정착민들과 현지인 사이의 갈등이 반란을 가져왔지만, 결국 실패로 끝났다는 내용이 나오므로 (b)가 정답이다. (a) 전쟁 이후 2년 만에 주가 되었다고 했고, (c) 캘리포니아의 도시가 어떻게 설립되었는지는 언급되지 않았다. (c) 오늘날 가장 인구가 많은 도시가 되었지만, 인구 성장 역시 가장 빠른지는 알 수 없다.

어휘 **missionary** 선교사 **permanent** 영구적인
settlement 정착지 **clash** 충돌 **ocal** 주민, 현지인
minor 사소한 **rebellion** 반란 (= uprising)
eventually 결국 **cede** 양도하다 **peace treaty** 평화 조약
statehood 국가의 지위; 주(州)의 지위 **populous** 인구가 많은
agriculture 농업 **found** 설립하다; (국가, 도시를) 세우다

3-4

Good evening, everyone, and welcome to this special event. It's my great pleasure tonight **to introduce a real humanitarian** to you. Dr. David Sanders quit his high-paying job at a local hospital five years ago to establish **his own charitable foundation**. He has spent countless hours since then helping the poor and disadvantaged by providing them **with quality medical services** for free. In the past few years, Dr. Sanders's foundation has grown from a one-man charity to one that now employs twenty full-time doctors. He's here tonight to talk about **what he's accomplished** during that time. So let's all give Dr. Sanders a big hand and welcome him as our main speaker for this evening's event.

3 Q: What is the announcement mainly about?
- (a) What Dr. Sanders will talk about tonight
- (b) Why Dr. Sanders no longer works at a hospital
- (c) What Dr. Sanders **has done with his foundation**
- (d) How Dr. Sanders became a successful doctor

4 Q: What can be inferred from the announcement?
- (a) Dr. Sanders places **the wellbeing of others** above his own.
- (b) Dr. Sanders has hired his former colleagues to help with his foundation.
- (c) The foundation run by Dr. Sanders helps people **in developing nations**.
- (d) Dr. Sanders will discuss what he will do in the future during his speech.

해석 여러분, 안녕하십니까? 이번 특별 행사에 오신 것을 환영합니다. 오늘 밤 진정한 인도주의자 한 분을 여러분들께 소개시켜 드리게 되어 매우 기쁩니다. David Sanders 박사님은 자선 재단을 설립하기 위해 5년 전 지역 병원에서 높은 연봉을 받던 일을 그만두었습니다. 그는 이후 가난하고 사회적으로 소외된 사람들에게 질 좋은 의료 서비스를 무상으로 제공하며 수많은 시간을 보내왔습니다. 지난 몇 년간, Sanders 박사님의 재단은 1인 자선단체에서 이제는 20명의 정규 의사들을 고용하고 있는 단체로 성장해 왔습니다. 오늘 밤 그가 그동안 이룬 것에 대해 이야기하기 위해 와 있습니다. 자, 모두 Sanders 박사님께 큰 박수를 보내며 오늘 밤 행사의 주 연사를 환영합시다.

3 Q: 안내 멘트는 주로 무엇에 관한 것인가?
- (a) Sanders 박사가 오늘 밤 이야기할 내용
- (b) Sanders 박사가 더 이상 병원에서 일하지 않는 이유
- **(c) Sanders 박사가 재단에서 해왔던 일**
- (d) Sanders 박사가 성공적인 의사가 된 과정

4 Q: 안내 멘트로부터 추론할 수 있는 것은 무엇인가?

(a) **Sanders 박사는 다른 이들의 행복을 자신의 행복보다 우위에 둔다.**

(b) Sanders 박사는 그의 재단을 돕기 위해 이전 동료들을 고용해왔다.

(c) Sanders 박사가 운영하는 재단은 개발도상국의 사람들을 돕는다.

(d) Sanders 박사는 그의 강연에서 자신이 앞으로 할 일에 대해 이야기할 것이다.

해설 3 행사의 사회자가 연사를 소개하는 상황이다. 높은 연봉을 받고 병원에서 일하던 연사가 이를 그만두고 자선 재단을 설립하여 지금껏 무엇을 이뤄왔는지 간단히 설명하고 있으므로 정답은 (c)이다. (a)는 안내 멘트 마지막 부분에서 (b)는 첫 부분에서만 언급되는 세부 내용이다.

4 안내 멘트 첫 부분에 사회자가 Sanders 박사를 인도주의자라고 설명하며, 높은 연봉을 두고 가난하고 사회적으로 소외된 사람들에게 의료 서비스를 무상으로 제공하며 일해 왔다고 소개하고 있으므로 Sanders 박사는 자신의 행복보다 다른 이들의 행복을 우위에 둔다고 추론할 수 있으므로 (a)가 가장 적절하다. (b) 현재 20명의 정규 의사와 함께 일하고 있지만 이들이 전 동료인지는 알 수 없고, (c) Sanders 박사의 재단은 가난하고 소외된 사람들을 돕는다. (d) Sanders 박사는 이제 그동안 이룬 것에 대해 이야기할 것이다.

어휘 humanitarian 인도주의자
quit 그만두다 establish 설립하다
charitable foundation 자선 재단
countless 수많은
disadvantaged 사회적으로 소외된; 빈곤한
quality 질; 질 좋은 for free 무료로
charity 자선 단체 employ 고용하다
full-time 정규직의
accomplish 이루다, 성취하다
give ~ a big hand ~에게 큰 박수를 보내다
place 두다, 놓다 wellbeing 행복, 복지
developing nation 개발도상국

Actual Test 01

1 (c)	2 (d)	3 (c)	4 (a)	5 (b)
6 (a)	7 (a)	8 (d)	9 (b)	10 (c)
11 (c)	12 (b)	13 (c)	14 (b)	15 (a)
16 (d)	17 (d)	18 (d)	19 (c)	20 (a)
21 (b)	22 (d)	23 (a)	24 (b)	25 (c)
26 (d)	27 (a)	28 (b)	29 (d)	30 (a)
31 (b)	32 (b)	33 (c)	34 (b)	35 (a)
36 (b)	37 (d)	38 (b)	39 (c)	40 (a)

1 (c)

해석 M 요즘 순위가 올라가고 있는 그 신곡 들어봤어?

(a) 아니. 기대한 만큼 좋지는 않더라.

(b) 최근에 9위를 차지한 걸로 알고 있어.

(c) **응. 몇 번 들어봤어.**

(d) 난 그런 장르는 딱히 좋아하지 않아.

해설 요즘 가요 차트에서 순위가 올라가고 있는 신곡을 들어봤는지 묻고 있으므로 들어봤다는 (c)가 정답이다. (a) No,는 들어보지 않았다는 의미이므로 뒤에 내용과 맞지 않고, (b), (d) 답이 될 수 없는 것은 아니지만 (c)가 들어본 데 대한 구체적인 답변을 제시한다.

어휘 single 싱글 앨범 chart (가요) 순위(표)
rank (순위를) 차지하다 care for ~을 좋아하다

2 (d)

해석 M 요즘 돌아가는 상황에 대해 누가 나한테 얘기해줄 수 있나요?

(a) 괜찮아요. 제 커피잔은 이미 차 있어요.

(b) 여기서 돌아가는 일 때문에 너무 혼란스러워요.

(c) 해당 정보는 책상 위에 있는 보고서에 있어요.

(d) **James가 그간의 소식을 알려줄 수 있을 거예요.**

해설 남자가 요즘 상황에 대해 누가 얘기해줄 수 있냐고 묻고 있으므로 James가 알려줄 것이라 답하는 (d)가 정답이다. (a) fill을 full로 이용한 오답이고, (b) who에 대한 대답으로는 어색하다. (c) 보고서에 요즘 상황이 적혀있다고 볼 수도 있지만 (d)가 좀 더 구체적인 답변을 제시한다.

어휘 fill ~ in on ... ~에게 ...에 대해 설명하다, 상세히 알려주다
confused 혼란스러운 give an update 최신 정보를 제공하다

3 (c)

해석 W 옷을 그렇게 차려입고 어디 가려는 거야?

　　(a) 방금 공식 만찬에 다녀왔어.
　　(b) 이 턱시도 동네 가게에서 빌렸어.
　　(c) 중요한 비즈니스 만찬에 가야 하거든.
　　(d) 난 정장을 입으면 멋져 보이는 것 같아.

해설 의문사 where로 어디 가는지 묻고 있으므로 중요한 비즈니스 만찬에 가야 한다고 답한 (c)가 정답이다. (a) 이미 다녀왔다는 과거시제는 적절하지 않다.

어휘 dress up (옷을) 잘 차려입다　formal 공식적인
local 지역의, 현지의　suit 정장

4 (a)

해석 M 일찍 퇴근해도 문제 되지 않을 거예요.

　　(a) 그렇게 해요. 제가 부장님께 얘기할게요.
　　(b) 그럼 부장님께 허락을 받아 봅시다.
　　(c) 그러게요. 비행기가 평소보다 일찍 출발하네요.
　　(d) 서둘러서 사무실로 돌아가세요.

해설 남자는 일찍 가도 문제 되지 않을 것이라며 퇴근하려고 하고 있으므로 상사에게 잘 이야기하겠다는 (a)가 가장 적절하다. (b) 허락 없이 가도 문제 되지 않을 것이라 말했고, (c) take off가 비행기의 이륙을 뜻하는 데 착안한 오답이다.

어휘 take off 떠나다; (비행기가) 이륙하다
cover for ~을 대신하다; ~을 보호하다, 감싸주다
permission 허락　depart 떠나다, 출발하다

5 (b)

해석 W 그는 법원이 어디에 있는지 궁금해하고 있어요.

　　(a) 우린 오늘 그곳에 갈 계획이 없어요.
　　(b) 그에게 인터넷에서 찾아보라고 해요.
　　(c) 맞아요. 그곳이 바로 제가 일하는 곳이에요.
　　(d) 그가 그게 어디 있는지 이제 알기를 바라요.

해설 의문사 where로 법원이 어디 있는지 묻고 있다. 위치를 알려주는 직접적인 대답보다 인터넷에서 직접 찾아보라는 간접적인 대답이 제시되었다. 정답은 (b)이다. (c), (d) where을 이용한 오답이다.

어휘 courthouse 법원　be scheduled to ~할 계획이다, 예정이다
look up (사전, 컴퓨터, 자료에서 정보를) 찾아보다, 조사하다

6 (a)

해석 M 나는 왜 다른 사람들이 너의 낙관주의를 이해하지 못하는지 모르겠어.

　　(a) 다른 사람들이 어떻게 생각하는지 조차도 모르겠어.
　　(b) 우리가 성공할 수 있는 방법이 없는 것 같아.
　　(c) 사물을 부정적으로 바라보는 것이 나의 방식이야.
　　(d) 사람들이 자신들의 생각을 우리에게 공유해줄 거라 확신해.

해설 남자가 다른 사람들이 왜 여자의 낙관주의를 이해하지 못하는지 모르겠다고 말하고 있으므로 이에 공감을 표하며 다른 사람들이 어떻게 생각하는지도 모르겠다고 답하는 (a)가 가장 적절하다. (c) 비관주의에 관한 내용이고, (d) 남자와 여자는 다른 사람들과 서로 이해하지 못하고 있으므로, 다른 이들이 그들의 생각을 공유해 줄 것이라 확신하지 못할 것이다.

어휘 optimism 낙관주의　succeed 성공하다　positive 확신하는

7 (a)

해석 W Jane은 저희가 어떻게 충분한 자금 지원을 받을지 분명히 알고 있지 못했어요.

　　(a) 저는 걱정 안 돼요. 그녀에게 계획이 있는 것으로 알고 있어요.
　　(b) 대차대조표를 확인해봐야 해요.
　　(c) 그녀 자신의 은행 계좌에 충분한 자금을 가지고 있어요.
　　(d) 회사 예산 보고서가 방금 발송되었어요.

해설 여자의 말의 초점은 자금 지원을 받는 법에 대한 Jane의 생각이므로 그녀가 이에 대한 계획이 있다고 답하는 (a)가 가장 적절하다. (b) 자금 지원과는 어울리는 대답이지만 Jane에 대한 언급이 없었고, (c) 자금 지원이나 'we'라는 말로 미루어보아 Jane의 개인적인 일은 아님을 알 수 있다.

어휘 funding 자금; 자금 지원 balance statement 대차대조표
bank account 은행 계좌 budget 예산 file (서류를) 보내다

8 (d)

해석 M 특별한 어려움이 없었다니 당신은 매우 운이 좋군요.

　　(a) 문제를 일으키는 건 바로 당신이에요.
　　(b) 저는 어려움이 많았어요.
　　(c) 저는 어떤 것도 듣지 못했어요.
　　(d) 정말 그래요.

해설 남자는 어려움을 겪지 않은 여자에 대해 운이 좋다고 말하고 있으므로 이에 동감하는 (d)가 정답이다. (a), (b) trouble을 이용한 오답이다.

어휘 get into trouble 어려움을 겪다, 곤경에 빠지다
You can say that again. 전적으로 동의해요.

9 (b)

해석 W 9시 공연으로 두 장 주세요.

　　(a) 티켓 여기 있습니다. 5분 후에 탑승하시면 됩니다.
　　(b) 죄송하지만, 지금 남아있는 좌석이 없습니다.
　　(c) 맡기실 가방 있으신가요?
　　(d) 그 영화는 지금 저희 코너에서는 구하실 수가 없네요.

해설 9시 공연 티켓을 달라고 했으므로 지금 남아있는 좌석이 없다고 답하는 (a)가 정답이다. (b) board는 항공기, 기차, 버스 등 교통 수단에 탑승한다는 의미이므로 오답이고, (c) 공항에서 할 법한 말이다. (d) selection은 여러 상품이나 작품이 진열된 것을 가리킬 때 쓰는 말이므로 적절하지 않다.

어휘 board 승선하다, 탑승하다 available 이용 가능한
check in (비행기를 탈 때) ~을 맡기다, 부치다

10 (c)

해석 M 전 오늘 밤에 콘서트에 가는 대신 집에 남아있을래요.

(a) 콘서트가 방금 취소됐을 거예요.
(b) 그럼 지금 집으로 갑시다.
(c) 그렇지만 이미 티켓 값을 냈는걸요.
(d) 마음이 있는 곳이 바로 집이랍니다.

해설 밤에 같이 콘서트에 가기로 했던 사람이 집에 있겠다고 한 말에 (b) 흔히 집으로 가자고 하는 대답은 자연스럽지 않다. 이미 티켓을 예매했다고 답하는 (c)가 정답이다.

어휘 remain 남아 있다, 머무르다 cancel 취소하다
head to ~로 향하다 pay for (가격을) 지불하다

11 (c)

해석 M 3시에 출발하기로 되어 있는데, 아직 탑승이 시작되지도 않았네요.
W 약간 지연됐어요. 항공기에 기계적인 문제가 생겨서요.
M 그럼 저희가 언제 출발할 것 같은가요?

(a) 이제 탑승을 시작할 시간입니다.
(b) 엔진 하나가 제대로 작동이 안 되고 있어요.
(c) 비행기는 4시 30분쯤 출발할 겁니다.
(d) 아니요, 비행기가 지연됐어요.

해설 항공기 탑승 및 출발 지연에 관한 대화이다. 남자의 마지막 말에서 의문사 when으로 비행기가 언제 출발할지 물었으므로 4시 30분쯤 출발한다는 (c)가 가장 적절하다. (a) 항공기에 기계적인 문제가 생겼다고 했으므로 바로 탑승을 시작하지는 않을 것이다.

어휘 board 탑승하다 mechanical 기계적인 take off 이륙하다
depart 출발하다 postpone 연기하다, 미루다

12 (b)

해석 W 우리 가족과 나는 방금 멕시코 여행에서 돌아왔어.
M 너희 가족 모두 그곳에 있는 동안 좋은 시간을 보냈겠구나.
W 그랬지. 자, 나 사진을 좀 찍어 왔거든. 한번 볼래?

(a) 내가 찍은 사진을 보여줄 수 있을 거야.
(b) 네가 어떻게 보냈는지 정말 보고 싶어.
(c) 그래. 네 사진은 이미 다 봤어.
(d) 아니. 난 멕시코로는 여행 가본 적이 없어.

해설 멕시코 여행을 다녀온 여자가 남자에게 여행에서 찍은 사진을 보여주려 하고 있다. 이에 반갑게 사진을 보겠다고 말하는 (b)가 정답이다.

어휘 bet 장담하다, 확신하다
Would you care to ~? ~할래?, ~하시겠어요?
be up to ~하며 지내다 take a trip 여행 가다

13 (c)

해석 W 제 새로운 머리 스타일 솔직히 어때요?
M 이전 스타일이 새로운 스타일보다 낫다고 해야겠네요.
W 그거 알아요? 저도 그렇게 생각해요. 미용실에 다시 가야겠어요.

(a) 전 이발소 예약을 해야겠어요.
(b) 당신의 미용실은 우체국 바로 맞은 편에 있어요.
(c) 미용사에게 예전 스타일대로 해줄 수 있는지 물어보세요.
(d) 미용사가 꽤 오랫동안 머리를 해온 것 같은데요.

해설 여자가 새로 한 머리가 마음에 들지 않아 남자에게 물어보는 상황이다. 여자가 결국 미용실에 다시 가겠다고 했으므로 예전 스타일로 되돌릴 수 있는지 알아보라고 답하는 (c)가 정답이다.

어휘 prefer ~ to ... ...보다 ~을 선호하다 hair salon 미용실
barber shop 이발소 be located 위치해 있다

14 (b)

해석 M 먹는 것에 좀 주의해야겠어요. 최근에 살이 너무 많이 쪘어요.
W 정말 그런가요? 제가 보기엔 달라진 게 없는 것 같은데요.
M 요즘 바지가 점점 조여서요. 살이 찌고 있는 게 확실해요.

(a) 좋은 태도예요. 살찌는 게 문제는 아니죠.
(b) 너무 걱정하지 마세요. 전혀 눈에 띄지 않아요.
(c) 지금 하고 계시는 식단이라면 살을 뺄 수 있을 거예요.
(d) 전 지난 달에 적어도 몇 파운드는 쉽게 뺐어요.

해설 살이 쪄서 걱정하는 남자에게 여자는 달라진 게 없는 것 같다고 했으므로 눈에 띄지 않으니 걱정 말라고 대답하는 (b)가 정답이다. (d) 자신의 체중에 대해 이야기하며 화제를 돌리는 것은 자연스럽지 않다.

어휘 watch 주의하다 put on weight 살이 찌다
positive 확신하는 attitude 태도
be no big deal 별일 아니다 noticeable 뚜렷한, 눈에 띄는

15 (a)

해석 W 제가 부탁했던 공과금을 모두 내야 하는 거 기억하고 있었어요?
M 어머나! 완전히 잊고 있었어요. 지금 바로 송금할까요?
W 괜찮아요. 볼일이 좀 있어서, 제가 알아서 할게요.

(a) 고마워요. 기억 못해서 정말 미안해요.
(b) 은행에서 돈을 좀 인출했어요.
(c) 우리가 쓰는 전기에 관해서 뭐라도 해야겠어요.
(d) 수도 요금과 가스 요금 납부하는 것 잊지 마세요.

해설 남자가 부탁받은 공과금 납부에 대해 잊고 있어서 결국 여자가 납부하게 되었다. 이때 남자가 할 수 있는 답변은 미안하다는 내용의 (a)이다. (c), (d) 여자의 말에 나온 utility bills에 착안한 오답이다.

어휘 utility bills (전기, 수도 요금 등의) 공과금
transfer 계좌 이체하다, 송금하다
take care of ~을 돌보다; ~을 처리하다
withdraw (돈을) 인출하다

16 (d)

해석 M 당신이 최근에 한 업무를 살펴봤는데, 그 성과에 있어서 정말 감명받았습니다.

W 그렇게 말씀해 주시니 정말 감사합니다. 누군가 저를 알아봐 준다는 걸 알게 되니 기쁘네요.

M 오, 저희는 당신을 괜찮게 보고 있죠. 그래서 올해 많은 보너스를 지급하기로 한 거고요.

(a) 좋습니다. 빨리 다음 업무를 받아보고 싶네요.
(b) 하지만 다른 부서로 이동하는 것에는 관심이 없습니다.
(c) 다음 업무에서는 더 잘할 것을 약속드립니다.
(d) 그 동안 들었던 것 중 가장 반가운 소식이네요.

해설 남자가 여자의 성과를 보고 보너스를 주겠다고 이야기했으므로 이에 기뻐하는 (d)가 정답이다. (c) 꾸지람이나 지적을 받았을 때 할 법한 대답이다.

어휘 be impressed with ~에 감명받다, 감동받다
notice 주목하다, 알아채다   assignment 과제; 임무
get transferred 부서를 이동하다

17 (d)

해석 W 조금 전 회의에 대해서 어떤 느낌을 받으셨나요?

M 꽤 순조로이 진행됐다고 말하고 싶네요. 판매 금액에 대한 논의는 제외하고요.

W 전적으로 동의해요. 영업 부문에 대해서는 다시 검토해야 할 것 같네요.

(a) 다음 기간에는 더 많은 제품을 판매하도록 노력하겠습니다.
(b) 리뷰 횟수가 최근에 바뀌지 않았습니다.
(c) 저는 판매 금액이 중요하다고 생각하지 않아요.
(d) 그러면 점심을 먹으면서 현 상황에 대해서 알아봅시다.

해설 남자는 회의에서 영업 판매 금액에 대한 논의가 미흡했다고 지적하고 있고, 여자는 이에 동의하며 추가적인 논의가 필요하다고 말한다. 따라서 점심을 먹으면서 이야기하자는 (d)가 가장 적절하다. (c) 남자 역시 판매 금액에 대한 논의가 미진했다고 했으므로 판매 금액을 중요하게 생각할 것이다.

어휘 sales numbers 판매 금액   review 재검토하다
shift (교대) 근무 시간   figure out 알아내다

18 (d)

해석 M 전 기술 관련 주식에 돈을 약간 투자해볼까 생각 중이에요.

W 그렇게 하는 게 현명하다고 생각하세요? 기술 시장이 요즘 하락하고 있지 않나요?

M 이익을 극대화하고 싶으시다면 지금이 투자하기 가장 좋은 시기입니다.

(a) 그렇다면 가지고 계신 주식 모두를 파시길 권해드립니다.
(b) 저는 그게 가장 중요한 일이라고 생각하지 않아요.
(c) 전 아직 투자를 해본 적이 없어요.
(d) 저는 그렇게 생각해본 적이 한 번도 없었어요.

해설 남자는 시장이 하락하고 있음에도 불구하고 기술 관련 주식에 투자하려고 한다. 투자 이익을 극대화할 수 있을 것이라는 말에 여자는 확신하지 못하고 있으므로 (d)가 가장 적절하다. (a) 남자는 주식을 사려고 하고 있고, (b) 전혀 불가능한 대답은 아니지만 여자가 확실한 입장을 보이고 있지 않으므로 (d)가 더 적절하다.

어휘 invest 투자하다   stock 주식   maximize 극대화하다

19 (c)

해석 W 대여되지 않고 저희 주차장에 남아 있는 차는 단 두 대뿐입니다.

M 그렇다면 제게는 어떤 선택지가 있나요?

W 저희는 4도어 세단이나 2도어 스포츠카를 빌려드릴 수 있겠네요.

(a) 아니요. 둘 중 어느 차량도 예약하지 않았어요.
(b) 운전 면허증을 가져오지 않았어요.
(c) 큰 차로 할게요. 가족과 함께 탈 거라서요.
(d) 다른 차를 몰았으면 합니다.

해설 차를 렌트하는 상황이다. 직원으로 추정되는 여자가 남자에게 선택할 수 있는 차량 두 종류를 알려주고 있으므로 둘 중 하나를 선택하는 (c)가 정답이다. (d) 현재 두 종류의 차량밖에 남아 있지 않다.

어휘 lot 지역, 부지; 주차장   option 선택 (사항)   rent 빌려주다
reserve 예약하다   vehicle 차량, 탈 것
driver's license 운전 면허증

20 (a)

해석 M 차로 가는 건 잊어버리고, 대신 지하철을 타는 게 좋겠어요.

W 그래요? 저는 대중교통을 이용하기보다는 자가용을 타고 가고 싶은데요.

M 제시간에 거기 도착할 수 있는 다른 방법이 없는 것 같아요.

(a) 그럼 지하철역으로 갑시다.
(b) 아래 버스 정류장 옆에서 기다릴게요.
(c) 서둘러서 택시를 타고 거기로 갑시다.
(d) 좋아요. 차는 바로 앞에 주차되어 있어요.

해설 남자와 여자는 목적지까지 차로 갈지, 지하철로 갈지 이야기하고 있다. 남자가 마지막 말에서 시간에 맞춰가려면 지하철을 탈 수밖에 없다고 했으므로 (a)가 가장 적절하다. (b), (c) 버스나 택시에 관해서는 이야기하지 않았다.

어휘 public transportation 대중교통   make it 제시간에 도착하다
on time 정각에, 제때에   hail a taxi 택시를 잡다

21 (b)

해석 중개인과 손님 간의 대화를 들으시오.

M 제가 일주일 전에 예약을 했는데, 문제가 있어 보이네요.

W 어떤 문제인지 말씀해주시겠어요?

M 저는 오하이오 주의 콜럼버스로 가는데, 이 항공권은 대신 사우스 캐롤라이나 주의 콜럼버스로 가게 되어 있어요.

W 어머나. 제때에 잘못된 것을 발견하게 되어 다행입니다.

M 이 문제를 바로잡아주실 수 있나요?

W 항공사에 연락해서 바로 항공권을 변경해드리겠습니다.

Q: 남자가 주로 하려는 것은 무엇인가?
(a) 항공권 예약하기
(b) 항공권 오류 정정하기
(c) 비행시간 변경하기
(d) 다른 항공사로 변경하기

해설 남자의 두 번째 말을 보면 예약된 항공권의 목적지가 잘못 되어 있음을 알 수 있다. 따라서 이를 정정하려는 것이므로 (b)가 정답이다. (a) 항공권 예약은 완료된 상태이고, (c), (d) 비행시간이나 항공사를 변경하려는 것이 아니라 목적지를 정정하려는 것이다.

어휘 agent 대리인, 중개인 make a reservation 예약하다
be concerned about ~을 걱정하다
in time 제때에, 시간에 맞게
straighten ~ out ~을 바로잡다, 해결하다 airline 항공사

22 (d)
해석 식당 종업원과 손님 간의 대화를 들으시오.

W 저희 뽀모도로에서의 저녁 식사가 즐거우셨기를 바랍니다.

M 사실, 모든 것이 완벽했습니다. 주방장님께 제 말을 꼭 전해 주세요.

W 손님께서 식사에 만족해 하셨다고 그에게 꼭 전하겠습니다.

M 서비스도 아주 훌륭했어요. 조만간 꼭 다시 여길 찾을게요.

W 그렇게 말씀해주시니 감사합니다, 손님. 고객님들의 칭찬을 듣게 되면 항상 기분이 좋습니다.

M 제가 오히려 기쁘죠. 제 친구들에게도 이 곳에 대해 알려줄 겁니다.

Q: 대화의 주제는 무엇인가?
(a) 남자가 식당의 서비스를 누린 방법
(b) 남자가 식당에서 주문한 음식
(c) 남자가 식당을 추천할 사람
(d) 식당에 대한 남자의 생각

해설 대화 내내 everything was perfect, The service was quite excellent as well.과 같이 식당에 대한 남자의 긍정적인 평가가 이어지고 있으므로 정답은 (d)이다. (a) 식당 서비스가 어땠는지 구체적으로 나타나있지는 않고, (c) 친구들에게 식당을 추천하겠다는 언급은 있지만 세부 정보에 불과한데다, 누구에게 추천할지도 나타나있지 않다.

어휘 customer 손님 dining 식사 as a matter of fact 사실
compliment 칭찬 chef 주방장, 셰프

23 (a)
해석 대출에 관한 대화를 들으시오.

M 제 사업과 관련해서 대출을 신청하려고 왔어요.

W 대출 담당자와 이야기 나누셨습니까?

M 아니요. 여기 오기 전에 그렇게 해야 된다는 걸 몰랐어요.

W 필수 사항은 아니지만, 도움이 되거든요. 저희는 대출해드리기 전에 돈을 어디에 쓰실 건지 상의를 하고자 하거든요.

M 맞는 말이네요. 그럼, 담당자와 약속을 잡을 수 있을까요?

W Burton 씨 자리로 가보시겠어요? 그가 당신과 관련된 모든 것들을 처리해 줄 거예요.

Q: 남자가 주로 하고 있는 것은 무엇인가?
(a) 대출 방법에 대해 문의하기
(b) 약속 잡기
(c) 자신의 대출 신청이 거절된 이유 묻기
(d) 대출 신청서 작성 완료하기

해설 첫 번째 문장에서 알 수 있듯이 남자는 대출 신청을 하러 왔고, 여자는 이에 관한 절차를 알려주고 있다. 따라서 정답은 (a)이다. (b) 대화의 뒷부분에서 대출 담당자와 약속을 잡을 수 있는지 묻고는 있지만 이는 대출 방법에 대한 문의 중 일부에 불과하다.

어휘 loan 대출 apply for ~에 지원하다; ~을 신청하다
loan officer (은행의) 대출 담당자
intend to ~할 작정이다, ~할 생각이다 logical 논리적인
make an appointment 약속을 잡다 go over ~로 건너가다
inquire 묻다, 알아보다 application (form) 신청서

24 (b)
해석 두 친구가 여자의 행동에 대해 이야기하는 것을 들으시오.

M 수업 시간에 교수님 하신 질문에 왜 대답하지 않았어?

W 다른 생각에 빠져있었어.

M 뭐가 수업보다 더 중요할 수 있는 거야? 네가 아무 말도 하지 않아서 교수님 화나셨어.

W 요즘 신경 써야 할 개인적인 일이 많아.

M 그래도 내가 너라면 Watson 교수님께 사과드렸을 거야.

W 네 말이 맞는 것 같다. 내가 일부러 무례하게 행동하려던 것은 아니었다고 말씀드려야겠어.

Q: 여자에 대해 옳은 것은 무엇인가?
(a) 교수님께 사과드렸다.
(b) 수업 시간에 교수님을 화나게 했다.
(c) 교수님께 자신의 개인적인 문제를 털어놓았다.
(d) 수업 시간에 질문에 답했다.

해설 여자는 개인적인 문제를 생각하고 있다가 교수님이 한 질문에 대답을 하지 않았고, 남자는 이 때문에 교수님이 화나셨다고 이야기하고 있다. 따라서 (b)가 가장 적절하다. (a) 아직 사과를 드린 것은 아니고, (d) 대화 내용과는 상반된다.

어휘 be preoccupied with ~에 정신이 팔리다, 사로잡히다
deal with ~을 다루다, 처리하다
nevertheless 그럼에도 불구하고
intend to ~할 작정이다, ~할 생각이다

25 (c)
해석 가구의 위치에 관한 대화를 들으시오.

W 자, 커피 테이블 조심해요. 커피 테이블은 소파 바로 앞으로

가야 돼요.

M 이걸 카펫 위에 둘까요?

W 아니요. 카펫은 커피 테이블과 TV 사이에 둘 거예요. 카펫은 제가 치울게요.

M 고마워요. 이제 이 책장은 어떻게 해야 할까요?

W 비어 있는 침실로 옮기도록 해요. 책을 거기에 둘 거예요.

M 그러죠. 근데 잠깐 쉬었다 합시다. 가구를 여기저기 옮겼더니 힘이 드네요.

Q: 남자는 책장을 어디로 옮길 것인가?
(a) 소파 바로 앞
(b) 카펫 위
(c) 비어 있는 침실
(d) 커피 테이블과 TV 사이

해설 책장을 어디에 두어야 하는지 듣는 것이 관건이다. 커피 테이블이나 카펫의 위치를 헷갈리지만 않는다면 쉽게 풀 수 있는 문제다. 여자가 비어 있는 침실에 놓으라고 했으므로 정답은 (c)이다.

어휘 placement 놓기, 설치; 배치　furniture 가구
rug (작은) 카펫　out of the way 비켜서
bookshelf 책꽂이　relax 휴식을 취하다
exhausting 지치게 하는, 기진맥진하게 만드는

26 (d)

해석 두 동료 간의 대화를 들으시오.

M Chris와 저는 오늘 같이 저녁 먹을 거예요. 우리랑 같이 갈래요?

W 그러고 싶은데, 요즘 돈이 별로 없어요.

M 그건 신경 안 써도 돼요. 저녁은 제가 낼 거예요. 제가 최근에 승진한 걸 축하하는 자리예요.

W 정말 좋은 소식이네요. 그렇다면 두 분과 함께 가고 싶어요.

M 저녁 식사 장소로 특별히 생각나는 음식점이 있으신가요?

W 없어요. 직접 결정하시는 게 어떨까요?

Q: 대화에 따르면 여자에 대해 옳은 것은 무엇인가?
(a) 최근에 승진했다.
(b) 모두의 저녁 식사 비용을 지불할 것이다.
(c) 오늘 저녁에 어디에서 식사를 할지 알고 있다.
(d) 돈이 별로 없다.

해설 남자가 자신의 승진 기념 회식에 여자를 초대하려 했을 때 여자가 돈이 없다며 주저했으므로 정답은 (d)이다. low on funds의 의미를 파악하는 것이 관건이다. (a), (b) 남자에 대한 설명이고, (c) 어디에서 식사를 할지는 아직 결정되지 않았다.

어휘 Would you care to ~? ~할래요?, ~하시겠어요?
funds (pl.) (이용 가능한) 돈, 자금
Dinner is on me. 저녁은 내가 살게.　promotion 승진
That's music to my ears. 좋은 소식이다., 반가운 소리다.
accompany ~와 함께 하다, 동행하다

27 (a)

해석 꽃집에서의 대화를 들으시오.

W 이런, 제가 꽃병을 쳐서 깨뜨려버리다니 믿을 수가 없어요.

M 비싸 보이는데요. 가게 점원에게 당신이 한 일을 말하는 게 좋을 거 같아요.

W 맞아요. 돈을 내지 않고 가버리는 건 무책임하겠죠.

M 좋은 자세요. 어떤 사람들은 보상하지 않고 그냥 슬쩍 가버릴 거예요.

W 저는 그런 사람이 아니에요. 저희 부모님이 저를 그렇게 키우진 않으셨죠.

M 지금 점원이 오네요. 무슨 일이 있었는지 설명합시다.

Q: 여자와 남자에 대해 옳은 것은 무엇인가?
(a) 여자는 꽃병을 보상하겠다고 할 것이다.
(b) 여자는 꽃병을 깨뜨린 책임을 남자 탓으로 돌릴 것이다.
(c) 남자는 매장 관리인을 찾으려 하고 있다.
(d) 그들은 꽃병을 깨뜨린 직후 가게를 떠났다.

해설 실수로 가게에 진열된 꽃병을 깨뜨린 여자가 자신은 보상도 하지 않고 슬쩍 가버리는 그런 사람이 아니라며 점원에게 정직하게 설명하려 하고 있으므로 (a)가 정답이다.

어휘 knock over ~을 때려눕히다; ~을 쳐서 넘어뜨리다
irresponsible 무책임한　attitude 태도
sneak away 몰래 빠져나가다　cover (분실, 손실을) 보상하다
blame ~ on ... ~의 책임을 …에게 돌리다
immediately after 곧, 직후에

28 (b)

해석 여행사 직원과 관광객 간의 대화를 들으시오.

M 오늘은 두 가지 선택지가 있습니다. 하나는 시티 투어를 하는 것이고요.

W 그거 괜찮겠네요. 안내를 받으면서 이곳의 주요 관광지를 둘러보고 싶어요.

M 다른 하나는 이 도시에 박물관 몇 곳을 관람하는 것입니다.

W 두 번째 코스를 선택하게 되면, 극장가에 가게 되나요?

M 아니요. 관람하실 박물관이 가깝지 않아서요. 항구 옆에 있거든요.

W 그러면 저는 첫 번째 코스가 더 좋아요. 거기에 제 이름을 올려주세요.

Q: 여자가 선호하는 것은 무엇인가?
(a) 항구로 가기
(b) 시티 투어하기
(c) 극장가 방문하기
(d) 박물관 둘러보기

해설 남자가 여자에게 두 가지 여행 코스를 제시한 후 하나를 선택하도록 하고 있다. 여자가 선택하는 것이 무엇인지 듣는 것이 관건이다. 첫 번째 코스를 선택하겠다고 했으므로 정답은 (b)이다. (c) 미술관 관람에 관해 얘기하면서 극장가 방문을 언급했으나 극장가를 가고 싶어서 물어본 것인지는 알 수 없다.

어휘 travel agent 여행사 직원　promising 기대되는, 유망한
orient (일정한 방향을) 향하게 하다; ~에 적응시키다
attraction 명소, 관광지　option 선택 (사항)
harbor 항구　sign up for ~에 신청하다, 등록하다

29 (d)

해석 남자가 만든 요리에 관한 대화를 들으시오.

W 이 음식 맛있네요. 닭고기를 어떻게 이렇게 부드럽게 만들었죠?

M 그건 저만의 비밀이에요. 집안 대대로 내려오는 요리법이죠.

W 저에게도 알려주세요. 저도 이렇게 만들어보고 싶어요.

M 다음번에 이 음식을 준비할 때, 초대해서 어떻게 만드는지 보여줄게요.

W 그냥 요리법만 알려주실 수는 없나요?

M 그럴 수 있지만, 이 요리를 제대로 하려면 그 비법을 직접 봐야 돼요.

Q: 대화로부터 남자와 여자에 대해 추론할 수 있는 것은 무엇인가?
(a) 이 음식점에서 자주 저녁 식사를 한다.
(b) 같은 집에 살고 있다.
(c) 종종 식사를 함께 한다.
(d) 요리에 관심이 많다.

해설 추론 문제는 확실한 오답부터 걸러내어 답을 찾을 수 있다. (a) 남자가 직접 닭고기 요리를 했으므로 대화의 장소는 남자의 집이고, (b) 다음에 초대해서 요리법을 알려주겠다고 한 것으로 보아 여자는 다른 집에 살고 있음을 알 수 있다. (c) 두 사람이 종종 식사를 함께 하는지는 알 수 없다. (d) 남자는 직접 요리를 해서 대접했고, 여자는 요리법을 궁금해하는 것으로 보아 두 사람은 요리에 관심이 많다고 할 수 있다. 따라서 정답은 (d)이다.

어휘 manage to ~하는 데 (가까스로) 성공하다
juicy (육)즙이 많은, 부드러운   recipe 요리법, 레시피
invite ~ over ~를 집으로 초대하다   properly 제대로
dine 식사를 하다

30 (a)

해석 두 친구 간의 대화를 들으시오.

W 내 핸드폰 배터리가 벌써 다 된 거 같아. 이상하네.

M 한 시간쯤 전에 핸드폰을 충전하지 않았어?

W 그랬지. 게다가 그 후로 통화 한 번도 안 했어.

M 음, 배터리가 거의 없으니까 내 핸드폰을 빌려줄게.

W 네 덕에 살았다. 어쨌든, 내 핸드폰 손을 좀 봐야겠어.

M 이 길을 따라가면 가게가 하나 있는데, 네 핸드폰을 봐줄 수 있을 거야.

Q: 여자에 대해 추론할 수 있는 것은 무엇인가?
(a) 핸드폰을 수리할 것이다.
(b) 잠시 후 남자에게 전화할 것이다.
(c) 새 핸드폰을 구입할 것이다.
(d) 지금 핸드폰 배터리를 충전할 것이다.

해설 충전한 지 얼마 되지 않은 여자의 핸드폰 배터리가 벌써 다 되어 남자가 핸드폰을 빌려주었다. 이후 수리할 수 있는 장소를 알려주고 있으므로 정답은 (a)이다. (c) 수리를 맡기는 것이지 새 핸드폰을 구입하는 것은 아니다.

어휘 peculiar 이상한   recharge 충전하다
make a call 전화를 걸다   lifesaver 곤경에서 구해준 것, 사람

31 (b)

해석 그물 색소 피부병이라고 하는 희귀 유전병의 한 가지 특징은 이 병이 있는 환자는 지문이 없다는 점입니다. 손가락은 평평하고 보통 사람들의 손에 있는 것 같은 굴곡이 없습니다. 지문이 없다는 것은 이 병이 있는 환자들이 물건을 잡기 어렵게 만드는데, 이는 손가락 끝에 견인력이 부족하기 때문입니다. 책을 읽을 때는 이들은 매 페이지를 넘기기 위해 손가락에 침을 발라야 합니다. 게다가 보안상의 이유로 지문을 자주 이용하는 현대 사회에서, 이 병이 있는 사람들은 자신이 이 병을 앓고 있음을 증명하는 서류를 가지고 다녀야 합니다.

Q: 화자의 요지는 무엇인가?
(a) 지문 식별은 오늘날 더욱 널리 사용되고 있다.
(b) 환자로 하여금 지문이 없도록 하는 유전적 질환이 있다.
(c) 유전 질환을 앓고 있는 사람들은 반드시 자신의 질병에 대해 증명할 수 있어야 한다.
(d) 지문이 없는 것은 쉽게 극복될 수 있는 문제이다.

해설 어려운 의학 용어가 나온다고 해서 당황해서는 안 된다. 결국 유전병으로 인해 지문이 없는 사람들의 이야기를 하고 있으므로 (b)가 정답이다. (a) 올바른 정보이지만 화자가 하고자 하는 말은 아니다.

어휘 aspect 특징; 양상   genetic 유전의
condition 상태; 병, 질환 (= disorder)
fingerprint 지문   ridge 산등성이, 솟은 부분
groove (파인) 홈   grip 꽉 쥐다   traction 견인력
lick 핥다   documentation 증빙 서류   prove 증명하다
suffer from ~로 고통 받다, ~을 앓다   overcome 극복하다

32 (d)

해석 야영객 여러분께 안내 말씀드립니다. 써니데일 캠프장에 머무르시는 동안 여러분께서 지켜주셔야 할 다음의 안내 사항을 잘 들어주시기 바랍니다. 캠프장에서는 언제, 어떠한 경우라도 절대 불이 허용되지 않습니다. 가스 바비큐는 사용이 가능하지만, 숯불 바비큐는 금지되어 있습니다. 강과 호수에서 수영하는 것은 안전요원이 대기 중인 주간에만 허용됩니다. 각 캠프장을 이용하시는 야영객께서는 자신의 쓰레기를 수거하여 캠프장 밖으로 가지고 가셔야 합니다. 쓰레기의 수거 및 처리는 캠프장 소유주의 몫이 아닙니다. 마지막으로, 캠프장 안으로 들어오는 동물에게 음식물을 주는 것은 삼가시기 바랍니다.

Q: 안내 방송은 주로 무엇에 대한 것인가?
(a) 사람들이 동물들에게 먹이를 주지 않도록 하는 것
(b) 쓰레기 처분의 과정
(c) 수영 수칙
(d) 캠프장에서의 규칙

해설 안내 방송의 첫번째 문장에서 앞으로 어떤 말을 할지 밝히고 있다. how to behave while staying at the Sunnydale Campground가 공지의 주요 내용이므로 (d)가 정답이다. (a) 동물에게 먹이 주지 않기, (b) 쓰레기 수거하기, (c) 수영 수칙은 모두 규칙의 일부이다.

어휘 camper 야영객   campground 야영지, 캠프장 (= campsite)
whatsoever 어떤 ~이든; 무슨 일이 있더라도
charcoal 숯   lifeguard 안전요원

be responsible for ~을 책임지다, 담당하다
transport 수송하다; 이동시키다　**disposal** 처분, 처리
refrain from -ing ~을 삼가다　**feed** 먹이를 주다
wander 돌아다니다, 어슬렁거리다

33 (c)

해석 프랑스는 계속해서 세계에서 가장 인기 있는 여행지로 꼽힌다. 이러한 사실에도 불구하고 프랑스는 낮은 서비스 수준으로 관광객들의 평가에서 낮은 순위를 차지한다. 음식에 있어서는 높은 순위를 유지하지만, 많은 관광객들은 프랑스어 이외의 다른 외국어로 이루어지는 서비스가 부족하다는 점과 프랑스인들의 무례하고 오만해 보이는 행동에 흥미를 잃게 된다. 이는 관광업계 이외의 사람들로부터는 예상 가능한 일이지만, 호텔 직원, 미술관이나 다른 관광지의 가이드를 포함하는 관광업계 사람들이 이와 같이 행동하여 관광객들에게는 충격으로 다가온다.

Q: 담화에 따르면 프랑스의 언어 문제는 무엇인가?
(a) 프랑스어 억양은 대부분의 관광객들이 이해하기 어렵다.
(b) 보통 영어와 독일어 사용자만을 찾을 수 있다.
(c) 관광업계의 많은 종사자들이 프랑스어만을 사용하고 있다.
(d) 대부분의 프랑스 사람들은 외국어를 배우는 데 관심이 없다.

해설 프랑스 여행에서 느낄 수 있는 점에 대해 이야기하는 담화로, 주로 외국어 서비스의 부족과 프랑스 사람들의 무례한 태도를 언급하고 있다. 이 중 프랑스의 언어 문제에 대해 질문하였으므로 정답은 (c)이다. (b) 보통 프랑스어 사용자만을 찾을 수 있을 것이고, (d) 프랑스 사람들이 프랑스어만을 사용하는 이유는 나타나 있지 않다.

어휘 **destination** 목적지　**rank** 순위에 오르다
opinion poll 여론 조사　**put off** ~을 불쾌하게 하다
haughtiness 오만함　**tourism industry** 관광 산업
come as a shock 충격으로 다가오다
personnel 직원들　**be uninterested in** ~에 관심이 없다

34 (b)

해석 비행기를 타는 것은 세계에서 가장 안전한 교통수단이다. 1,000명도 되지 않는 사람들이 한 해 전 세계적으로 비행기 사고로 죽는다. 이를 매년 자동차 사고로 사망하는 수십만 명과 비교해보아라. 그럼에도, 많은 사람들은 여전히 비행기 타기를 두려워한다. 비행기를 타는 데 대한 두려움은 무엇보다 승객 자신이 통제권이 없기 때문에 나타나는 심리적인 반응이다. 더불어, 항공기 사고는 끔찍한 사건으로, 며칠간 언론의 집중적인 주목을 받는다. 결국 이와 같은 보도는 그러한 끔찍한 죽음에 대한 공포심을 조장하는 것이다.

Q: 담화에 따르면 옳은 것은 무엇인가?
(a) 많은 자동차 사고가 언론에 보도된다.
(b) 자동차를 운전하는 것이 비행기를 타는 것보다 더 위험하다.
(c) 수십만 명의 사람들이 비행기에서 사망했다.
(d) 운전을 하는 것은 사람들의 공포 수준을 증가시킨다.

해설 한 해 동안 비행기 사고로 사망하는 사람은 불과 천 명 미만이고, 자동차 사고로 사망하는 사람은 수십만 명에 달한다. 따라서 (b)가 정답이다. (a), (d) 비행기 공포의 원인을 설명하면서 언급한 내용이다.

어휘 **commercial** 상업의　**means** (pl.) 방법, 수단
compare 비교하다　**psychological** 심리적인
passenger 승객　**additionally** 게다가
horrific 끔찍한, 무서운　**intense** 강렬한
media attention 언론의 관심, 언론의 주목
coverage (신문, TV, 라디오의) 보도, 방송
in turn 결국, 결과적으로

35 (a)

해석 Homer의 일리아드는 그리스와 트로이 간에 벌어졌던 트로이 전쟁의 이야기를 기술하고 있습니다. 10년간의 전투 이후, 그리스인들은 나무로 된 목마상을 만들었고, 목마는 속이 비어 있어 무장한 그리스 전사들이 들어 있었죠. 그리스인들은 목마를 트로이 근처의 해변에 두었고, 그리스 함대는 보이지 않는 곳으로 이동했습니다. 트로이인들은 이 목마를 선물이라 믿었고, 그들의 도시 안으로 가지고 갔습니다. 밤에, 안에 숨어 있던 그리스 전사들이 목마 밖으로 기어 나왔고, 어둠을 틈타 트로이로 돌아왔던 나머지 그리스 병사들을 위해 도시의 문을 열었습니다. 살육이 시작되었고, 트로이인들의 자랑스러운 도시는 그리스인들의 속임수에 몰락한 것이죠.

Q: 강의에 따르면 트로이 전쟁에 대해 옳은 것은 무엇인가?
(a) 전쟁은 10년간 계속되었다.
(b) 트로이인들이 승자였다.
(c) 그리스인들은 말을 타고 싸웠다.
(d) 소수의 그리스인들만이 트로이로 들어갔다.

해설 초반부에서 언급된 a decade of fighting을 듣는 것이 관건이다. 정답은 (a)이다. (b) 승자는 그리스인들이었고, (c) 알 수 없는 내용이다. (d) 목마를 통해 들어간 그리스인들이 도시의 문을 열어 나머지 병사들이 모두 들어올 수 있도록 했다.

어휘 **construct** 만들다, 건설하다　**statue** 상, 조각상
hollow 속이 빈　**armed** 무장한　**warrior** 군인, 병사
fleet 함대　**out of sight** 보이지 않는 곳에, 먼 곳에
under cover of ~로 몸을 가리고, ~을 틈타
slaughter 살육　**commence** 시작되다, 시작하다
trickery 속임수　**on horseback** 말을 타고

36 (b)

해석 비행 역사 초기에, 음속과 음속 장벽은 대부분의 조종사들이 결코 넘을 수 없다고 생각했던 두 개의 장벽을 의미했다. 그러나 1947년 10월 14일, 미국의 조종사 Charles Chuck Yeager가 바로 그렇게 했는데, 실험용 로켓 비행기를 이용해 음속보다 더 빠르게 비행한 최초의 인간이 된 것이다. 그러나 모습이 보이지 않는 초음속 비행의 특성으로 인해, Yeager는 이후 거의 1년 동안 그의 업적에 대한 대중의 신뢰를 얻지 못했다. 몇몇 다른 조종사들이 이후에 Yeager보다 먼저 음속의 장벽을 돌파했다고 주장하곤 했지만, 그의 비행만이 적절한 과학 기구로 추적되고, 기록되었으며, 전문가들이 직접 눈으

로 관찰했던 유일한 비행이었다.

Q: 담화로부터 추론할 수 있는 것은 무엇인가?
(a) 소수의 조종사들만이 초음속 비행에 가까스로 성공했다.
(b) Yeager의 업적은 업적을 세운 날 뉴스에 보도되지 않았다.
(c) 음속 장벽은 미래에 언젠가 깨질 것이다.
(d) 어떤 조종사도 Chuck Yeager보다 더 빠른 속도로 비행하지 못했다.

해설 Yeager didn't receive public credit for his feat until almost a year later.를 듣는 것이 관건이다. 최초로 초음속 비행에 성공했지만 바로 알려지지는 않았으므로 정답은 (b)이다. (a) Yeager 이후 많은 조종사들이 초음속 비행에 성공했고, (c) 음속 장벽은 이미 깨진 상태이다. (d) Yeager와 다른 조종사들의 비행 속도를 비교하지 않았다.

어휘 aviation 항공, 비행 the speed of sound 음속 sound barrier 음속 장벽 represent 대표하다; 상징하다 obstacle 장애물 experimental 실험적인; 실험의 secretive 비밀스러운; 모습이 보이지 않는 credit 인정 feat 업적 track 추적하다 instrument (측정용) 계기 eyewitness 목격자, 증인

37-38 (d), (b)

해설 역사상 가장 많은 음악 앨범을 판매했던 두 음악가는 영국의 록밴드 비틀즈와 미국의 가수 Elvis Presley이다. 지난 수십 년간 그들의 팬들이 얼마나 많은 앨범을 샀는지는 정확하게 집계되지 않았지만, 각각은 어떤 형태로든 최소 5억장 이상의 앨범이 판매되었다. 이러한 업적을 더 놀랍게 만드는 것은 둘 중 누구도 현재 음악 활동을 하거나 작업을 하지 않는다는 사실이다. 비틀즈는 마지막 앨범을 1970년대 초반에 발표했고, Elvis는 1977년에 사망했다. 그럼에도 불구하고, 둘 모두 계속해서 높은 판매량을 기록하고 있는데, 심지어 음악 다운로드나 불법 복제가 판을 치는 이런 시대에서도 말이다.

37 Q: 담화에서 주로 언급되고 있는 것은 무엇인가?
(a) 몇몇 음악 그룹이 계속해서 인기 있는 이유
(b) 비틀즈와 Elvis가 가장 인기를 끌었던 연령층
(c) 인터넷의 도래에 따라 변화하는 음악 판매의 성격
(d) 자신들의 업적이 타의 추종을 불허하는 두 음악 그룹

38 Q: 담화로부터 추론할 수 있는 것은 무엇인가?
(a) 비틀즈는 Elvis Presley보다 더 많은 앨범을 판매했다.
(b) 사람들은 비틀즈와 Elvis가 수 십 년 전 녹음했던 음악을 아직도 구입하고 있다.
(c) Elvis Presley는 다른 어떤 가수보다 더 많은 1위 히트곡을 보유하고 있었다.
(d) 비틀즈와 Elvis Presley는 한 때 앨범을 함께 녹음했었다.

해설 38 담화에서 앨범 판매량이 가장 높은 비틀즈와 Elvis Presley의 업적에 대해 말하고 있으므로 정답은 (d)이다.

38 추론 문제의 특징을 잘 보여주는 문제이다. 추론 문제에서는 오답이 비교적 쉽게 드러난다. 엘비스 프레슬리와 비틀즈의 앨범 판매량을 비교하지는 않았으므로 (a)는 오답이고, 엘

비스 프레슬리가 보유하고 있는 1위곡의 수나 비틀즈와의 공동 앨범에 대한 언급 역시 없으므로 (c), (d)도 모두 오답이다. 마지막 문장에서 두 사람은 오늘날에도 높은 판매고를 올린다고 했으므로 정답은 (b)이다.

어휘 decade 10년간; 10 feat 업적 remarkable 훌륭한, 괄목할 만한 nevertheless 그럼에도 불구하고 era 시대, 연대 piracy 해적 행위

39-40 (c), (a)

해설 승객 여러분께 안내 말씀드립니다. 악천후로 다음 항공편들이 취소되었습니다. 뉴욕행 90기, 버팔로행 27기, 몬트리올행 45기 항공편입니다. 심한 눈폭풍이 동쪽 해안으로 이동함에 따라, 내일 오후까지 어떤 항공기도 이 목적지로 떠날 것을 기대할 수 없습니다. 이 항공기 탑승권을 소지한 승객들께서는 집으로 돌아가시길 권해드립니다. 항공사에서는 공항 터미널에서 밤을 보낼 계획이신 승객들을 위해 식사권을 제공할 것입니다. 안타깝게도, 공항 호텔은 모두 예약되었다는 소식을 막 받았습니다. 이러한 상황에 대해 사과의 말씀드립니다. 그러나 이는 어쩔 수 없는 상황입니다.

39 Q: 화자가 듣는 사람들에게 권하는 것은 무엇인가?
(a) 환불 받기 위해 티켓 카운터로 가기
(b) 앞으로 5일간 비행 피하기
(c) 필요할 때 여행 일정을 조정하기
(d) 집에 가기보다 공항에서 무료 식사하기

40 Q: 안내 방송에 따르면 옳은 것은 무엇인가?
(a) 몇몇 여행객들은 비행을 위해 나중에 다시 올 필요가 있다.
(b) 악천후는 전국적으로 비행에 영향을 미치고 있다.
(c) 항공사는 공항의 숙소 부족에 책임을 지고 있다.
(d) 항공사는 몇몇 여행객들에게 무료 호텔을 제공할 것이다.

해설 39 악천후로 인한 비행 스케줄의 변동을 안내하는 방송이므로 정답은 (c)이다. 비행 시간의 변동과 결항에 대해 승객들에게 알려주는 내용이다. 다양한 항공기의 기종과 지명, 시간 등의 세부 사항은 듣기에 부담이 될 수 있으나 주요 목적을 찾는 문제이므로 세부 사항보다는 전반적인 내용에 충실해야 한다.

40 굳은 날씨로 인해 내일 오후까지 동쪽으로 가는 항공편이 모두 취소되었으므로 (a) 승객들은 나중에 다시 이를 이용해야 한다. (b) 동쪽으로 가는 비행에만 영향을 주고 있고 (d) 무료 식사권만 제공된다.

어휘 passenger 승객 inclement 험악한, 사나운 delay 연기하다, 지연하다; 지연 board 탑승하다 flight 비행; 정기 항공편 aircraft 항공기 snowstorm 눈보라 seaboard 해안; 해변의 destination 목적지 airline 항공 회사 meal coupon 식권 book 예약하다 apologize 사과하다 beyond one's control ~가 통제할 수 없는

1	(b)	**2**	(d)	**3**	(a)	**4**	(d)	**5**	(b)
6	(c)	**7**	(a)	**8**	(d)	**9**	(c)	**10**	(c)
11	(b)	**12**	(d)	**13**	(d)	**14**	(c)	**15**	(a)
16	(c)	**17**	(b)	**18**	(c)	**19**	(d)	**20**	(a)
21	(c)	**22**	(b)	**23**	(a)	**24**	(b)	**25**	(c)
26	(d)	**27**	(b)	**28**	(a)	**29**	(c)	**30**	(a)
31	(a)	**32**	(b)	**33**	(d)	**34**	(b)	**35**	(c)
36	(a)	**37**	(b)	**38**	(c)	**39**	(a)	**40**	(d)

1 (b)

해석 W 올해는 그를 몇 번이나 찾아갈 건가요?

(a) 저희는 다음 주 화요일에 만날 거예요.
(b) 한 달에 적어도 두 번은 봐요.
(c) 그는 여기서 두 시간 정도 떨어진 곳에 살아요.
(d) 저희는 7시에 만나기로 했어요.

해설 의문사 how many times로 얼마나 자주 찾아갈 것인지 묻고 있으므로 보통 한 달에 두 번 본다는 (b)가 가장 적절하다. (c), (d) 여자가 times로 물어본 데 착안한 오답이다.

어휘 at least 적어도, 최소한

2 (d)

해석 M 그 특정 회사와 정확히 무슨 관련이 있으신가요?

(a) 우리는 몇 년째 사귀고 있어요.
(b) 저는 정말 그와 아무런 관련이 없어요.
(c) 그 회사는 자동차 관련 업계에 있어요.
(d) 저는 사실상 그 회사의 모든 재무 업무를 맡고 있어요.

해설 여자와 회사의 관계를 물어보고 있으므로 회사에서 재무 업무를 맡고 있다는 (d)가 정답이다. (a), (b) relationship이 사람 간의 관계를 나타낸다는 데 착안한 오답이고, (c) 단수인 company를 복수인 they로 받을 수 있지만, 여기서 회사의 업계를 설명하는 것은 어색하다.

어휘 relationship 관계
have got nothing to do with ～와 관련이 없다
automobile 자동차 handle 다루다, 처리하다
practically 실질적으로, 사실상 finance 재무

3 (a)

해석 M 이건 제가 이 프로젝트를 제안했을 때 의도했던 것이 아닙니다.

(a) 원래의 의도는 무엇이었나요?
(b) 그러면 어디로 가실 생각이신가요?
(c) 프로젝트가 지금 어느 정도 진행되었나요?
(d) 아직 아무도 그 제안을 보지 못했나요?

해설 남자가 의도했던 결과가 나오지 않았다고 이야기하고 있으므로 원래 의도가 무엇인지 묻는 (a)가 가장 적절하다. intend와 vision이 비슷한 의미로 쓰였다. (b)는 intend, (c)는 project, (d)는 proposed를 사용한 오답이다.

어휘 intend ～을 의도하다 propose ～을 제안하다
original 본래의 vision 시력; 상상, 이상
proposal 제안, 제의

4 (d)

해석 W 당신이 성공하고자 한다면 더욱 열심히 노력해야 할 겁니다.

(a) 하지만 그것은 그렇게 어렵지는 않네요.
(b) 우리는 올바른 방향으로 이동하고 있습니다.
(c) 성공은 사실상 보장되어 있습니다.
(d) 제가 할 수 있는 최선을 다하고 있습니다.

해설 여자가 남자에게 성공을 위해 더 많은 노력을 기울여야 한다고 말하고 있으므로 최선을 다하고 있다고 답하는 (d)가 정답이다. (c) 더 열심히 해야 성공할 수 있다고 했으므로 성공이 보장되어 있지 않을 것이다.

어휘 proper 적절한, 제대로 된 direction 방향
virtually 사실상 guarantee ～을 보장하다

5 (b)

해석 M 합병에 관한 소식을 들었을 때 정말 놀랐어요.

(a) 두 회사의 주가가 오늘 아침에 폭락했어요.
(b) 당신만 놀란 게 아니에요.
(c) 그가 해고된 것은 정말 놀랄만한 일이었죠.
(d) 저는 항상 무소식이 희소식이라고 합니다.

해설 합병 소식에 대해 무척 놀랐다는 남자의 말에 가장 적절한 응답은 남자만 놀란 것이 아니라고 답하는 (b)이다. (a) 일반적으로 합병은 주가를 상승시키며, 주가가 폭락했다 하더라도 놀란 데 대해 대답하는 (b)가 더 적절하다. (c) 해고에 관한 내용은 언급되지 않았고, (d) news를 이용한 오답이다.

어휘 merger 합병 stock 주식
plunge 급락하다 get fired 해고되다
There's no news like good news. 무소식이 희소식이다.

6 (c)

해석 W 제가 모든 것을 엉망으로 만들었으니 제게 책임을 물으셔야 합니다.

(a) 저는 많은 사람들을 실수를 저질렀다는 이유로 비난해 왔습니다.
(b) 그녀의 문제는 처리될 것입니다.
(c) 누구도 당신을 희생양으로 삼지 않을 겁니다.
(d) 네. 당신의 사무실은 정말 엉망이군요.

해설 자신의 잘못을 인정하고 책임지겠다고 말하는 여자에게 누구도 그녀를 희생양으로 삼지 않을 것이라 위로하는 (c)가 가장 적절하다. (d) mess up을 messy로 바꿔 사용한 오답이다.

어휘 mess up 엉망으로 만들다
accuse ~ of ... ~을 ...라는 이유로 비난하다
scapegoat 희생양　　messy 어질러진, 엉망인

7 (a)

해석 M 그들은 네가 언제 운전면허를 땄는지 알고 싶어 했어.

(a) 난 12년도 더 전에 땄지.
(b) 뉴욕 주에서 땄어.
(c) 난 30년도 더 전에 태어났어.
(d) 내년에 갱신해야 돼.

해설 의문사 when으로 언제 운전면허를 땄는지 묻고 있으므로 12년 전에 땄다는 (a)가 정답이다. (b)는 의문사 where에 적절한 답변이고, (c) 출생 시기나 (d) 갱신 여부는 언급되지 않았다.

어휘 driver's license 운전 면허증
dozen 12개, 12개짜리 묶음　　renew 갱신하다

8 (d)

해석 W 그는 당신이 완전히 보험 처리가 되는지 아닌지 알아보려고 전화했네요.

(a) 저는 보험 드는 데는 딱히 관심이 없어요.
(b) 그는 저로부터 충분히 보상 받을 거예요.
(c) 제 건강 보험료는 너무 비싸요.
(d) 보험은 적용되지만, 얼마나 될지는 모르겠네요.

해설 여자가 남자에게 보험 혜택 범위를 묻고 있으므로 보험 처리가 되긴 하지만 얼마나 적용될지 모르겠다고 답하는 (d)가 정답이다. (b) 여자는 대화 속 남자의 보험 처리 여부를 묻고 있고, (c) 보험료에 관한 언급은 없었다.

어휘 find out 알아내다　　insure 보험에 들다
be interested in ~에 관심이 있다　　compensation 보상
(insurance) premium 보험료　　coverage (보험 혜택) 범위

9 (c)

해석 M 그들은 소포 배달이 왜 늦었는지 설명을 듣고 싶어 해.

(a) 빠른 우편으로 배달되기로 되어 있었는데.
(b) 난 배달원에게 거기로 바로 배달하라고 했어.
(c) 사무실로 돌아가면 한번 알아볼게.
(d) 그 상자는 바로 여기 우편물실에 있어.

해설 의문사 why로 소포 배달이 늦은 이유를 묻고 있으나 그 이유를 알려주는 직접적인 대답보다 사무실로 가서 한번 알아보겠다는 간접적인 대답인 (c)가 정답이다. (a) 빠른 우편에 대한 언급 앞에 I don't know.(나도 모르겠어)와 같은 대답이 있었다면 자연스러울 수 있지만, 곧바로 배송 방식을 언급하는 것은 어색하다.

어휘 explanation 설명　　package 소포
be supposed to ~하기로 되어 있다
express mail 빠른 우편　　look into ~을 조사하다, 알아보다

10 (c)

해석 M 제가 왜 그것에 대해 듣지 못했는지 누가 말씀 좀 해주세요.

(a) 제가 당신에게 해서는 안 되는 말을 한 적은 없어요.
(b) 저희가 당신에게 정보를 좀 더 줘야겠네요.
(c) 분명 실수가 있었던 것 같습니다.
(d) 상대방이 전화를 받지 않아요.

해설 남자가 정보를 듣지 못한 데 대해 항의 혹은 질책을 하고 있으므로 실수를 인정하는 (c)가 가장 적절하다. (c) 왜 정보 전달이 되지 않았는지 묻는 상황에서 정보를 그제서야 더 주겠다고 하는 것은 어색하다.

어휘 inform ~ of ... ~에게 ...에 대해 알려주다
be supposed to ~하기로 되어 있다　　obviously 분명히
on the other end (전화 통화에서) 상대방

11 (b)

해석 M 안녕하세요. 제가 도와드릴 일이 있을까요?
W 네. 제 이름은 Mary Stevens입니다. 저는 여기 Taylor 씨를 뵈러 왔어요.
M 안녕하세요, Stevens 씨. 우선 앉아 계시겠어요? Taylor 씨는 잠시 후에 올 거예요.

(a) Taylor 씨는 회의가 늦어지고 있다고 했어요.
(b) 그럴게요. 여기 앉아도 되나요?
(c) 물론이죠. 그분에게 제가 나중에 다시 전화한다고 전해 주세요.
(d) 저는 그분이 도착하실 때까지 여기 있기로 했어요.

해설 여자가 약속한 사람과 만나기 전에 직원의 안내를 받고 있는 상황이다. 남자가 잠깐 앉아서 기다려 달라고 했으므로 그렇게 하겠다는 (b)가 정답이다. (a) 남자가 할 법한 말이고, (c) 전화상에서 적절한 응답이다. (d) 여자와 Taylor 씨를 기다리기로 사전에 이야기된 상태에서 할 법한 말이다.

어휘 arrive 도착하다　　a bit 조금, 약간

12 (d)

해석 W 전 이번 주말에 다가오는 교향악단 연주회에 갔으면 하고 있었어요.
M 그거 좋겠네요. 하지만 티켓이 저에게는 너무 비싸네요.
W 제가 티켓 값의 반을 내드리면 같이 가시겠어요?

(a) 전 이미 인터넷으로 티켓을 구매했어요.
(b) 클래식 음악은 저에게 별 감흥이 없네요.
(c) 그래요. 입장권은 지금 할인 판매 중이에요.
(d) 아주 좋은 제안인데요.

해설 남자는 교향악단 연주회에 가고 싶긴 하지만 입장권 가격을 부담스러워한다. 이에 여자가 입장권 가격의 반을 부담하겠다고 했으므로 반갑게 받아들이는 (d)가 가장 적절하다. (a) 대화의 흐름상 여자가 연주회에 대해 이야기하기 전부터 남자가 이를 예매했다고 보기는 어렵고, 티켓 값도 비싸다고 했다. (b)는 대화 내용과 상반된다.

어휘 upcoming 다가오는, 곧 있을

symphony 교향곡; 교향악단 연주회
appeal 호소하다; 매력을 끌다, 관심을 끌다
on sale 할인 판매 중인

13 (d)

해석 M 여기가 버스 승차권을 살 수 있는 곳인가요?
W 네, 맞습니다. 어떤 종류의 승차권을 원하시나요?
M 저는 한 달 동안 모든 버스를 탈 수 있는 승차권을 원합니다.

(a) 그곳으로 가려면 82번 버스를 타세요.
(b) 버스는 자정쯤부터는 운행하지 않습니다.
(c) 이 사무실에서는 승차권을 판매하지 않습니다.
(d) 30달러입니다.

해설 남자가 구입을 원하는 승차권이 무엇인지 말해주었으므로 여자는 남자에게 승차권의 가격을 알려줄 것이다. 따라서 정답은 (d)이다. (a) 남자가 길을 묻지는 않았고, (c) 여자는 이곳이 승차권을 살 수 있는 곳이라고 답했다.

어휘 purchase 구매하다   bus pass 버스 (정기) 승차권
give access 접근을 허용하다. 이용을 허가하다
midnight 자정

14 (c)

해석 W 당신 보고서를 읽어보려고 했는데, 실수가 너무 많더라고요.
M 정말인가요? 아무래도 그걸 쓸 때 너무 급했어서 그런 것 같군요.
W 음, 다시 한번 살펴보고 잘못된 것은 모두 고쳐주시길 바랍니다.

(a) 하지만 저는 이미 보고서를 제출했습니다.
(b) 보고서에 문제될 만한 것은 없습니다.
(c) 오늘 내로 고쳐놓겠습니다.
(d) 아직 읽어보지도 못했습니다.

해설 남자의 보고서에 실수가 많아 여자가 수정을 요구하고 있으므로 이를 받아들이고 있는 (c)가 정답이다. (a), (b) 남자도 자신의 실수를 인정하고 있으므로 흐름상 어색하다.

어휘 look over ~을 대충 훑어보다   be in a hurry 급하다, 서두르다
turn in 제출하다   fix 고치다, 수정하다

15 (a)

해석 M 너무 지루하지 않은 읽을거리를 찾고 있어.
W 나 정말 흥미로운 정치학 책이 있어. 네가 관심이 있다면 말이야.
M 별로. 흥미진진해 보이진 않네. 난 어쨌든 소설 읽는 게 더 좋아.

(a) 그럼 너에게 빌려줄 만한 게 없는 거 같아.
(b) 나는 그렇게 생긴 건 한 번도 본 적이 없어.
(c) 그러면 국가 경제에 관한 이 책을 빌려가.
(d) 나도 그래. 나는 실제 사람들의 이야기가 좋아.

해설 남자가 책 추천을 원하자, 여자는 정치학 책을 추천해주었고, 이에 남자는 소설책을 읽고 싶다고 했다. 서로의 관심 분야가

달라 보이므로 (a)가 가장 적절하다. (c) 국가 경제에 관한 책이나 (d) 실제 사람들의 이야기를 다룬 책은 모두 소설이 아니므로 적절하지 않다.

어휘 fascinating 매혹적인, 황홀한   politics 정치학
fiction 소설   loan 빌려주다   national economy 국가 경제

16 (c)

해석 W 가장 가까운 ATM기가 어디에 있는지 아시나요? 돈이 좀 필요해서요.
M 주유소 맞은 편 건물 안에 하나 있을 거예요.
W 아, 맞아요. 어제 거기 있었을 때 봤던 게 기억이 나는 것 같네요.

(a) 그러니 저기 차를 대고, 기름을 좀 넣읍시다.
(b) 주유소에 그게 있는지 잘 모르겠네요.
(c) 그러면 어디로 가야 하는지 아시겠네요.
(d) 돈을 뽑으셨는지 몰랐어요.

해설 ATM기를 찾는 여자에게 남자가 길을 알려주자 여자도 기억난다고 답한다. 따라서 어디로 가야 하는지 알고 있을 것이라 말하는 (c)가 정답이다.

어휘 opposite 맞은편에, 건너편에   gas station 주유소
recall 기억해내다   pull in (차를) 한쪽에 세우다
fill up 가득 채우다   take out 꺼내다; (계좌에서) 인출하다

17 (b)

해석 M 아침에 일어났을 때부터 계속 눈이 오고 있네.
W 기상 캐스터가 오늘 눈이 1피트 정도 올 거라고 하더라.
M 도로에서 운전하는 건 사실상 불가능하게 되겠네.

(a) 대신 차로 출근하는 게 좋을 것 같아.
(b) 눈보라가 지나갈 때까지 그냥 집에 있어야겠어.
(c) 날씨가 점점 더 좋아지고 있는 것 같아.
(d) 메인가는 지금 교통 체증이 있어.

해설 남자가 눈이 많이 와서 운전이 사실상 불가능하다고 했으므로 폭설이 끝날 때까지 집에 있자고 답하는 (b)가 정답이다. (a) 운전하기 힘든 날씨라고 했다.

어휘 weatherman 기상 캐스터   a foot of 1피트의
practically 사실상, 실질적으로   snowstorm 눈보라
traffic jam 교통 혼잡

18 (c)

해석 W 너 조금 전에 Joanna에게 말할 때 정말 무신경하더라.
M 네 말이 맞을 거야. 그럼 내가 어떻게 해야 해?
W 그녀에게 가서 네가 한 말에 대해 사과해야 할 것 같아.

(a) 만약 그녀가 미안하다고 말하면, 난 화내지 않을 거야.
(b) 그녀는 너에 대한 나쁜 감정을 털어내야 해.
(c) 알았어. 그런데 그녀도 나에게 사과해야 해.
(d) 내가 불쾌한 글을 썼다고는 생각하지 않아.

해설 여자는 남자에게 그가 Joanna에게 무신경했다고 지적하며

사과하길 권하고 있으므로 이에 수긍하며, 자신도 사과 받기를 원한다고 답하는 것이 가장 적절할 것이다. 따라서 (c)가 정답이다. (a) 남자가 화를 내려고 하지는 않았고, (b) 여자가 할 법한 말이다. (d) 남자가 Joanna에게 글을 쓴 것은 아니다.

어휘 insensitive 무심한, 무신경한   ought to ~해야 한다
apologize 사과하다   upset 화난   get over ~을 극복하다
owe 빚지다

19 (d)

해석 W 너 살이 좀 빠진 것 같아 보여.
M 지난 몇 주 동안 먹는 것에 신경 좀 썼거든.
W 아주 잘하고 있구나.

(a) 체중이 조금 늘었어.
(b) 운동을 하지 않았거든.
(c) 요즘 회사에서 최선을 다하고 있어.
(d) 이미 4Kg이나 감량했어.

해설 체중 감량에 관한 대화이다. 남자가 체중을 감량한 상태이므로 4kg이 줄었다고 답하는 (d)가 정답이다. (a), (b)는 대화 내용과 상반된다.

어휘 lose weight 체중을 감량하다   put on (체중이) 늘다
work out 운동하다   do one's best 최선을 다하다

20 (a)

해석 W 남편과 전 이번 주말에 집을 보러 다닐 거예요.
M 이사하실 계획이 있는지 몰랐어요.
W 아이들 때문에 더 넓은 곳이 필요해서요.

(a) 이해가 되네요.
(b) 여기 좋은 집이 있습니다.
(c) 저는 방이 4개 있는 집에 살아요.
(d) 저희는 교외에 살아요.

해설 여자가 주말에 남편과 집을 보러 다닐 것이라고 하자 남자가 이를 몰랐다고 답한다. 이에 여자가 집을 보러 다니는 이유를 밝혔으므로 이해가 된다고 말하는 (a)가 가장 적절하다. (b) 부동산 중개인이 할 법한 말이고, (c), (d) 남자의 집에 관한 언급은 흐름상 어색하다.

어휘 house hunting 집 구하기, 집 보러 다니기
make sense 이해가 되다   suburb 교외

21 (c)

해석 피자 주문에 관한 대화를 들으시오.

M 안녕하세요. 테이스티 피자입니다. 무엇을 도와드릴까요?
W 페퍼로니 피자 라지 사이즈 하나 배달 주문하려고요.
M 네. 페퍼로니 피자 라지 한 판이요. 그 밖에 다른 것은 필요 없으신가요?
W 잠시만요. 다시 생각해보니, 소시지 피자로 바꾸고 싶네요.
M 문제 없습니다. 음료 같이 주문하시겠습니까?
W 죄송하지만, 소시지 피자 반, 페퍼로니 피자 반으로 해주시겠어요? 이제 바꾸지 않을게요.

Q: 여자가 주로 하려는 것은 무엇인가?
(a) 어느 피자가 세일 중인지 알아보기
(b) 어느 피자가 가장 맛있을지 판단하기
(c) 어느 피자를 주문할지 결정하기
(d) 남자에게 주소 알려주기

해설 여자는 피자 주문을 두 차례 바꾸다가 마지막으로 소시지와 페퍼로니가 반반 섞인 피자로 결정한다. 따라서 정답은 (c)이다. (b) 전혀 불가능한 대답은 아니지만 가장 맛이 있을 피자를 판단한다기보다 주문 도중 여러 차례 결정을 바꾸고 있는 것이므로 (c)가 더 적절하다.

어휘 delivery 배달   on second thought 다시 생각해보니
find out ~을 알아내다   on sale 할인 판매 중인
determine 알아내다; 결정하다

22 (b)

해석 두 친구 간의 대화를 들으시오.

M 내 새 넥타이 어때? 100% 실크야.
W 꽤 근사한데. 그렇지만 몇 달러 들었겠는데?
M 물론이지. 그런데 진열된 것을 보니까 꼭 사야겠더라.
W 옷에 돈을 그렇게 많이 쓰면 안 돼. 지난달에 넥타이를 몇 개나 산 거야?
M 5개 밖에 안 샀어. 그렇게 많이 산 것도 아닌데 뭘.
W 너 이미 20개나 가지고 있잖아! 지출에 좀 더 신경 쓰지 않으면 빈털터리가 될 수도 있어.

Q: 여자가 주로 나무라고 있는 것은 무엇인가?
(a) 남자의 복장
(b) 남자의 지출 습관
(c) 남자가 정장을 입지 않는다는 사실
(d) 남자가 할인 판매하는 옷만 산다는 사실

해설 여자는 이미 20개의 넥타이가 있음에도 또다시 비싼 넥타이를 사는 남자의 지출 습관에 대해 주의를 주고 있다. 따라서 정답은 (b)이다.

어휘 set ~ back ... ~에게 ...의 비용을 들이게 하다
on display 진열된, 전시된   bankrupt 파산시키다
criticize 비난하다, 비평하다   wardrobe 옷, 의복
spending habit 소비 습관   formal clothes 정장

23 (a)

해석 두 이웃 간의 대화를 들으시오.

M 다음 주면 은퇴를 하는데 정말 기다려져요.
W 자유 시간에는 무엇을 하실 건지 생각해 보셨어요?
M 아내와 저는 우선 여기저기 국내 여행을 다닐 겁니다.
W 재정적인 어려움은 없는 것 같이 들리네요.
M 30년 넘게 은퇴 이후를 위해서 부지런히 저축을 했거든요.
W 축하드려요. 저희 남편과도 이야기해서 그렇게 하도록 설득해 주시면 좋겠네요.
M 정말 원하신다면 그렇게 해 볼게요. 저는 괜찮아요.

Q: 대화는 주로 무엇에 관한 것인가?
(a) 은퇴를 위한 저축

(b) 은퇴를 즐기는 방법
(c) 여자의 남편의 책임감 부족
(d) 남자가 앞으로 하게 될 활동

해설 여자는 경제적으로 여유 있는 은퇴 생활을 할 수 있는 남자를 부러워하고 있고, 30년 넘게 저축을 해왔다는 남자의 말에 자신의 남편도 그렇게 하도록 설득해달라고 했다. 따라서 정답은 (a)이다. (b) 남자의 은퇴 후 계획에 대해 이야기한 것이지 은퇴를 즐기는 일반적인 방법을 논한 것은 아니고, (d) 답이 될 수 없는 것은 아니지만 (a)가 좀 더 구체적인 주제를 제시한다.

어휘 look forward to -ing ~하기를 기대하다, 고대하다
retire 은퇴하다　suffer 괴로워하다, 고통받다
financially 재정적으로　diligently 부지런히
convince 납득시키다, 확신시키다　lack 부족, 결핍
responsibility 책임감

24 (b)

해석 두 지인 간의 대화를 들으시오.

M Lisa, 여기서 뭐 하는 거야? 나는 네가 지난주에 이사 간 줄 알았는데.
W 맞아. 그런데 저녁에 친구들 만나러 잠깐 온 거야.
M 아, 그렇구나. 새 집은 어때? 잘 정착하고 있어?
W 좋아. 그런데 도시에서 좀 떨어져 있어.
M 주변에 친한 사람도 없는데 왜 그렇게 멀리 간 거야?
W 새 직장이 외곽에 있어서 직장에 가까워지려고 거기로 이사 간 거야.
M 잘했네. 네가 직장을 옮겼다는 건 못 들었어.
Q: 대화에 따르면 옳은 것은 무엇인가?
(a) 여자는 지금 시내에 살고 있다.
(b) 여자는 최근에 이사했다.
(c) 남자는 직장 근처에 산다.
(d) 남자는 여자를 만날 예정이었다.

해설 여자의 이사에 대한 내용을 중심으로 대화를 나누고 있다. 두 사람이 처음으로 주고받는 대화를 통해 여자가 지난주에 이사했음을 알 수 있으므로 정답은 (b)이다. (a), (c) 여자는 직장 근처인 외곽으로 이사했고, (d) 남자의 첫 마디로 보아 두 사람은 우연히 만났음을 알 수 있다.

어휘 settle in (새 집이나 직장에) 자리잡고 정착하다, 적응하다
suburb 교외　commute 통근하다
downtown 시내에, 도심에

25 (c)

해석 두 친구가 회의에 대해 이야기하는 것을 들으시오.

M 여보세요, Kate. 나 Eric이에요. 잠깐 통화할 수 있어요?
W 그럼요, Eric. 오늘 오후 회의 때문에 전화한 거예요?
M 맞아요. 그래서 전화했어요. 회의를 내일 오전으로 연기해도 괜찮을까요? 제 사수가 여기 있는 모든 사람이 참석해야 하는 비상 회의를 소집했어요.
W 그렇다면 할 수 없네요. 내일 언제가 좋으세요?
M 오전에는 언제든 가능해요. 언제 만나면 될까요?
W 10시에 만나죠. 점심 식사 시간 전까지 충분히 의논할 시간

이 될 거예요.
Q: 남자가 여자와의 회의를 미룬 이유는 무엇인가?
(a) 회의를 잊고 다른 약속을 잡았다.
(b) 사수로부터 긴급한 일을 맡았다.
(c) 사수가 진행하는 회의에 참석해야 한다.
(d) 관리자로 학회에 참석해야 한다.

해설 Eric은 Kate에게 전화로 회의를 미루자고 하고 있다. 두 번째 말에 의하면 사수가 모두 참석해야 하는 비상 회의를 소집했기 때문이다. 따라서 (c)가 정답이다.

어휘 put off 연기하다　call a meeting 회의를 소집하다
emergency meeting 비상 회의, 긴급 회의　attend 참석하다
available 이용 가능한, (시간이) 여유가 있는
set up (시간, 장소를) 정하다　appointment 약속
present 참석한, 출석한　conference 학회, 회의

26 (d)

해석 가게에서의 대화를 들으시오.

W 실례합니다만, 지난 30분 동안 지갑 가져다 놓으신 분 계신가요? 테두리에 은색 디자인이 있는 검은 가죽 지갑인데요.
M 죄송하지만, 그런 지갑은 들어오지 않았습니다.
W 큰일이네요. 제가 잃어버린 지갑을 신고할 수 있는 방법이 있나요?
M 여기 이 양식을 작성해 주시고요, 지갑에 대해 자세히 설명해 주세요.
W 만약 지갑이 발견되면 매장 누군가가 연락해 주실 수 있나요?
M 만약에 누군가 지갑을 가져다 놓으면 연락드릴게요. 그러니 그 양식에 전화번호도 남겨주세요.
Q: 잃어버린 지갑을 신고하기 위해 여자가 맨 먼저 해야 할 일은 무엇인가?
(a) 매장 전화번호 알아내기
(b) 경찰에 연락하기
(c) 지갑에 대해 자세히 설명하기
(d) 서류 완성하기

해설 여자가 잃어버린 지갑을 찾으며 분실 신고를 하려 하고 있다. 남자의 지시만 잘 들으면 쉽게 풀 수 있는 문제. 양식을 작성해 달라고 했으므로 (d)가 정답이다. 대화의 fill out this form이 (d)의 complete a document로 패러프레이징 된 셈이다.

어휘 turn in ~을 돌려주다, 반납하다　leather 가죽
missing 없어진, 실종된　fill out (서류 등)을 작성하다
form 서식, 서류　(document) in detail 자세히
get in touch with ~에게 연락하다

27 (b)

해설 사무실에서의 대화를 들으시오.

W 조금 전에 전화했는데 왜 안 받았어요?
M 저 내내 여기 있었는데 전화벨은 한 번도 울리지 않았어요.
W 전화번호 바꾼 건 아니죠? 내선번호 201 맞죠?

M 맞아요. 사실 당신 실수는 아닌 것 같아요. 요즘 제 전화기가 말썽이에요.
W 무슨 일인데요?
M 여러 사람이 전화를 했지만 제가 받지 않았다는 말을 했어요. 사무실에 있었는데도 말이에요.
Q: 대화에 따르면 다음 중 옳은 것은 무엇인가?
  (a) 남자는 전화 받기를 거부하고 있다.
  (b) 남자의 전화기에 문제가 있다.
  (c) 정비공이 전화를 수리해야 한다.
  (d) 많은 사람들이 최근에 남자에 대해 불만을 제기하고 있다.

해설 여자가 남자에게 전화를 했으나 받지 않았고, 그 이유를 물어보자 요즘 자신의 전화기가 말썽이라고 답했다. 따라서 정답은 (b)이다. (c) 대화로부터 추론해 볼 수 있는 내용이지만 (b)가 좀 더 직접적인 대답을 제시하고, (d) 여러 사람들이 남자의 전화에 대해 이야기했지만 이를 불만으로 보기는 어렵다.

어휘 entire 전체의, 전부의   extension 내선번호
act up 기능이 나빠지다, 제대로 작동되지 않다
refuse 거절하다, 거부하다
maintenance man (시설, 건물의) 정비공

28 (a)
해석 두 친구가 운동하는 방법에 대해 이야기하는 것을 들으시오.

M 운동 시작 전에 먼저 준비운동 하지 않을 거야?
W 아니, 그럴 필요 없을 것 같아. 나는 본 운동으로 바로 들어가는 게 좋던데.
M 하지만 부상을 당할 위험이 더 커. 근육이 접질리거나 찢어질 수도 있어.
W 몇 달 동안 계속 이렇게 해왔는데 아무 문제도 없었어.
M 그건 그냥 시간문제야. 아직까지 부상을 입지 않았다니 정말 운 좋구나.
W 몰랐어. 내가 하는 방식을 바꿔야 할 것 같아.
Q: 여자에 대해 추론할 수 있는 것은 무엇인가?
  (a) 여자는 운동하기 전에 준비운동을 시작할 것이다.
  (b) 여자는 남자보다 체형이 더 좋다.
  (c) 여자는 혼자서 운동하는 것을 더 좋아한다.
  (d) 여자는 개인 트레이너가 있다.

해설 남자는 바로 본 운동을 시작하려는 여자에게 먼저 준비운동을 할 것을 권유하고 있다. 여자의 마지막 말로 보아 남자의 권유를 따를 것이라 추론할 수 있으므로 정답은 (a)이다. (b), (c), (d) 모두 알 수 없는 내용이다.

어휘 work out 운동하다   warm up 준비운동을 하다
routine (순서가 정해진) 운동[동작]
at risk of ~할 위험에 처한, ~할 위험이 있는
injure 부상을 입다   pull 당기다; (근육을) 삐다, 접질리다
strain (근육을) 혹사하다, 좌상을 입다, 찢어지게 하다

29 (c)
해석 남편과 아내 간의 대화를 들으시오.

M 눈 크게 뜨고 주차할 공간 좀 찾아봐. 아침에 찾기는 늘 어렵단 말이지.
W 저 픽업트럭 바로 옆에 가능한 공간이 있는 것 같아.
M 아니야, 소형차가 거기 주차되어 있어. 차가 너무 작아서 눈에 잘 띄질 않네.
W 아, 안타깝다. 이 층은 다 찬 것 같은데.
M 이층으로 올라가야 할 것 같아. 아마 거기서는 주차할 수 있을 것 같아.
W 그냥 꼭대기 층으로 가자. 거긴 항상 반 정도는 비어있어.
Q: 대화로부터 추론할 수 있는 것은 무엇인가?
  (a) 그들은 주차비를 지불해야 한다.
  (b) 여자는 차를 운전하고 있다.
  (c) 그들은 주차장 건물에 있다.
  (d) 남자는 픽업트럭을 운전한다.

해설 두 사람은 주차 공간을 찾다가 빈 공간이 보이지 않아 꼭대기 층으로 가기로 한다. 따라서 현재 주차장 건물에 있는 것이라 추론할 수 있으므로 (c)가 정답이다. (b) 대화 초반부의 말로 보아 운전 중인 사람은 남자일 것으로 보이고, (d) 픽업트럭은 주차 공간을 찾는 중에 눈에 띄었던 차이다.

어휘 keep one's eyes peeled for ~을 눈이 빠지게 찾다
compact car 소형차   park 주차하다
fill up ~을 가득 채우다   roof 지붕; 옥상
garage 차고, 주차장

30 (a)
해석 두 친구가 친구의 청첩장에 대해 이야기하는 것을 들으시오.

W Brian과 Teresa의 청첩장을 오늘 우편으로 받았어.
M 아, 나 완전 잊고 있었어. 넌 참석할 거야?
W 못 갈 것 같아. 이미 다음 주말에 약속이 있거든.
M 안타깝다. 네가 참석하지 않으면 그 애들이 아쉬워할 거야.
W 그 애들은 나를 초대하기까지 너무 오래 끌지 말아야 했어. 배려심이 없었던 거지.
M 그래, 난 2주 전에 청첩장을 받았으니까. 네 청첩장이 왜 그렇게 늦게 도착했는지 모르겠다.
W 나도 잘 모르겠어. 이제 함께 보내는 시간이 많이 없어서 그런 것 같아.
Q: 여자에 대해 추론할 수 있는 것은 무엇인가?
  (a) Brian과 Teresa와 많이 친하지 않다.
  (b) 결혼하지 못해서 질투심을 느낀다.
  (c) 남자와 함께 결혼식에 참석하고자 한다.
  (d) 결혼식에 참석하기 위해 약속을 취소할 것이다.

해설 여자는 남자보다 초대장을 늦게 받았고, 최근 함께 보내는 시간이 별로 없어서 그런 것 같다고 이야기한다. 따라서 이들의 관계가 그다지 가깝지 않음을 유추할 수 있고, 정답은 (a)이다. (c), (d) 여자는 약속이 있어 결혼식에 참석할 수 없다고 했다.

어휘 wedding invitation 청첩장
That's a shame. 아쉽다, 안타깝다.
should have p.p. ~했어야 했다
inconsiderate 사려 깊지 못한, 배려심이 없는
hang out 어울리다, 가까이 지내다   jealous 질투하는

31 (a)

해석 비교적 드문 일이긴 하지만, 사람들이 자신들의 차나 작은 휴대용 기름 탱크에 기름을 넣을 때 정전기가 주유소에 화재를 일으키는 것으로 알려져 있다. 주유하는 사람이 잠시 자리를 뜨거나 차 안으로 다시 들어갈 수도 있다. 이렇게 함으로써 그 사람은 자신의 몸에 정전기를 발생시키게 된다. 주유를 마친 후, 그 사람이 주유 노즐을 빼기 위해 손을 대는 순간 정전기가 그 사람의 손에서 노즐로 이동하게 되고, 이는 유증기가 분출하도록 만든다. 대부분의 사람들은 이 순간 당황해서 주유 노즐을 빼게 되고, 이는 불꽃이 붙은 기름을 사방에 뿌리게 만들어 상황을 더 악화시킨다.

Q: 담화에서 주로 언급되고 있는 것은 무엇인가?
(a) 한 드문 사고가 발생하는 필수 조건
(b) 주유소에서 화재를 피할 필요성
(c) 정전기가 휘발유에 미치는 영향
(d) 주유소 화재를 막는 몇 가지 방법

해설 담화의 첫 문장에서 정전기로 인해 주유소에서 화재가 발생할 수 있다고 언급한 뒤, 이후 구체적으로 어떤 상황에서 화재가 발생하게 되는지 설명하고 있으므로 (a)가 정답이다. (b) 주유소 화재의 결과나 위험성에 대해 이야기하지 않았고, (c) 언급된 내용이지만 세부 정보에 그친다.

어휘 relatively 상대적으로, 비교적으로 occurrence 발생
static electricity 정전기 gas station 주유소
portable 휴대용의 nozzle 노즐 remove 제거하다
leap 뛰어오르다 gas vapor 유증기(기름으로 된 증기)
panic 당황하다 flaming 불타는 prevent 막다, 예방하다

32 (b)

해석 노스캐롤라이나 대학의 고생물학자들은 무서운 육식 공룡인 티라노사우루스 렉스의 화석에서 세포 조각을 찾아냈다. 이 조각에는 혈관과 골세포, 콜라겐이 들어 있다. 연구원들은 또한 단백질 일부를 발견했고 이를 6천 8백만 년 전의 것으로 추정하여 이를 지금까지 발견된 단백질 샘플 중 가장 오래된 것으로 만들었다. 연구원들은 이 조각의 정확한 DNA 배열을 확인하지는 못했지만, 여기에 오늘날 조류의 DNA와 많은 유사점이 있음을 밝혀냈다. 이는 조류가 공룡의 후손이라는 이론에 새로운 힘을 실어주고 있는 것이다.

Q: 담화는 주로 무엇에 대한 것인가?
(a) 티라노사우루스 렉스 화석의 발견
(b) 이론에 신빙성을 더해주는 한 드문 발견
(c) 원시 조류와 현대 조류의 연관성
(d) 한 원시 조류의 단백질 샘플

해설 담화의 마지막 부분에 주제가 명확히 드러난다. 공룡 화석에서 찾아낸 세포 조각이 조류의 기원과 어떤 관련이 있는지 설명하며, 조류가 공룡의 후손이라는 이론에 힘을 실어주고 있다고 했으므로 (b)가 정답이다. 담화의 has given new impetus to the theory가 (b)의 lending support to a theory로 패러프레이징 된 셈이다. (a) 언급된 내용이지만 세부 정보에 불과하고, (c) 조류관의 연관성을 설명하지 않았다. (d) 담화에서 언급된 단백질 샘플은 티라노사우루스 렉스의 것이다.

어휘 fragment 파편, 조각 tissue (세포) 조직
remains (pl.) 유적 fearsome 무시무시한
carnivorous 육식의 blood vessel 혈관
bone cell 골세포 date (연대를) 추정하다
come up with (해답을) 찾아내다 sequence 순서
give impetus to ~을 촉진하다, 힘을 실어주다
descendant 후손 lend support to ~에 신빙성을 더해주다

33 (d)

해석 관리실에서 말씀드리겠습니다. 내일 빌딩 내에 수도와 전기 공급 모두 계속해서 불안정할 것입니다. 이는 해당 서비스의 연례 점검을 실시할 예정이기 때문입니다. 공급 불안정은 오전 9시부터 시작해서 오후 5시까지 계속될 수도 있으나, 5시 이후까지 진행되지는 않을 것입니다. 엘리베이터 또한 때때로 중단될 수 있고, 일부 층은 정전을 겪으실 텐데 이는 한 번에 한 시간 정도 지속될 수 있습니다. 오후 5시 이후에는 모든 서비스가 정상으로 돌아올 것입니다. 연례 점검으로 불편을 드리게 된 데 미리 사과의 말씀드립니다.

Q: 안내 방송에 따르면 옳은 것은 무엇인가?
(a) 점검은 저녁 늦게까지 계속될 것이다.
(b) 빌딩에 하루 종일 전기가 들어오지 않을 것이다.
(c) 빌딩에서 전기와 가스 점검이 진행된다.
(d) 사람들은 내일 엘리베이터를 타지 못할 수도 있다.

해설 내일 있을 점검에 대한 안내 방송이다. 중간 부분에서 엘리베이터 이용이 때때로(at times) 중단될 것이라 했으므로 엘리베이터를 타지 못할 수도 있다는 (d)가 가장 적절하다. (a) 점검은 오후 5시 이전에 끝난다고 했고, (b) 정전이 될 수 있지만 한 번에 한 시간 정도라고 했다. (c) 전기와 수도 점검에 관한 방송이다.

어휘 management 경영; 관리 interruption 중단; 방해
be scheduled to ~할 예정이다 undergo ~을 겪다[받다]
annual 연례의 inspection 점검, 검사
commence 시작되다 out of service 사용 불가능한
power outage 정전 inconvenience 불편

34 (b)

해석 음악, TV 프로그램, 그리고 영화를 컴퓨터로 다운로드하면서 해당 권리에 대한 비용을 지불하지 않는다면 이는 불법이다. 그럼에도 불구하고, 전 세계적으로 TV 프로그램, 영화 그리고 음악은 창작자들의 노력에 대한 비용을 지불하지 않고 다운로드되고 있다. 대부분의 사람들은 이를 가벼운 문제라고 여긴다. 이들은 유명 배우와 영화 제작사, 그리고 음반사가 돈이 많아서 그들의 작품을 사람들이 다운로드한다고 해서 더 이상 가난해질 것이라 생각하지 않는다. 모든 사람들이 그렇게 하고 있으므로, 이는 범죄가 아니라고 말한다. 그러나 사실 불법 다운로드는 절도와 매한가지이고, 따라서 범죄 행위인 것이다.

Q: 담화에 의하면 다음 중 옳은 것은 무엇인가?
(a) 불법 다운로드는 일부 영화사로 하여금 문을 닫도록 만들었다.
(b) 많은 사람들은 다운로드가 범죄라고 생각하지 않는다.

      (c) 불법 다운로드를 처벌 대상에서 제외하려는 움직임이
         일고 있다.
      (d) 예술가들은 매년 수십억 달러에 상응하는 새 작품을 만
         들어낸다.

해설 불법 다운로드는 분명한 범죄 행위이지만 대다수의 사람들이 이를 범죄 행위라고 인식하지 않는다는 것이 담화의 전반적인 내용이다. Since everyone is doing it, they say, it isn't a crime.으로부터 (b)가 정답임을 추론할 수 있다. (a), (d) 언급되지 않은 내용이고, (c) 다수의 사람들이 불법 다운로드를 범죄로 여기지는 않지만 이를 처벌 대상에서 제외하려 하는 것은 아니다.

어휘 illegal 불법의　nevertheless 그럼에도 불구하고
effort 노력　minor 사소한　movie studio 영화사
recording company 음반 회사　crime 범죄
steal 훔치다　out of business 폐업한, 문을 닫은
decriminalize (법을 개정하여) 처벌 대상에서 제외하다
worth ~의 가치가 있는

35 (c)

해석 어제 폭설이 영국 제도를 강타했습니다. 20년 만에 최악의 폭설이었습니다. 런던에 10센티미터 이상의 눈이 내렸고, 다른 도시와 지역에도 비슷한 양의 눈이 내린 것으로 보도되었습니다. 영국의 두 주요 국제 공항인 히드로 공항과 게트윅 공항은 거의 하루 종일 운항이 중지되었고, 600편 이상의 비행기가 결항되었습니다. 국내 도로의 대부분이 폐쇄되었고, 도로 교통에 안전을 기하기 위해 제설 작업이 진행 중입니다. 비상 관리 센터는 시민들에게 현재 긴급 상황인 경우를 제외하고는 이동을 자제할 것을 당부하고 있습니다.

  Q: 뉴스 보도에 의하면, 영국을 강타한 폭설로 인한 가장 큰
    결과는 무엇인가?
    (a) 일부 지역에서 홍수가 보도되었다.
    (b) 여러 지역에서 정전 사태가 발생했다.
    (c) 이동에 큰 장애가 발생했다.
    (d) 눈이 심각할 정도로 많이 쌓였다.

해설 영국을 강타한 폭설의 가장 큰 결과가 무엇인지 묻고 있다. 공항 운항이 중단되고 비행기편이 결항되었으며, 전국의 도로가 폐쇄되었다고 했으므로 (c)가 정답이다. (d) 눈이 많이 쌓인 것은 사실이지만 이는 여러 장애의 원인이라고 볼 수 있다.

어휘 massive 대규모의, 엄청난　the British Isles 영국 제도
accumulation 축적　international 국제적인
motorway (영국) 고속도로
snow-clearing machinery 제설 장비
motor vehicle 자동차　traffic 교통(량)
emergency 비상 (사태)
refrain from -ing ~하는 것을 자제하다
flooding 홍수　disruption 혼란, 차질

36 (a)

해석 레소토는 아프리카에 있는 국가로 더 큰 남아프리카공화국에 사면이 모두 둘러싸여 있다. 육지로 둘러싸인 이 나라는 산지가 많으며, 나라 대부분이 고도 5천 피트 이상인 고지대에 있

다. 레소토의 인구는 2백만 명이 조금 넘으며, 99%가 소토족이다. 레소토는 입헌군주제로, 왕이 국가의 수장으로 통치하고 총리가 정부의 수장 역할을 한다. 경제는 농산품과 섬유 제품, 의류의 수출을 기반으로 한다. 인구의 80% 이상이 자급자족 형태의 농업을 하고 남은 것을 판매함으로써 생계를 유지한다.

  Q: 레소토에 대해 화자가 가장 동의할 것 같은 문장은 무엇
    인가?
    (a) 레소토는 바다에 항구가 없다.
    (b) 대부분의 사람들은 도시에 거주한다.
    (c) 인구는 남아프리카공화국의 인구보다 많다.
    (d) 레소토 국민들은 국제 시장에 옷을 판매한다.

해설 레소토는 남아프리카공화국으로 둘러싸여 사면이 모두 육지로 되어 있어 바다를 끼고 있지 않으므로 항구 역시 있을 수 없다. 따라서 정답은 (a)이다. (b) 대부분의 인구가 농업에 종사한다고 했고, (c) 남아프리카공화국과 인구를 비교하지는 않았고, 오히려 남아프리카공화국이 더 큰 나라이다. (d) 레소토의 경제가 의류 수출을 기반으로 한다는 내용은 있지만 국민의 80% 이상이 농업을 하고 있으므로 의류 수출은 소수의 인구에 의해 이루어질 것이다.

어휘 landlocked 육지에 둘러싸인　elevation 높이, 고도
population 인구　belong to ~에 속하다
constitutional monarchy 입헌군주제, 입헌군주국
reign 다스리다, 통치하다　prime minister 수상
serve as ~의 역할을 하다　textile 섬유, 직물
survive on ~으로 먹고 살다
subsistence farming 자급자족 농업　surplus 나머지; 잉여

37-38 (b), (c)

해석 제2차 세계대전 당시, 영국은 세균 무기로 탄저균 실험을 했다. 그 이후 미국을 포함한 다른 국가들도 탄저균 및 다른 치명적인 질병을 이용하여 무기를 개발하고 있다. 이러한 세균 무기는 수많은 인명을 매우 고통스러운 방법으로 살상시킬 수 있으므로, 국제 사회는 어떤 국가도 이를 전쟁에 사용할 수 없도록 해야 한다. 탄저균이나 천연두와 같은 질병을 무기로 실험을 하는 행위는 비인간적이며, 누구도 이러한 무기의 사용을 정당화할 수 없다. 이는 존재 자체만으로도 위험하다. 인간은 언제든지 실수를 할 가능성이 있으며, 이러한 무기가 실수로 발포되어 자국민을 죽이고 심지어 전 세계로 퍼져나갈 수도 있는 것이다. 세균 무기로 실험을 하는 것 자체가 판도라의 상자를 여는 것이나 다름없다.

37 Q: 화자의 요지는 무엇인가?
    (a) 탄저균은 효과적인 세균 무기가 아니다.
    (b) 세균 무기는 없어져야 한다.
    (c) 대부분의 세균 무기는 모든 인류를 멸망시킬 가능성이
      있다.
    (d) 세균 무기로 퍼진 질병은 치료약이 없다.

38 Q: 담화로부터 세균 무기에 대해 추론할 수 있는 것은
    무엇인가?
    (a) 세균 무기로 많은 죽음이 초래되었다.
    (b) 영국은 최초로 제2차 세계대전 중에 탄저균을 사용했다.
    (c) 세균 무기는 인류의 종말로 이어질 수 있다.

(d) 세균 무기로 인한 병의 확산에는 치료법이 없다.

해설 **37** 요지는 화자가 하고자 하는 말이므로 역접 연결어나 의무를 나타내는 조동사에 유의하여 들어야 한다. the international community needs to ensure no one uses them in war.와 같이 담화 전반에서 세균 무기에 대한 강한 반대의견을 드러내고 있으므로 (b)가 정답이다. (a) 담화 내용과 상반되고, (c) 올바른 정보이지만 화자가 하고자 하는 말은 아니다. (d) 치료약에 관한 내용은 언급되지 않았으며, 치료약이 없을 것으로 미루어 볼 수는 있지만 화자의 요지가 되지는 않는다.

38 화자는 세균 무기를 반대하는 근거로 비인간적이라는 점과 실수로 자국민은 물론 전 세계인에게 퍼져나갈 수 있다는 점을 들고 있다. 따라서 세균 무기가 인류의 종말을 가져올 수 있을 것이라 추론하는 (c)가 가장 적절하다. (a), (b) 세균 무기는 지금껏 실험 및 개발 정도만 이루어졌고, 사용된 적은 없다. (d) 담화 내용과 상반된다.

어휘 experiment 실험하다　anthrax 탄저균
biological weapon 세균 무기　employ 고용하다; 이용하다
lethal 치명적인　the international community 국제 사회
smallpox 천연두　inhumane 비인간적인
justify 정당화하다　mere 단순한
accidentally 실수로, 우연히
discharge (기체, 액체가) 방출되다, 흐르다
be akin to ~와 유사하다　eliminate 제거하다
potential 가능성; 잠재력　demise 종말; 죽음, 사망

39-40 (a), (d)

해석 허리케인 하비가 곧 상륙합니다. 해안에서 10마일 이내에 거주하는 모든 시민들은 지금쯤 대피했어야 합니다. 집에서 폭풍을 견디기로 결정한 분들은 허리케인이 거의 다 지나갈 때까지 앞으로 몇 시간 동안 밖으로 나가면 안 됩니다. 기상학자들은 하비가 앞으로 24시간 동안 최고 20인치의 비를 내릴 것으로 예측하고 있습니다. 게다가, 하비로 인한 폭풍 해일이 최고 30피트 높이의 파도를 일으킬 것이며, 이는 시 전체에 홍수를 일으킬 가능성이 높습니다. 이 폭풍은 막대한 피해를 낳을 것으로 보이나, 부디 부상자는 많지 않기를 바랍니다. 저희 방송에 채널을 고정하시고 허리케인 하비에 대한 이어지는 새 소식을 접하시기 바랍니다.

39 Q: 일기 예보에 따르면 다음 중 옳은 것은 무엇인가?
(a) 해안 근처 지역은 더 큰 피해의 위험에 놓여 있다.
(b) 허리케인으로 인한 풍해가 가장 큰 문제가 될 것이다.
(c) 기상학자들은 폭풍이 다음에 어떻게 이동할지 모른다.
(d) 허리케인은 이미 도시 일부에 영향을 미치고 있다.

40 Q: 일기 예보로부터 추론할 수 있는 것은 무엇인가?
(a) 도시는 허리케인이 자주 상륙하는 지역에 있다.
(b) 허리케인은 이미 몇몇 사람들에게 부상을 입혔다.
(c) 도시 전체가 비상 요원들에 의해 대피되었다.
(d) 폭풍우는 적어도 하루 동안 도시 위에 머물 것이다.

해설 **39** 허리케인으로 해안에서 10마일 이내의 거주자들은 모두 대피해야 한다는 것으로 보아 해안 근처 지역이 더 큰 위험에 놓여 있다는 것을 알 수 있으므로 정답은 (a)이다.

40 일기 예보 중간 부분에 앞으로 24시간 동안 비가 올 것이라는 내용이 나오므로 적어도 하루 동안은 태풍이 머물 것이라 추론할 수 있으므로 정답은 (b)이다. (a) 언급되지 않은 내용이고, (b) 허리케인은 아직 상륙하지 않았다. (c) 도시 전체가 대상이 아닌 해안 일부 지역의 사람들에게 대피하라고 당부했다.

어휘 be about to 막 ~하려고 하다　make landfall 상륙하다
evacuate 대피시키다; 대피하다
ride out (폭풍을) 이겨내다; (곤경을) 잘 참고 견디다
the bulk of ~의 대부분　pass by 통과하다, 지나가다
meteorologist 기상학자　predict 예측하다, 예견하다
storm surge 폭풍 해일　flooding 홍수　injury 부상, 부상자
stay tuned to (라디오, TV 등) ~에 채널을 고정시키다
station 방송국; 방송　affect 영향을 미치다

Actual Test 03

1	(c)	**2**	(a)	**3**	(c)	**4**	(b)	**5**	(a)
6	(c)	**7**	(b)	**8**	(d)	**9**	(a)	**10**	(b)
11	(b)	**12**	(a)	**13**	(d)	**14**	(b)	**15**	(a)
16	(c)	**17**	(a)	**18**	(b)	**19**	(b)	**20**	(c)
21	(b)	**22**	(d)	**23**	(d)	**24**	(a)	**25**	(c)
26	(b)	**27**	(d)	**28**	(a)	**29**	(b)	**30**	(d)
31	(c)	**32**	(a)	**33**	(b)	**34**	(d)	**35**	(d)
36	(b)	**37**	(a)	**38**	(c)	**39**	(d)	**40**	(b)

1 (c)

해석 M 이 서명 운동에 동참하시겠습니까?

(a) 사무실에서 계약서에 다시 서명할 예정입니다.
(b) 아니요. 오늘 신문을 읽지 못했습니다.
(c) 사실 저는 당신의 대의명분에 전적으로 반대합니다.
(d) 당신이 어떻게 생각하는지 알 때까지는 아무것도 하지 않을 겁니다.

해설 '관심을 갖게 하다'라는 의미의 타동사 interest와, petition drive를 사용하여 서명 운동의 동참 여부를 묻고 있다. 이에 대해 반대 의견을 제시하는 (c)가 가장 적절하다. (a) 계약서나 (b) 신문에 관한 언급은 없었고, (d) "this" petition drive라고 했으므로 이미 남자의 생각을 말했을 것이라 볼 수 있다.

어휘 petition 청원, 탄원　drive (조직적인) 운동
contract 계약(서)　cause (사회 운동의) 대의명분

2 (a)

해석 W 네가 내 보고서 작성을 돕게 하려면 어떻게 해야 하니?

(a) 일단 우리가 이걸 끝내면, 네가 나를 도와줘야 할 거야.
(b) 우리가 보고서를 제출하고 나면, 사장님께서 매우 좋아하실 거야.

    (c) 그 보고서는 모두에게 주어진 것이야.
    (d) 미안한데, 나는 못 받았어. 아마 다른 사람이 받았나 봐.

해설 여자가 남자로부터 보고서 작성에 관해 도움을 얻으려면 어떻게 해야 할지 묻고 있으므로 여자의 일이 끝나면 자신의 일을 도와달라고 답하는 (a)가 가장 적절하다.

어휘 **What would it take to** ~? ~하려면 어떻게 해야 하는가?
assist 도와주다　**file** 제출하다; (문서를) 철하여 보관하다
assign (일, 책임을) 맡기다, 배정하다, 할당하다

3 (c)

해석 M 회의에 Eric이 정시에 나타날 가능성이 얼마나 될까?

    (a) 그는 최근 들어서 다소 이상하게 행동해왔어.
    (b) 내가 그를 마지막으로 봤을 때, 사무실에 앉아 있더라고.
    (c) 내가 장담하는데, 그는 최소 20분은 늦게 올 거야.
    (d) 아무도 그에게 회의에 대해 말하지 않은 것 같아.

해설 '가능성'이라는 의미의 odds를 사용하여 Eric이 회의 시간에 맞추어 올 가능성을 묻고 있으므로 적어도 20분은 늦게 올 것이라 답하는 (c)가 정답이다. (a) '이상한'이라는 의미를 갖는 odd에 착안한 오답이고, (d) 남자는 Eric의 참석을 가정하고 그가 정시에 올 것인지 그렇지 않을 것인지를 묻고 있다.

어휘 **odds** 가능성　**show up** 나타나다　**on time** 정각에, 제때에
somewhat 다소, 약간　**guarantee** 장담하다, 보장하다

4 (b)

해석 W 마지막에 하신 말씀을 잘 듣지 못했어요.

    (a) 제 말이 끝나기 전까지는 의견을 받지 않겠습니다.
    (b) 그러면 제가 방금 한 말을 다시 말씀드리겠습니다.
    (c) 다음에는 좀 더 크게 말씀하시라고 조언하고 싶네요.
    (d) 저는 괜찮습니다. 별로 드릴 말씀이 없습니다.

해설 여자가 마지막에 한 말을 잘 듣지 못했다고 했으므로 다시 말해주겠다는 (b)가 가장 적절하다.

어휘 **comment** 말, 언급; 의견　**permit** 허락하다, 허용하다
advise 조언하다, 충고하다

5 (a)

해석 M 이걸 해결하기 위한 선택 사항들이 다 떨어진 것처럼 보입니다.

    (a) 사실 저도 그렇게 보이네요.
    (b) 누군가는 이걸 해결할 방법을 알고 있어야 합니다.
    (c) 그렇다면 당신의 의견을 말씀해 주시는 것은 어떤가요?
    (d) 저희는 최대한 빨리 이동 중입니다.

해설 해결 방안이 다 떨어진 것처럼 보인다는 말에 자신도 그렇게 보인다며 동의하는 (a)가 가장 적절하다. (b) 전혀 불가능한 대답은 아니지만 (a)가 appears를 looks로 받으며 좀 더 관련 있는 답을 제시한다. (c) 남자는 이미 의견을 제시했다.

어휘 **run out of** ~이 다 떨어지다　**option** 선택 (사항)
handle 다루다, 처리하다, 해결하다

6 (c)

해석 W 그녀의 기분이 나아지도록 네가 해줄 수 있는 말이 있을 텐데.

    (a) 나는 정말 그녀에게 아무 말도 안 했어.
    (b) 그녀는 며칠간 기분이 좋지 않았어.
    (c) 아닐걸. 그녀는 내 말을 거의 듣지 않아.
    (d) 그녀는 최근 들어 좋아지고 있는 것 같아.

해설 여자가 기분이 풀릴만한 말을 그녀에게 해주라고 제안하고 있으므로 그녀가 자신의 말을 잘 듣지 않아 소용없을 것이라고 답하는 (c)가 정답이다. (b), (d) 대화는 그녀의 상태보다 남자가 해줄 수 있는 말에 초점을 두고 있다.

어휘 **feel better** 기분이 나아지다　**I doubt it.** 그렇지 않을걸.
get better (병, 상황이) 호전되다, 나아지다

7 (b)

해석 M 이걸 고치는 데 얼마나 많은 돈이 들지 모르겠어.

    (a) 이걸 고치는 건 만만치 않은 작업이 될 거야.
    (b) 아마 수백 달러는 들 것 같아.
    (c) 내 계좌 잔고를 곧 확인해볼게.
    (d) 정확하게 무엇을 고쳐야 하는지 알아봐.

해설 남자는 얼마나 많은 돈이 들지 모르겠다고 이야기하고 있으므로 돈에 관해 답하는 (b)가 가장 적절하다. (a) 수리 작업의 난이도나, (c) 계좌 잔고, (d) 수리의 구체적인 내용은 모두 언급되지 않았다.

어휘 **clue** 단서, 실마리　**repair** 수리하다 (= fix)　**enormous** 막대한
run (액수가) ~에 달하다　**balance** 잔고　**account** 계좌
figure out 알아내다

8 (d)

해석 M 살면서 이렇게 흥미진진한 야구 경기는 처음이야!

    (a) 네가 그들을 막을 방법은 없어.
    (b) 그들을 위해서라면 기꺼이 모든 것을 걸 거야.
    (c) 집중하면, 어떤 것이든 기억해낼 수 있을 거야.
    (d) 그 팀이 경기를 이겼다니 아직도 믿을 수가 없어.

해설 매우 흥미진진했던 야구 경기에 대해 이야기하고 있으므로 이에 관해 말하는 (d)가 가장 적절하다. (c) remember와 의미가 비슷한 recall을 사용한 오답이다.

어휘 **risk** 위험을 감수하다　**recall** 기억해내다

9 (a)

해석 W 새로운 일이 생기면 나에게 바로 알려주세요.

    (a) 꼭 연락드리도록 하겠습니다.
    (b) 네. 이 보고서는 정말 업데이트가 필요하겠는데요.

(c) 10분 후에 뉴스 속보가 있을 겁니다.
(d) 아니요. 지금은 알려드릴 소식이 없습니다.

해설 여자가 남자에게 상황에 변화가 생기면 알려달라고 요청하고 있으므로 꼭 연락하겠다고 답하는 (a)가 정답이다. give you an update를 그대로 쓰지 않고 get in touch with you로 패러프레이징한 셈이다. (b), (c), (d)는 update와 new를 사용한 오답이다.

어휘 give an update 최신 정보를 제공하다
make sure 확실히 하다   get in touch with ~와 연락하다
breaking news 뉴스 속보   at this moment 지금

10 (b)
해석 M 그들은 이미 그 사안에 대해서 합의에 도달했어, 그렇지?

(a) 우리는 그들에게 굴복하지 말았어야 했어.
(b) 난 네 말이 정확하다고 확신해.
(c) 아니. 우리는 그들의 생각에 절대 동의하지 않을 거야.
(d) 그래. 합의에 도달하기는 힘든 것 같아.

해설 남자가 그들이 타협안에 도달한 것이 맞는지 확인하고 있으므로 그의 말이 정확하다고 이야기하는 (b)가 가장 적절하다. (a), (b) 남자는 they에 대해 이야기하고 있으므로 주어 we는 적절하지 않다. (d) 남자의 말과 반대되는 내용을 제시하고 있으므로 Yes가 아닌 No로 대답해야 한다.

어휘 compromise 타협; 타협하다   issue 문제, 사안
give in to ~에게 굴복하다, 항복하다   accurate 정확한
statement 발언, 진술

11 (b)
해석 W 안녕하세요. 메뉴는 충분히 보셨습니까?
M 네, 그럼요. 이제 주문하겠습니다.
W 좋습니다. 어떤 음식을 드릴까요?

(a) 제 스테이크는 살짝 익혀주세요.
(b) 새우 전채 요리로 시작하겠습니다.
(c) 디저트 메뉴 볼 준비는 아직 안됐습니다.
(d) 계산서는 편하실 때 주세요.

해설 식당에서 메뉴를 보고 있는 남자에게 무엇을 주문할 것인지 물었으므로 원하는 음식에 대해 말하는 (b)가 정답이다. (a) 스테이크를 먹겠다는 말이 나온 후 이어질 내용이고, 아직 주문 단계이므로 (c), (d)의 디저트와 계산서에 대한 언급은 어색하다.

어휘 look over ~을 (대충) 훑어보다   rare (스테이크를) 살짝 익힌
appetizer 전채 요리, 에피타이저   bill 계산서

12 (a)
해석 M 애완 동물을 한 마리 기를까 하는데, 어떤 동물이 좋을지 모르겠어.
W 개나 고양이가 좋을 것 같아. 도마뱀 같이 낯선 동물은 일단 피하고 싶어.
M 정말? 도마뱀 같은 동물을 싫어하는 이유가 뭔데?

(a) 사실상 길들이기가 어려우니까 좋은 애완 동물이 될 수 없어.
(b) 개는 사람을 워낙 좋아하다 보니 좋은 반려 동물인 거지.
(c) 낯선 애완 동물을 가지고 있으면 많은 사람에게 깊은 인상을 남길 수 있어.
(d) 고양이는 딱히 친근하지 않아서 정이 별로 안 가.

해설 애완동물 중에서도 도마뱀과 같은 낯선 동물에 대해 이야기하다 이를 싫어하는 이유를 묻고 있으므로 길들이기 어렵다고 답하는 (a)가 가장 적절하다. 여기서 make는 '만들다'가 아닌 '~이 되다'라는 뜻이다. (b), (d)는 개와 고양이에 대한 응답이고, (c)는 좋아하는 이유로 적절하다.

어휘 pet 애완 동물   exotic 이국적인; 낯선   lizard 도마뱀
practically 사실상, 실제로   tame 길들이다
companion 동반자; 친구   care for ~을 좋아하다

13 (d)
해석 W 제가 출장간 사이 무슨 일이 있었는지 이야기해주시겠어요?
M 단 한 가지 흥미로운 일은 저희가 신입 사원을 고용했다는 거예요.
W Mark 옆 자리에 앉아 있는 저 사람인가요?

(a) 아니요. Mark는 지금 특별히 뭘 하고 있지 않아요.
(b) 네. 저는 신입 사원이 누군지 정확히 알고 있습니다.
(c) 아니요. 여기는 신입 사원이 세 명 있습니다.
(d) 네, 그 사람이 맞아요. 이름은 Steve Walters입니다.

해설 신입 사원을 고용했다는 남자의 말에 여자는 그가 Mark 옆에 있는 사람인지 물었으므로 이에 긍정의 답변을 하며 이름을 알려주는 (d)가 정답이다. (b) 여자가 가리키는 사람이 신입 사원이 맞는지 아닌지를 말해야 하는 상황이므로 누군지 알고 있다는 말은 적절하지 않다.

어휘 business trip 출장   hire 고용하다

14 (b)
해석 W 방금 Joe의 형한테서 전화를 받았어요. 그가 사고를 당해서 병원에 입원해 있다고 하네요.
M 최대한 빨리 병원에 가서 괜찮은지 확인해 보세요.
W 그의 상태가 어떤지 확인되는 대로 전화 드리겠습니다.

(a) 지금 그가 무슨 일을 할 수 있는 상황이 아닙니다.
(b) 고마워요. 의사 선생님과 이야기하고 난 후 꼭 제게 알려주세요.
(c) 그에게 서둘러 사무실로 가서 보고해야 한다고 알려주세요.
(d) 그를 치고 간 자동차 번호 좀 알아보시고요.

해설 사고를 당한 Joe의 상태가 어떤지 확인해달라는 것이 대화의 초점이다. 확인 후 전화하겠다는 말에 꼭 알려달라고 부탁하는 (b)가 정답이다.

어휘 hospitalize 입원시키다   make sure 확실히 하다
condition (건강) 상태   be sure to 반드시 ~하다
report 보고하다   license plate 자동차 번호판

15 (a)

해석 M 저희 강아지를 애견 미용사에게 데려가야겠어요. 털을 좀 정리해야겠네요.

W 그래요. 털이 점점 길어지고 있네요. 당신이 나가 있는 동안 내가 무슨 일이라도 해둘까요?

M 당신이 거실 청소를 해주면 정말 좋을 것 같아요.

(a) 당신이 돌아올 때면 거실이 아주 깨끗하게 정리되어 있을 거예요.
(b) 아니요. 여기는 강아지 기를 공간이 없네요.
(c) 물론이죠. 강아지 씻기는 것쯤이야 문제 없어요.
(d) 네. 방금 막 정리를 다 끝냈습니다.

해설 남자는 자신이 애견 미용사에게 간 사이 여자가 거실 청소를 해주길 바라고 있다. 따라서 돌아올 때 쯤이면 청소를 끝내놓겠다는 의미의 (a)가 정답이다. (d) 남자가 나가 있는 동안 청소하겠다고 했으므로 적절하지 않다.

어휘 groomer 애견 미용사 fur 털; 모피
nice and (형용사와 함께) 매우, 아주 neat 깔끔한
raise 들어올리다; 기르다, 키우다 give a bath 목욕시키다

16 (c)

해석 W 실례합니다만, 음료 리필이 가능합니까?

M 그럼요. 무슨 음료 드셨는지 말씀해 주시면, 한 잔 더 드리겠습니다.

W 콜라입니다. 그리고 초콜릿 케이크도 한 조각 주세요.

(a) 알겠습니다. 무슨 음료로 드릴까요?
(b) 죄송합니다만, 에피타이저가 전부 다 떨어졌습니다.
(c) 물론이죠. 주문하신 것 금방 준비해 드리겠습니다.
(d) 네. 주요리는 이제 곧 나옵니다.

해설 여자가 음료 리필을 부탁하며 초콜릿 케이크도 함께 주문했으므로 두 가지를 everything으로 받아 모두 가져다 주겠다는 (c)가 정답이다. (b), (d) 초콜릿 케이크를 에피타이저나 주요리로 보기는 어렵다.

어휘 get a refill on ~을 리필하다 completely 완전히
run out of ~이 다 떨어지다
appetizer 전채 요리, 에피타이저 entrée 주요리

17 (a)

해석 M 너 이 기사 읽어봐야 해. 내가 인터넷에서 읽은 거야.

W 지금은 시간이 없어. 대신 나한테 이메일로 보내줄 수 있을까?

M 그럼. 이메일 주소 알려주면 보내줄게.

(a) 주소가 좀 길어서 적어줄게.
(b) 고마워. 시간이 나면 한번 볼게.
(c) 내가 파인가 39번지에 산다는 걸 너도 아는 줄 알았어.
(d) 나는 이메일을 어떻게 보는지 잘 몰라.

해설 지금 뉴스 기사를 읽을 시간이 없어 이메일로 보내달라는 여자에게 남자는 이메일 주소를 물어봤다. 따라서 정답은 (a)이다. (b) 이메일 주소를 가르쳐준 다음에 할 법한 말이고, (c) 이메일 주소가 아닌 주소에 관한 답변이다.

36

어휘 check out 확인하다 forward 보내다, 전송하다
take a look at ~을 (한번) 보다

18 (b)

해석 W 이 도시에서 지하철 타본 적 있어?

M 응, 타본 적은 있는데, 나는 버스 타는 게 더 좋아. 그게 훨씬 더 편리해.

W 난 그 평가에는 동의할 수 없어. 지하철이 더 빠른 것 같던데.

(a) 그러면 다음 정거장에 도착하면 내리자.
(b) 맞아. 하지만 우리 사무실 주위에는 지하철 역이 없어.
(c) 매일 아침 출근할 때 20번 버스를 타.
(d) 자가용으로 출퇴근하는 게 버스를 타는 것보다 나아.

해설 버스를 이용하는 것이 더 편리하다는 남자에게 여자는 지하철이 더 빠른 것 같다고 반박한다. 그럼에도 불구하고 남자에게 버스가 더 편리한 이유를 밝힌 (b)가 정답이다. (a) 지하철을 타고 있는 상황에서 할 법한 말이다.

어휘 subway 지하철 convenient 편리한
assessment 평가, 판단 commute 통근하다

19 (b)

해석 M 안녕하세요. 이 책 두 권은 대출을 연장하고, 이 책은 대출하고 싶습니다.

W 알겠습니다. 우선 신분증 보여주십시오.

M 여기 있습니다. 아, 이 책들 중 한 권은 연체되었을 것 같아요.

(a) 네. 이 책은 2주간 대출 가능합니다.
(b) 사실, 오늘까지예요. 그러니 연체료는 내실 필요 없습니다.
(c) 아니요. 그 책 반납일은 3일 전이었어요.
(d) 그래서 저희가 벌금을 물리지 않는 거죠.

해설 남자의 마지막 말을 잘 들어야 풀 수 있는 문제이다. 대출을 요청하다가 한 권이 연체되었을지도 모른다고 말하고 있으므로 오늘이 반납일이라고 말하는 (b)가 정답이다. (c) No가 아닌 Yes가 되어야 답이 될 수 있다.

어휘 renew 갱신하다; 기한을 연장하다 check out (책을) 대출하다
ID card 신분증 (=identity card) overdue 연체된
permit 허용하다 fine 벌금 due date 마감 기한, 만기일
charge (비용을) 청구하다

20 (c)

해석 W Johnny가 여기서 일하게 된 거 알고 있었어? 믿을 수가 없어.

M 내 말이. 우리가 면접 본 사람들 중에서 가장 별로였는데.

W 어떻게 인사부장님을 설득해서 취업했는지 모르겠단 말이야.

(a) 분명 그의 뛰어난 이력서 때문일 거야.
(b) 나는 그가 면접을 잘 봤다고 생각했는데.
(c) 그가 어떻게 해냈는지 전혀 모르겠어.
(d) 마케팅 부서에서 그를 고용했어.

두 사람 모두 Johnny의 취업에 대해 의문을 가지고 있으므로 (c)가 가장 적절하다. (a) 일반적으로 이력서를 먼저 검토한 후 면접이 실시되므로 Johnny가 가장 별로였다는 평가는 이력서까지 포함하여 내린 판단일 것이고, (d) 어느 부서로 고용된 것인지는 알 수 없다.

어휘 incredible 믿을 수 없는, 믿기 힘든
I'll say. 내 말이 그 말이야. 그러니까.
candidate 후보자; 지원자
manage to ~하는 데 (가까스로) 성공하다
convince 납득시키다, 설득하다   outstanding 뛰어난
I haven't a clue. (도무지) 모르겠어.   as to ~에 관해

21 (b)

해석 온라인 주문에 관한 대화를 들으시오.

M 여보세요. James Thompson입니다. 방금 옷을 주문했어요.
W 네, Thompson 씨. 모니터로 주문 접수 확인했습니다.
M 빨간색 폴로 셔츠를 라지 사이즈로 주문했는데, 좀 더 큰 사이즈가 있는지 궁금합니다.
W 확인해볼 테니 잠시만 기다려주세요... 네, 있습니다. 빨간색 외에 다른 색도 있습니다.
M 그러면 좀 더 큰 사이즈로 보내주실 수 있나요?
W 그럼요. 지금 바로 주문을 수정하겠습니다. 일주일 정도 후에 물건을 받아보실 수 있습니다.

Q: 남자가 주로 하려는 것은 무엇인가?
(a) 주문 비용이 얼마일지 확인하기
(b) 조금 전에 한 주문 변경하기
(c) 주문했던 스웨터보다 좀 더 큰 사이즈 구입하기
(d) 주문 전부를 취소하기

해설 여자의 마지막 말에서 남자가 주문을 변경했음을 알 수 있다. 따라서 정답은 (b)이다. (a) 주문 비용은 언급된 적 없고, (c) 주문한 것은 스웨터가 아니라 셔츠이고, 새로 구입하는 것이 아니라 사이즈를 변경하고 있다.

어휘 place an order 주문하다
Hold on a second. 잠시만 기다리세요.
available 이용 가능한; 구입 가능한   entire 전체의

22 (d)

해석 두 동료가 회의에서 노트 필기에 대해 이야기하는 것을 들으시오.

W Nick, 우리가 곧 참석할 회의에서 메모해 줄 수 있어?
M 그럼. 노트를 가져가서 언급되는 이야기는 다 적을게.
W 토씨 하나 안 빠뜨리고 적지는 않아도 돼. 그럴 필요는 없어.
M 그럼 사람들이 하는 말의 핵심만 기록할게.
W 바로 그거야. 여러 제안에 대해 누가 찬성하고 누가 반대하는지는 반드시 기록해줘.
M 최선을 다할게.

Q: 대화의 주제는 무엇인가?
(a) 곧 있을 회의의 안건
(b) 남자가 방금 받아 적은 내용
(c) 모든 참석자의 말을 정확히 기록할 필요성
(d) 회의장에서 남자의 역할

해설 첫 문장에서 여자는 남자에게 회의 내용에 대한 노트 필기를 부탁하고 있고, 이후 어떻게 해야 할지 설명하고 있으므로 (d)가 정답이다. (b) 회의는 아직 시작되지 않았고, (c) 내용을 자세히 받아 적을 필요는 없다고 했다.

어휘 take notes 메모하다, 노트 필기하다
legal pad 법률 용지 (노란색 종이 노트)
word-by-word 한 글자 한 글자 그대로
transcription 글로 옮김, 필사   gist 핵심, 요지
in favor of ~에 찬성하여, ~을 지지하여
against ~에 반대하여   agenda 안건

23 (d)

해석 두 동료가 급여 인상에 대해 이야기하는 것을 들으시오.

M 방금 매니저와의 이야기는 어떻게 됐어? 급여 인상 받기로 했어?
W 솔직히 말하면, 그 문제는 말도 못 꺼냈어.
M 그렇지만 너 이번 주 내내 급여 인상에 대해 이야기했잖아. 무슨 일이 있었던 거야?
W 그냥 그 문제를 언급할 용기가 나지 않았어. 그가 안 된다고 말할 거라 생각하기도 했고.
M 그런 자세는 바람직하지 않아. 정면 대결해야지.
W 언젠가는 그럴게. 하지만 현재로서는 못할 것 같아.

Q: 대화에서 남자가 주로 하고 있는 것은 무엇인가?
(a) 여자에게 매니저 자리에 지원하라고 말하기
(b) 여자에게 긴장하지 말라고 말하기
(c) 여자의 급여 인상에 대해 물어보기
(d) 여자에게 좀 더 자신감을 가지라고 격려하기

해설 대화 초반부에서 급여 인상에 대해 물어보았으나 그 이후로는 급여 인상 이야기를 꺼냈어야 했다는 지적과 함께 자신감을 가지라는 격려가 이어지고 있으므로 정답은 (d)이다. (c) 대화 초반부에 나오는 세부 정보에 그친다.

어휘 pay raise 급여 인상   to be honest 솔직히 말해서
approach 접근하다   get up the nerve 용기를 내다
stand up for oneself 자립하다, 남에게 좌우되지 않다
at the present 현재로서는   apply for ~에 지원하다
position (일)자리   confident 자신감이 있는

24 (a)

해석 두 친구가 남자의 재채기에 대해 이야기하는 것을 들으시오.

M 요즘 재채기가 멈추질 않아. 정말 미치겠어!
W 아마도 꽃가루가 날려서 그럴 거야. 나도 그러거든.
M 이유야 어찌 되었든, 빨리 멈추었으면 좋겠어. 나 거의 쉬지 않고 재채기하는 것 같아.
W 가능하면 야외 활동을 피하도록 해. 꽃가루는 곧 사라질 거야.
M 나도 그러길 바라. 휴지를 달고 살고 있거든. 정말 힘들다.
W 계속 그러면 병원에 가 봐. 의사가 뭐라도 처방해줄 거야.

Q: 남자가 계속 재채기를 많이 하도록 만드는 것은 무엇인가?
(a) 꽃가루 날림
(b) 너무 잦은 야외 활동
(c) 의사가 그에게 처방해줬던 약
(d) 그가 사용하는 휴지

해설 쉬지 않고 재채기를 하는 남자에게 여자는 꽃가루 때문일 것이라며 야외 활동을 피하고, 정 힘들면 병원에 가서 약 처방을 받으라고 하고 있으므로 (a)가 정답이다.

어휘 sneeze 재채기하다 drive ~ crazy ~을 미치게 하다
pollen 꽃가루 affect 영향을 미치다 disappear 사라지다
go through ~을 다 써버리다
bother 신경 쓰이게 하다, 괴롭히다 prescribe 처방하다

25 (c)

해석 여자의 고민에 관한 대화를 들으시오.

W George! 너 만나고 싶었는데. 여기서 만나다니 진짜 잘
됐다.
M 무슨 일이야, Kelly? 내가 뭐 도와줄 거 있어?
W 맞아, 있어. 내 컴퓨터가 요즘 제대로 작동되지가 않아.
M 내가 그걸 봐줬으면 하는 거구나, 그렇지?
W 혹시 시간이 있으면 네 도움을 정말 고맙게 받을게.
M 어디 보자... 나 30분 후에 시간이 될 것 같아. 그때 들를게

Q: 대화에 따르면 다음 중 옳은 것은 무엇인가?
(a) 여자는 막 새 컴퓨터를 구입했다.
(b) 남자는 최근에 여자의 컴퓨터를 수리했다.
(c) 여자는 남자를 찾고 있었다.
(d) 남자는 내일이 되어야 비로소 여자를 도울 수 있다.

해설 Kelly는 처음 George를 보자마자 You're just the man I wanted to see.라며 그를 찾고 있었다는 말을 했다. 따라서 (c)가 정답이다. (b), (d) George는 30분 후에 Kelly의 컴퓨터를 봐주겠다고 했다.

어휘 bump into ~을 우연히 만나다 properly 제대로
give ~ a hand ~을 도와주다 drop by 들르다

26 (b)

해설 남자의 여행에 관한 대화를 들으시오.

M 공항에 빨리 가야 해. 세 시간 후에 비행기가 출발하거든.
W 난 네가 이틀 후에나 떠난다고 생각했는데.
M 원래 그러려고 했는데, 너무 가고 싶어서서 오늘 떠나.
W 고향에 돌아가서 정말 설레나 보다.
M 네 말이 맞아. 거의 7년 만에 가는 거야.
W 즐거운 시간 보내. 아무튼, 너 이제 출발해야겠다.

Q: 대화에 따르면 남자에 대해 다음 중 옳은 것은 무엇인가?
(a) 비행시간은 대략 세 시간이 될 것이다.
(b) 오랫동안 고향에 가지 못했다.
(c) 이번 여행을 가는 데 즐거워하지 않는다.
(d) 비행기를 놓칠 것이다.

해설 7년 만에 고향에 가는 남자가 고향 방문을 앞두고 들떠있는 상황이다. 따라서 정답은 (b)이다. (a) 세 시간 후에 비행기가 출발 하는 것이지 비행 시간이 세 시간인 것은 아니고, (c) 남자는 비행기 시간을 앞당길 정도로 빨리 가고 싶어한다.

어휘 take off 이륙하다 be scheduled to ~할 예정이다
can't wait to 간절히 ~하고 싶어 하다 approximately 대략

27 (d)

해석 두 동료 간의 대화를 들으시오.

W 그 문 열지 마. 넌 거기 들어가면 안돼.
M 나한테 그런 말 한 사람 없었는데. 정말 들어갈 수 없는 거
맞아?
W 문에 오렌지색 라벨이 있는데, 그건 보안 직원만 들어갈 수
있다는 의미야.
M 아... 색이 다른 이유가 뭔지 늘 궁금했는데.
W 몰랐어? 난 다들 색이 뭘 나타내는지 다 안다고 생각했는데.
M 나는 몰랐어. 직원 매뉴얼을 한번 봐야겠다.

Q: 대화에 의하면, 누가 문에 오렌지색 라벨이 있는 방으로 들
어갈 수 있는가?
(a) 모든 직원들
(b) 가게 매니저들
(c) 관리인들
(d) 경비 직원들

해설 여자의 두 번째 말에서 답을 찾을 수 있다. 문에 있는 오렌지
색 라벨은 보안 직원만 들어갈 수 있다는 표시이므로 (d)가 정
답이다. 대화의 security staff가 (d)의 guards로 패러프레이
징 된 셈이다. (c) custodian은 보안이나 경비를 위한 관리인
이라기보다 청소를 위해 고용된 사람이다.

어휘 off limits 출입 금지의 security staff 경비 직원
be aware of ~을 알다 stand for ~을 의미하다, 나타내다
suppose 생각하다 take a glimpse at ~을 들여다보다
manual 매뉴얼, 설명서, 지침 custodian 관리인

28 (a)

해설 센터빌의 쇼핑몰에 관한 대화를 들으시오.

M 오늘 밤 센터빌에 갈 거야. 같이 갈래?
W 좀 먼 것 같은데. 여기서 한 시간 반 거리 아니야?
M 그렇긴 하지만 내가 주로 쇼핑을 하는 곳이야. 거긴 가격이
정말 싸거든.
W 맞다. 센터빌에 대형 아울렛이 있었지.
M 그래서, 같이 갈 거야, 안 갈 거야? 운전할 때 누가 옆에 있
어주면 좋을 거 같은데.
W 같이 가자. 일 끝내고 여섯 시에 갈 준비해놓을게.

Q: 대화에 따르면 다음 중 옳은 것은 무엇인가?
(a) 남자는 알뜰한 소비자이다.
(b) 센터빌까지는 차로 두 시간이 걸린다.
(c) 여자는 쇼핑몰까지 운전해서 갈 것이다.
(d) 두 사람은 약 6시간 내로 출발할 것이다.

29 (a)

해석 두 친구가 휴가 계획을 세우는 것을 들으시오.

M 이번 주말에 해변으로 가는 게 어떨까?
W 좋지. 한동안 해변에 못 갔어.
M 정말? 너 선탠 좀 해야겠다.
W 맞아. 요즘 계속 집에만 있었거든.
M 그러면 너는 해변으로 가는 게 좋겠네.
W 그렇지. 점심은 내가 준비해갈게. 바닷가에서 먹자.
M 좋아. 토요일이 빨리 왔으면 좋겠다.

Q: 여자에 대해 추론할 수 있는 것은 무엇인가?
   (a) 밖에서 시간을 보낸 적이 별로 없다.
   (b) 점심 먹을 준비가 되어 있다.
   (c) 막 선크림을 발랐다.
   (d) 바다에서 먼 곳에 산다.

해설 여자의 말 I've been cooped up in my home lately.를 들었다면 쉽게 풀 수 있는 문제. 최근 집에만 있었다고 했으므로 (a)가 가장 적절하다. (b), (c) 토요일 해변에서 가서 할 일이다.

어휘 could use ~을 얻을 수 있으면 좋겠다, ~이 필요하다
coop up 가두다, 감금하다   put on (몸에) 바르다
suntan lotion 선크림

30 (c)

해석 출장 준비에 관한 대화를 들으시오.

W 오늘 아침에 예약해두었습니다. 가격이 10% 정도 올랐네요.
M 와, 많이 올랐네요. 예산은 충분합니까?
W 아니요. 그래서 지금 요청을 더 하려고 합니다.
M 이사회가 반기지 않을 것 같은데요.
W 그건 그렇지만, 이번 출장은 가셔야 하지 않습니까?
M 그렇죠. 그런데 향후 이사회가 제 출장비를 삭감할 것 같네요.

Q: 대화로부터 추론할 수 있는 것은 무엇인가?
   (a) 여자는 남자의 상사이다.
   (b) 남자는 이사회에 속해 있다.
   (c) 남자는 출장 경비를 본인이 부담하지 않는다.
   (d) 여자가 회사 예산을 책임지고 있다.

해설 출장 비용의 상승으로 예산이 얼마 남지 않아 여자는 지금 요청을 하려고 한다. 이사회의 승인을 받는 것으로 보아 출장 경비를 회사 비용으로 처리함을 추론할 수 있다. 정답은 (c)이다. (a) 남자의 예약을 여자가 대신해주었으므로 남자가 상사일 것이고, (c) 이사회가 지금 요청을 반기지 않을 것이라 했으므로 남자를 이사회 임원으로 보기는 어렵다. (d) 여자는 지금 요청을 하는 입장이므로 예산을 책임지고 있지 않을 것이다.

어휘 business trip 출장   make a reservation 예약하다
budget 예산   ask for 요청하다, 청구하다
the board of directors 이사회   cut back (비용을) 삭감하다
expenses (pl.) (특별한 일에 드는) 비용, 경비
be responsible for ~을 책임지다, 담당하다

31 (c)

해설 최근 우리 모두가 알다시피 사실상 전 세계 모든 국가의 경제가 서로 연관되어 있다. 유럽이나 미국에서 경제 문제가 터지면, 남미나 아시아에서 더 큰 문제가 발생할 수 있다. 세계화로 인해 세상은 더욱 좁아졌다. 세계 경제가 호황일 때면 이는 많은 유익을 가져다주지만, 경제가 불황으로 접어들게 되면 큰 문제 또한 일으킬 수도 있다. 요약하자면, 우리는 세계화의 영향에 주의해야 하는데, 이는 그것이 득보다 실이 더 많을 수 있기 때문이다.

Q: 화자의 요지는 무엇인가?
   (a) 세계화는 아시아와 남미 국가에 대체로 위험하다.
   (b) 세계화는 세계 경제가 하향세를 보일 때 매우 중요하다.
   (c) 세계화는 유익하기보다 해로울 가능성이 더 크다.
   (d) 세계화는 유럽 국가와 미국에만 실로 유리하게 작용한다.

해설 요지는 화자가 하고자 하는 말이므로 역접 연결어나 의무를 나타내는 조동사에 유의하여 들어야 한다. 담화의 마지막 문장에 we must ~로 시작하여 세계화가 득보다 실이 더 많을 수 있음을 지적하고 있으므로 정답은 (c)이다. 담화의 cause much more harm than good이 (c)의 has more potential to be harmful than to be beneficial로 패러프레이징 된 셈이다. (a), (d) 세계화가 특정 국가에 유리하다거나 불리하다는 내용은 없었다.

어휘 virtually 사실상; 거의
interconnect 서로 연결하다, 연관시키다
globalization 세계화   tremendous 엄청난
boom (경제가) 호황을 맞다, 호전되다   worsen 악화되다
wary of ~을 조심하는, 유의하는
(do) more harm than good 백해무익하다
decline 감소하다, 하락하다   beneficial 유익한, 이로운

32 (a)

해설 번개는 먹구름 속 얼음 입자로 인한 결과이다. 이 입자들이 오르락내리락 하면서, 그 사이에 일어나는 많은 충돌이 전하의 분리를 야기한다. 양전하는 위로 올라가는 반면 음전하는 바닥으로 가라앉는다. 폭풍이 이동하면서, 음전하로 된 폭풍 바닥에는 나무나 전봇대를 타고 올라가는 지상의 양전하가 뒤따른다. 양전하로 된 지면과 음전하로 된 먹구름 밑면 사이에 통로가 열리면, 그 결과로 번개가 발생하는 것이다.

Q: 담화의 주제는 무엇인가?
   (a) 한 기상학적 조건
   (b) 번개의 위험
   (c) 먹구름의 구성
   (d) 양전하와 음전하의 비교

해설 번개가 어떤 조건에서 발생할 수 있을지 기상학적으로 설명한 글로 정답은 (a)이다. (c), (d) 먹구름이나 양전하, 음전하

모두 번개가 발생하는 과정을 설명하기 위해 언급된 세부 정보이다.

어휘 lightning 번개　particle (작은) 입자　collision 충돌
separation 분리　electrical charge 전하(電荷)
positive 양의; 양전하의　crystal 결정체
be followed by ~이 따라오다　telephone pole 전봇대
channel 통로, 경로　meteorological 기상의, 기상학상의
composition 구성 (요소)　comparison 비교

33 (b)

해석 교사의 유일한 의무는 학생들에게 수업을 하고 과제와 시험을 채점하는 것이라는 잘못된 생각이 있다. 이는 결코 사실이 아니다. 사실상, 교사는 반드시 해야 할 많은 다양한 의무가 있다. 그 중 하나로, 여러 교사들은 학생들의 방과 후 과외 활동을 돕는다. 몇몇 교사들은 수석이나 보조 코치로 교내 운동부를 지도한다. 그리고 많은 교사들은 뒤쳐지거나, 이례적으로 뛰어나서 추가적인 지도가 필요한 학생들에게 개인 교습을 해주거나 멘토링을 해주기도 한다.

Q: 교사에 대해 다음 중 옳은 것은 무엇인가?
(a) 학생들의 과외 활동에 참여하도록 요구된다.
(b) 대다수의 사람들은 교사의 업무량을 과소평가한다.
(c) 교사는 코치나 개인 교사의 역할을 의무적으로 해야 한다.
(d) 시험 채점은 교사의 책임에 속하지 않는다.

해석 화자는 사람들이 생각하는 것과 달리 교사의 역할이 단지 가르치고 성적을 내는 것 이상이라고 이야기하며 담화를 시작하고 있다. 따라서 정답은 (b)이다. (a), (c) 과외 활동이나, 코치 역할 모두 교사들의 의무가 아닌 참여할 수 있는 분야 중 하나일 뿐이고, (d) 첫 문장에 근거하여, 시험 채점은 교사의 기본적인 임무 중 하나로 볼 수 있다.

어휘 misconception 오해, 잘못된 생각　duty 의무
lecture 강의하다　far from 전혀 ~이 아닌
as a matter of fact 사실은　extracurricular 과외의
assistant 보조의　athletic 운동 경기의, 체육의
tutor (과외 교사로) 가르치다, 개인 교습을 하다
mentor 멘토링을 하다, 조언을 하다
fall behind 뒤쳐지다, 뒤떨어지다
underestimate 과소평가하다

34 (d)

해석 회사는 임직원 여러분 모두와 사업 지출 정책을 검토하라고 제게 요청했습니다. 우선 출장을 가시는 경우, 해외 출장에만 비즈니스석을 이용할 수 있습니다. 모든 국내 출장은 일반석으로 제한됩니다. 직원 여러분은 중형 세단 차량을 빌릴 수 있으며, 물론 모든 유류비용은 회사가 부담할 것입니다. 마지막으로, 하루 100달러 상당의 금액이 식대와 부대비용을 충당하는 데 허용됩니다. 고객에게 식사 대접을 하느라 더 많이 지출하게 될 경우에는, 추가 비용에 대해 관리자의 승인서를 받아야 합니다.

Q: 안내 방송에 따르면 다음 중 옳은 것은 무엇인가?
(a) 직원들은 차량 대여에 하루 100달러를 쓸 수 있다.

(b) 직원들은 하루 10갤런이라는 휘발유 제한이 있다.
(c) 직원들은 고객의 식사 접대를 위해 구두 허락을 받아야 한다.
(d) 직원들은 비즈니스석으로 출장 가는 것이 때때로 허용된다.

해설 첫 번째로 언급한 정책에서 해외 출장 시에는 비즈니스석을 이용할 수 있다고 했으므로 (d)가 정답이다. (a) 차량 대여 비용이나 (b) 휘발유 사용 제한에 대한 내용은 없었고, (c) 구두상의 허락(oral permission)이 아닌 문서상의 승인(signed approval)을 받아야 한다.

어휘 expense 비용; 지출　domestic 국내의　restrict 제한하다
cover (비용을) 대다, 충당하다　per diem 하루 단위의
sign 서명하다　approval 인정; 승인　extra 추가적인
limit 제한　permission 허락, 허가

35 (d)

해석 위글스는 호주의 어린이 노래 및 코미디 그룹이다. 네 명의 주요 멤버는 Greg, Murray, Jeff, 그리고 Anthony이다. 이 중 세 명은 1990년 대학에서 아동 교육 과정을 듣다 만났다. 이 세 명 모두 음악 관련 경력이 있었기에 이들은 노래를 포함하는 수업 프로젝트를 하기로 결정했다. 반응이 너무 좋아서 이들은 동요 앨범을 만들기로 결심했다. 음악계 친구들의 도움으로, 위글스의 첫 앨범은 1991년에 출시되었다. 곧, 그 그룹은 호주 전역을 돌아다니며 순식간에 히트를 쳤다. TV 프로그램이 시작되었고, 세기가 바뀔 즈음 위글스는 세계에서 가장 인기 많은 어린이를 위한 그룹 중 하나가 되었다.

Q: 위글스의 몇몇 멤버들은 어떻게 만났는가?
(a) 호주 전역을 다니던 중 만났다.
(b) 음악계 몇몇 사람들이 소개해 주었다.
(c) TV 프로그램에서 서로를 만났다.
(d) 같은 수업을 듣던 중 알게 되었다.

해설 특정 정보에 대해 묻는 문제이다. Three of them met while taking a children's education course ~를 들었다면 쉽게 풀 수 있는 문제로 정답은 (d)이다. (b) 이 수업에서의 프로젝트를 위해 음악계 친구들의 도움을 받았던 것이고, 그룹이 결성된 후 (a) 호주 전역을 돌아다니며 (c) TV 프로그램에 출연하기 시작했다.

어휘 involve 포함하다, 수반하다
be well-received 좋은 평가를 받다　industry 산업
produce 만들다; 제작하다　instant 즉각적인
by the turn of the century 세기가 바뀔 무렵
act (음악) 그룹　acquaint 익히다, 숙지하다; 가까워지다

36 (b)

해석 1800년대 후반 이후로, 유럽 사람들, 특히 스페인과 프랑스 사람들은 가장 일반적이지 않은 장소인 동굴에서 놀라운 발견을 해오고 있습니다. 그들이 발견하고 있는 것은 동굴 벽화로, 그 중 몇몇은 거의 3만 년 전 선사시대인에 의해 그려진 것이었죠. 처음에 동굴 예술은 거짓으로 여겨졌지만, 이에 대한 보도가 지속적으로 이어지면서 사람들은 그 진위를 확신하게 되

었습니다. 대다수의 동굴 예술은 다양한 동물을 묘사했는데, 그중 일부는 아직 유럽에서 발견되고 있고, 나머지는 오래전에 멸종된 동물들입니다. 연구원들은 그림의 목적이 있었다 하더라도, 그것이 무엇이었는지는 확신하지 못하고 있습니다.

Q: 강의로부터 동굴 벽화에 대해 추론할 수 있는 것은 무엇인가?
(a) 그 중 몇몇 작품은 위조된 것으로 드러났다.
(b) 벽화를 그린 사람들은 그것을 왜 그렸는지는 설명하지 않았다.
(c) 사람들이 동물을 사냥하는 그림이 많다.
(d) 유럽의 두 나라에서만 발견된다.

해설 마지막 문장에서 그림의 목적에 대해서는 연구원들도 알지 못한다는 내용이 나온다. 따라서 (b)가 정답이다. (a) 동굴 벽화의 발견이 계속되면서 그 진위여부를 확인하게 되었다고 했고, (c) 대다수의 동굴 벽화는 사람이 아닌 동물을 묘사했다. (d) 첫 문장을 보면, 특히 스페인과 프랑스에서 발견되었다고 했을 뿐, people across Europe를 통해 유럽 전역에서 발견되고 있음을 알 수 있다.

어휘 spectacular 장관을 이루는   discovery 발견   cave 동굴
prehistoric 선사시대의   instance 사례, 경우
deem ~라고 여기다, 생각하다   forgery 위조된 것
convince of ~을 납득시키다, 확신시키다
authenticity 진짜임   depict 묘사하다; 그리다
extinct 멸종된

37-38 (a), (c)

해석 본 대학은 다음 강좌가 등록생 부족으로 인해 폐강되었음을 알려드립니다. 월요일 오전 9시 수업인 예술사 101, 화요일 오전 8시 30분의 체육 교육 203, 금요일 오전 9시의 화학 301이 공식적으로 폐강됩니다. 상기 과목을 등록한 학생은 같은 과정 내 다른 과목으로 변경하거나 같은 강의일의 다른 과정에 등록할 수 있습니다. 이러한 조치가 학생 여러분의 요구 사항을 충족시키지 않는다면, 본관 행정 건물 402호의 학과장실에 방문해주시기 바랍니다. 모든 노력을 기울여 학생 여러분께 협조하며, 원하는 수업을 모두 들을 수 있도록 하겠습니다. 그러나 우선순위는 졸업을 위해 특정 과목을 이수해야 하는 4학년에게 돌아갈 것입니다. 이번 폐강 조치로 불편을 끼쳐드린 데 대해 미리 사과의 말씀 드립니다.

37 Q: 안내 방송은 주로 무엇에 관한 것인가?
(a) 폐강 과목을 대신할 과목의 등록 방법
(b) 특정 과목이 폐강된 이유
(c) 일부 과목의 폐강으로 인한 영향
(d) 폐강된 과목의 수강생들이 방문해야 할 장소

38 Q: 안내 방송으로부터 강의에 대해 추론할 수 있는 것은 무엇인가?
(a) 예술사는 대학에서 인기 있는 과목이다.
(b) 많은 학생들이 제때 강좌를 신청하지 않았다.
(c) 1, 2학년생들은 원하는 강의에 등록될 가능성이 낮다.
(d) 과목 폐강은 대학에서 자주 일어난다.

해설 37 개설 예정이었던 과목이 등록 인원의 부족으로 폐강됨을 알리는 내용이다. 폐강 과목을 신청한 학생은 다른 과목으로

변경하거나 학과장실을 방문하여 문제를 해결해달라고 했으므로 (a)가 정답이다. (b), (c), (d) 모두 세부 내용으로 볼 수 있다.

38 안내 방송 마지막 부분에 우선 순위가 4학년에게 돌아간다는 내용이 있으므로 1, 2학년 학생들은 원하는 강의에 등록될 가능성이 상대적으로 낮다고 추론할 수 있다. 따라서 정답은 (c)이다.

어휘 enrollment 등록   officially 공식적으로   switch 변경하다
arrangements (pl.) (처리) 방식
meet one's needs 요구를 충족시키다
dean (대학의) 학장   administration 관리, 행정
accommodate (~의 요구에) 부응하다, 협조하다
priority 우선 순위   senior 상급생, 졸업생; (대학) 4학년생
inconvenience 불편   in place of ~을 대신하여
underclassman 하급생; (대학) 1, 2학년생

39-40 (b), (b)

해석 다양한 문화권에서 수세기 동안 뱀파이어에 대한 신화와 전설이 있어왔지만, 최근에 이러한 이야기가 점점 더 인기를 얻고 있는 듯하다. 오늘날, 단 한 해도 누군가가 뱀파이어를 주인공으로 한 책 시리즈나 영화를 제작하지 않고 지나가지 않는다. 과거에는 뱀파이어가 젊고 연약한 여성의 피를 빨아먹는 밤의 괴물로 비춰졌지만, 최근에는 남자 주인공으로서의 뱀파이어가 이 장르를 좋아하는 팬 사이에서 틈새시장을 발견했다. 미국 작가 Stephanie Meyer의 뱀파이어를 다룬 청소년 소설 시리즈에서는 바로 이 점을 이용하고 있는데, 젊은 남성 뱀파이어가 인간 여성에게 사랑에 빠지는 이야기를 한다. 네 권의 책과 영화를 통해, 이 젊은 커플은 전 세계 수백만 명의 십대 팬들의 마음을 사로잡았다.

39 Q: 담화에 의하면, 뱀파이어는 본래 어떻게 묘사되었는가?
(a) 뱀파이어는 보통 괴물로 오해 받았다.
(b) 뱀파이어는 연약한 여성들의 체액을 먹고 살았다.
(c) 젊은 여성은 종종 뱀파이어와 사랑에 빠졌다.
(d) 주인공은 다른 괴물들을 무찌르기 위해 뱀파이어와 함께 싸웠다.

40 Q: 담화에 따르면 뱀파이어에 대해 옳은 것은 무엇인가?
(a) 대부분 뱀파이어에 대한 이야기는 연애를 다룬다.
(b) 주인공으로서의 뱀파이어는 최근에 일어난 현상이다.
(c) 뱀파이어 이야기는 더 많은 관중에게 인기를 끄는 데 실패했다.
(d) 최근 뱀파이어 이야기는 뱀파이어 전설에 기초한다.

해설 39 담화의 첫 부분에 전형적인 뱀파이어의 모습이 나타나 있다. 젊고 연약한 여성의 피를 빨아먹는 밤의 괴물로 묘사되었다고 했으므로 (b)가 정답이다. 담화의 sucked the blood of helpless young women이 (b)의 subsisted on the body fluids of helpless females로 패러프레이징 된 셈이다. (a) 괴물로 오해 받은 것이 아니라 괴물로 그려졌다.

40 과거에는 뱀파이어가 그저 괴물로 등장했지만 오늘날의 뱀파이어는 주인공으로서 인간 여성과 사랑에 빠지는 등 괴물 이외의 면모를 드러내며 등장하고 있다. 따라서 정답은 (b)이다. (a) 최근 뱀파이어와의 로맨스로 인기를 끈 Stephanie Meyer의 소설을 예로 들었을 뿐이고, (c) 뱀파이어 이야기는

인기를 끄는 데 성공했다. (d) 최근 뱀파이어 이야기는 전설과
는 다른 방향으로 흘러가고 있다.

어휘 myth 전설　vampire 뱀파이어, 흡혈귀
increasingly 점점 더　produce 만들다; 제작하다
protagonist 주인공　suck 빨다, 빨아먹다
helpless 무력한　hero 남자 주인공
niche 틈새시장　capitalize on ~을 이용하다
mortal (평범한) 인간　subsist on ~로 먹고 살다
body fluid 체액　fall in love with ~와 사랑에 빠지다
alongside 옆에, 나란히; ~와 함께
phenomenon 현상　catch on 유행하다, 인기를 얻다

Actual Test 4

1 (a)	**2** (d)	**3** (b)	**4** (c)	**5** (b)
6 (d)	**7** (c)	**8** (b)	**9** (a)	**10** (c)
11 (c)	**12** (c)	**13** (b)	**14** (b)	**15** (a)
16 (d)	**17** (a)	**18** (d)	**19** (a)	**20** (c)
21 (c)	**22** (d)	**23** (b)	**24** (a)	**25** (b)
26 (a)	**27** (c)	**28** (c)	**29** (b)	**30** (a)
31 (c)	**32** (c)	**33** (a)	**34** (d)	**35** (b)
36 (d)	**37** (a)	**38** (c)	**39** (b)	**40** (c)

---

1 (a)

해석 M 나 좀 쉬게 잠깐만 운전해줄래?

(a) **물론이지. 여기 차를 대면 자리를 바꿀 수 있겠어.**
(b) 집에 도착할 때까지 2시간 정도 운전할 거야.
(c) 밤새 운전하려 하다니 너 제정신이 아니구나.
(d) 요즘 일 때문에 충분히 쉬지를 못했어.

해설 Would you mind –ing?로 물었으므로 긍정의 대답에 부정어
를 사용해야 한다. 잠깐만 운전해달라는 말에 Of course not.
으로 그렇게 하겠다고 답한 (a)가 가장 적절하다. (c) mind와
drive를 이용한 오답이고, (d) 전혀 불가능한 대답은 아니지만
(a)가 질문에 대해 더 직접적으로 대답한다.

어휘 mind 꺼리다, 싫어하다
get some rest 휴식을 취하다, 잠깐 쉬다
pull over (차를) 길가에 대다　switch 바꾸다
be out of one's mind 제정신이 아니다

2 (d)

해석 W 나중에 제가 전화할 수 있게 전화번호를 주시는 게 어떤
가요?

(a) 오후 1시에서 3시 사이에 전화 주세요.
(b) 네, 꼭 연락하며 지내도록 하겠습니다.
(c) 내일 중으로 답변을 드리겠습니다.
(d) **이 메모지에 적어드릴게요.**

해설 여자가 남자에게 전화번호를 요구하고 있으므로 메모지에 적
어주겠다는 (d)가 정답이다. (a), (b), (c) 모두 전화와 관련된 단
어(call, stay in contact, response)를 사용했지만 의미상 적
절하지 않다.

어휘 stay in contact with ~와 연락하고 지내다

3 (b)

해석 W 실례합니다. 이 기계로 계좌 잔액을 확인하는 법 좀 알려주
실 수 있나요?

(a) 신용카드 영수증 여기 있습니다.
(b) **아, 이거 고장 났네요. 다른 걸 사용하시는 게 좋을 것
같아요.**
(c) 통장하고 신분증 주세요.
(d) 네, 수표로 계산 가능합니다.

해설 여자가 계좌 잔액을 확인하는 방법을 묻고 있으므로 고장 났
으니 다른 걸 사용하라고 답하는 (b)가 가장 적절하다.

어휘 bank balance 은행 잔고, 계좌 잔액　credit card 신용카드
receipt 영수증　out of order 고장 난　passbook 통장
identification 신분증　write a check 수표로 지불하다

4 (c)

해석 M 저희는 당신이 그녀가 한 말에 관해 기억하시는 것 전부를
듣고 싶습니다.

(a) 그가 그때 말한 걸 다시 기억해내도록 할게요.
(b) 물론이죠. 제가 그녀에게 몇 마디 했어요.
(c) **최선을 다해 말씀드리겠습니다.**
(d) 제게 그녀가 한 말을 정확히 이야기해주셔야 할 겁니다.

해설 남자는 여자로부터 기억하고 있는 말 전부를 듣고 싶어하므로
이에 대해 말해주겠다는 (c)가 정답이다. (a) 주어가 he가 아니
라 she가 되어야 하고, (b) 남자는 그녀에게 말했다는 사실을
알고 싶은 것이 아니라 그녀에게서 들은 말을 알고 싶은 것이
다. (d) 여자가 아니라 남자가 할 말이다.

어휘 comment 말, 언급　recall 기억해내다, 생각해내다
recount 이야기하다, 말하다
to the best of one's ability 힘 닿는 데까지, 최선을 다하여
state 진술하다

5 (b)

해석 W 당신이 그 실험을 반복할 수 있는 방법은 없을 것 같네요.

(a) 저희가 시도한 것들은 모두 완벽히 성공적이었습니다.
(b) **그럴지도 모르죠. 하지만 계속 시도해볼 겁니다.**
(c) 당신은 같은 걸 해보려고 하지도 않았잖아요.
(d) 저희는 현재 아직 실험 단계에 있습니다.

해설 실험을 반복할 수 없을 것 같다는 여자의 회의적인 발언에
대해 그럼에도 계속 시도해볼 것이라 답하는 (b)가 가장 적절
하다.

어휘 doubt 의심하다　replicate 반복하다; 복제하다
experiment 실험　make an attempt 시도하다

6 (d)

해석 M 최근 당신이 한 행동으로 당신은 스스로를 매우 위험한 상황으로 밀어 넣고 있어요.

(a) 그걸 어디에 놓을지 아직 결정하지 못했어요.
(b) 저는 현재 은행 지점장으로 일하고 있습니다.
(c) 아니요. 이 주식은 가치가 떨어지지 않을 겁니다.
(d) 아마 그럴지도 모르죠. 하지만 저는 별 문제 없는걸요.

해설 남자가 여자에게 주의를 주고 있으나 그의 말에 그다지 수긍하지 않는 (d)가 정답이다. (a) 남자의 말에 나온 put에 착안해 place를 사용한 오답이고, (b) position을 이용한 오답이다. (c) 위험한 상황이라는 일반적인 발언을 단순히 주식으로 한정 짓기는 어렵다.

어휘 risky 위험한　position 위치; (일)자리, 직위
place 두다　bank manager 은행 지점장
stock 주식　value 가치

7 (c)

해석 M 절 보지 마세요. 저는 이 일과 아무 상관이 없어요.

(a) 난 네가 나쁜 일을 꾸미고 있다는 걸 늘 알고 있었어.
(b) 언제 그 보고서를 내 책상 위에 제출할 거야?
(c) 그럼 누가 이 문제를 일으킨 데 책임이 있는 거야?
(d) 네가 마음에 들어 하든 아니든 우린 이걸 진행할 거야.

해설 남자가 자신은 이 일과 아무 상관이 없다며 책임을 미루고 있으므로 그렇다면 누가 책임이 있는 것인지 묻는 (c)가 가장 적절하다. (a) 남자가 문제를 일으켰다고 확신하고 있는 경우에 할 수 있는 말이다.

어휘 have got nothing to do with ～와 관련이 없다
be up to no good 나쁜 일을 꾸미다
be responsible for ～에 책임이 있다

8 (b)

해석 W 디자인이 이렇게 나오기로 되어 있지 않았는데요.

(a) 현재 닮은 모델이 여기 있습니다.
(b) 어떤 디자인을 생각하시는지 말씀해주시는 게 어때요?
(c) 제게 디자인 컨셉을 말씀해주셔야 할 겁니다.
(d) 저는 그 사람이 어떻게 생겼는지 전혀 모릅니다.

해설 디자인이 잘못되었다는 말에 구체적으로 어떤 디자인을 원하는지 다시 묻는 (b)가 정답이다. (c) 의미상으로는 자연스러운 대답일 수 있지만, 미래시제로 이야기하고 있으므로 적절하지 않다.

어휘 be supposed to ～하기로 되어 있다　currently 현재
resemble 닮다　vision 시력; 상상, 비전

9 (a)

해석 M 거스름돈을 맞게 주신 것 같지 않은데요.

(a) 그런가요? 제가 얼마나 거슬러 드렸는지 볼게요.
(b) 물론이죠. 원하신다면 동전으로 계산하실 수 있습니다.
(c) 거스름돈은 5달러 30센트입니다.
(d) 아니요. 제가 바꿀 수 있을 것 같지 않은데요.

해설 남자가 거스름돈을 잘못 준 것 같다고 이야기하고 있으므로 이를 확인하려는 (a)가 정답이다. (c) 거스름돈을 주기 이전에 할 법한 말이고, (d) change를 동사로 사용한 오답이다.

어휘 change 거스름돈; 바꾸다　come to (합계가) ～이 되다

10 (c)

해석 W 이제 당신의 제안을 듣고자 합니다.

(a) 그럼 잠시 후에 당신의 사무실 밖에서 만나도록 합시다.
(b) 그의 제안은 제가 이번 회의에서 들은 것 중 최고입니다.
(c) 지금 저는 달리 덧붙일 말이 없네요.
(d) 이건 제가 원하던 결과가 아닙니다.

해설 여자가 남자의 제안을 이야기해달라고 요청하고 있으므로 지금은 딱히 덧붙일 말이 없다는 (c)가 가장 적절하다. field가 동사로 쓰일 때는 질문이나 의견을 받아 처리한다는 의미를 갖는다. (a) 지금 이야기해달라고 했으므로 잠시 후에 만나자는 말은 어색하고, (d) 제안이라기보다 평가에 불과하다.

어휘 field (질문, 의견을) 처리하다　in just a while 잠시 후에
at the moment 바로 지금

11 (c)

해석 W 예산 회의는 완전 엉망이었어요. 정말 무슨 일이 일어난 건지 모르겠어요.
M 그러니까요. 저희 자금 지원이 내년에는 50% 삭감될 것 같군요.
W 만약 정말 그 돈을 다 잃게 되면 어떻게 해야 하죠?

(a) 부서장과 예산을 논의하는 회의를 했습니다.
(b) 제 월급을 그렇게 많이 깎을 수는 없어요.
(c) 제 생각에는 일부 직원들이 해고될 것 같네요.
(d) 그걸 어디에 두셨는지 정확히 기억해내야 합니다.

해설 예산 회의에서 있었던 일을 이야기하다 여자는 남자에게 예산 삭감 후에 있을 일을 묻고 있다. 따라서 그에 대한 의견을 제시한 (c)가 정답이다. (a) 여자도 예산 회의에 참석했으므로 적절하지 않다.

어휘 budget 예산　funding 자금; 자금 지원
by (양, 정도를 나타냄) ～만큼
department head 부서 책임자, 부장
salary 월급　staff member 직원　lay off 해고하다
figure out 알아내다, 이해하다

12 (c)

해석 M 이렇게 이른 아침에 공원에서 뭐 하는 거야?

W 난 아주 조용할 때 여기서 조깅하는 걸 좋아하거든.
M 나도 마찬가지야. 그럼 잠깐 같이 조깅하는 게 어때?

  (a) 나는 보통 최소 30분 정도 조깅을 해.
  (b) 너 정말 건강해 보인다.
  (c) 사실, 난 방금 막 조깅을 끝냈어.
  (d) 그래. 나는 꽤 오랫동안 계속 이곳에 왔어.

해설 두 사람이 공원에서 조깅 중에 만난 상황이다. 마지막 문장에서 남자가 함께 조깅을 하자고 제안하고 있으므로 이미 운동을 끝냈다고 답하는 (c)가 정답이다. (d) Yes라고 답했으므로 함께 하자는 내용이 나와야 답이 될 수 있다.

어휘 jog 조깅하다   nice and (형용사와 함께) 매우, 아주
for a while 잠깐   at least 적어도, 최소한
be in good shape 몸매가 좋다, 건강 상태가 좋다

13 (b)
해석 M 이 신용카드로 옷 계산해주세요.
W 죄송합니다, 고객님. 신용카드가 만료되었네요. 승인이 안 되네요.
M 아, 그럼 전부 개인 수표로 지불할 수 있을까요?

  (a) 원하신다면 신용카드로 결제해드릴 수 있을 것 같은데요.
  (b) 저희 매장은 현금이나 신용카드만 받습니다.
  (c) 제발 이 일을 감정적으로 받아들이지 마세요.
  (d) 네, 한번 더 확인해보겠습니다.

해설 매장에서 옷을 계산하는 상황이다. 신용카드가 만료되었다는 말에 개인 수표로 계산 가능한지 묻고 있으므로 수표 결제가 불가능하다는 (b)가 정답이다. (a) 이미 신용카드로 계산해 보았고, (c) 남자가 이 일을 불쾌하게 받아들이고 있지는 않다. (d) check를 사용한 오답이다.

어휘 expire 만료되다   accept 받아들이다
personal check 개인 수표   check 수표; 확인하다
insist 고집하다, 주장하다   take ~ personally ~을 기분 나쁘게 받아들이다, 감정적으로 받아들이다

14 (b)
해석 W 아직도 오늘 이따가 슈퍼마켓에 갈 계획인 거지?
M 응. 정원 일을 끝내고 나서 갈 거야.
W 그럼 내가 쇼핑 목록에 써놓은 물건 모두 잊지 말아줘.

  (a) 네가 원한 물건들 사는 거 잊지 않았어.
  (b) 벌써 내 주머니에 넣어놨으니까 잊지 않을 거야.
  (c) 아직 잔디를 안 깎아서 거기 안 갈 거야.
  (d) 슈퍼마켓은 여기서 적어도 15분은 걸려.

해설 슈퍼마켓에 갈 예정인 남자에게 여자가 쇼핑 목록에 써놓은 것을 잊지 말라고 당부하고 있으므로 (b)가 가장 적절하다. (a) 과거 시제이므로 적절하지 않고, (c) 남자는 정원 일을 끝낸 후 슈퍼마켓에 가겠다고 했다.

어휘 yard work 정원 일   purchase 구입하다

15 (a)
해석 M Jones 선생님, 저한테 무슨 문제가 있는 걸까요?
W 단지 독감에 걸린 것뿐입니다. 3일 동안 침대에 누워서 쉬시면 나을 겁니다.
M 다행이네요. 더 심각한 병이 아니라 마음이 놓입니다.

  (a) 제 지시 사항만 따르시면 더 나빠지지 않을 겁니다.
  (b) 입원하셔야 하는 위험한 상태입니다.
  (c) 환자분 폐렴은 곧 호전될 것 같습니다.
  (d) 여기서 하룻밤 머무르시는 게 좋을 것 같습니다.

해설 병원에서 진료를 받는 상황이다. 남자는 심각한 병에 걸린 것이 아니므로 지시대로 하면 더 나빠지지 않을 것이라는 (a)가 정답이다. (b), (d) 3일 정도 쉬면 나을 것이라고 했고, (c) 독감에 걸린 것이라고 했다.

어휘 nothing worse than 기껏해야 ~ 뿐   flu 독감
That's a relief. 다행입니다.   relief 안도
instruction 설명; 지시사항   hospitalize 입원시키다
pneumonia 폐렴

16 (d)
해석 M 만약 교통 상황이 금방 나아지지 않으면, 우리는 제때 도착하지 못할 거예요.
W 미리 전화해서 사람들한테 우리가 늦을 거라고 알리는 게 좋을 것 같아요.
M 좋은 생각이네요. 누가 되었든 우리가 없어서 놀라는 건 원치 않으니까요.

  (a) 우리가 왜 거기에 갈 수 없는지 아직 아무에게도 말하지 않았습니다.
  (b) 신호가 녹색으로 바뀌었어요. 운전하세요.
  (c) 당연히 지난 회의에 갈 수 없었죠.
  (d) 제가 사람들에게 우리 빼고 회의를 시작하라고 말할게요.

해설 사람들에게 전화를 해서 늦을 것임을 알리는 데 두 사람 모두 동의했으므로 회의를 먼저 시작하라고 말하겠다는 (d)가 정답이다. (a) 사람들에게 아직 이유를 말하지 않았다는 것은 두 사람 모두 알고 있는 사실이므로 어색하다.

어휘 pick up (교통 체증이) 완화되다   make it 제시간에 도착하다
on time 정각에, 제때에   absence 결석; 부재

17 (a)
해석 W 쉬고 나니 훨씬 건강해 보이시네요.
M 기분도 훨씬 나아졌어요. 휴가를 더 주셔서 감사합니다.
W 그게 제가 해드릴 수 있는 최소한의 일인걸요. 당신은 성실한 직원이고요.

  (a) 그리고 당신은 제가 만난 최고의 상사이시고요.
  (b) 그건 별로 좋은 발언이 아니라고 생각합니다.
  (c) 맞아요. 살이 빠졌어요.
  (d) 앞으로 그들이 일을 더 잘할 수 있도록 할 겁니다.

해설 대화 흐름상 여자가 남자의 상사임을 알 수 있다. 성실한 직원이라는 상사의 말에 최고의 상사라고 맞받아치는 (a)가 정답이다. (b) 여자가 한 말은 호의적인 발언이므로 적절하지 않다.

어휘 **now that** ~이므로, ~이니까 **extra** 추가적인
time off 휴가, 휴식 **hardworking** 성실한, 근면한
employee 직원 **get to work** 일을 시작하다, 일에 착수하다

18 (d)

M 열량이 낮은 건 없나요?

W 글쎄요. 원하시는 게 맞는다면 참치 샐러드 같은 걸 주문하시면 됩니다.

M 그거 괜찮군요. 그리고 아이스티도 한 잔 주세요.

  (a) 메뉴에서 무엇을 주문하시겠습니까?
  (b) 음료 드시겠습니까?
  (c) 디저트는 어떠셨나요?
  (d) 드레싱은 어떤 걸로 해드릴까요?

해설 식당에서 주문을 하는 상황이다. 남자가 여자가 추천해 준 참치 샐러드를 주문했으므로 드레싱에 대해 묻는 (d)가 가장 적절하다. (a) 이미 참치 샐러드와 (b) 아이스티를 주문했고, (c) 아직 식사를 다 하지 않은 상황이다.

어휘 **calorie** 열량, 칼로리 **tuna** 참치
Would you care for ~? ~하시겠어요? **dressing** 드레싱

19 (a)

해석 W 저녁에 외출하기 전에 아이들을 봐줄 베이비시터를 구해야 해요.

M 길 저쪽에 사는 십대 여학생에게 전화해보는 게 어때요?

W 벌써 했어요. 그런데 오늘 밤에 다른 약속이 있다고 하더라고요.

  (a) 처제한테 도와달라고 부탁해야 할 것 같네요.
  (b) 우린 이에 대해 아직 아무런 계획도 안 세웠어요.
  (c) 그녀에게 7시까지 도착하는 것 잊지 말라고 말해줘요.
  (d) 내가 애들한테 말해서 생각을 바꾸도록 해볼게요.

해설 아이들을 봐줄 베이비시터를 구하지 못하고 있으므로 처제에게 부탁해야 할 것 같다고 말하는 (a)가 가장 적절하다. (b) plans를 이용한 오답이고, (c) 십대 여학생은 약속이 있어 올 수 없다고 했다.

어휘 **babysitter** 베이비시터, 아이 봐주는 사람
teenage 십대의 **suppose** 추측하다, 생각하다

20 (c)

해석 W 그러니까, James는 계속 우리에게 그 모든 수치를 제공할 거라는 말이죠?

M 음, 그는 더 이상 이 프로젝트에 참여하지 않아요. 몰랐나요?

W 계획에 어떤 변경 사항이 생겼다는 건 모르고 있었는데요.

  (a) 네. James는 부서에 수많은 변화를 만들어냈습니다.
  (b) 저는 당신이 왜 숫자에 제대로 신경 쓰지 않는지 모르겠군요.

  (c) 금방 보낸 메모를 읽지 않았나 보네요.
  (d) 변경 사항에 관해서는 제가 도와드릴 수 있는 게 없네요.

해설 변경 사항에 대해 모르고 있었다는 여자의 말에 남자가 할 법한 말로는 자신이 보낸 메모를 읽지 않은 것으로 추측하는 (c)가 정답이다. (a) 여자가 질문을 한 상황은 아니고, (d) 여자는 변경 사항 자체에 이야기한 것이 아니라 자신이 이를 모르고 있었다는 사실에 대해 이야기한 것이다.

어휘 **figure** 수치, 숫자 **be unaware that** ~을 모르다
a whole lot of 많은 **department** 부, 부서
pay close attention to ~에 세심한 관심을 갖다, 주의하다
must have p.p. ~했음에 틀림없다 **alteration** 변경

21 (c)

해설 여자의 계획에 관한 대화를 들으시오.

W 저는 Mary의 은퇴 기념 파티를 위해 기부금을 모으고 있어요. 그녀에게 선물을 사주려고요.

M 뭘 사줄 생각인가요?

W 얼마나 돈이 모이냐에 따라 달라요. 우리는 그녀를 유람선에 태울 수 있는 돈을 낼 수 있기를 바라고 있어요.

M 우리가 많은 돈을 기부하길 바라는 것 같네요.

W 그렇게 하길 강요하는 거라 생각하지 마세요. 그냥 낼 수 있는 만큼만 내면 돼요.

M 알았어요. 제가 수표를 써서 이따 오후에 드릴게요.

  Q: 여자가 주로 하려는 것은 무엇인가?
  (a) 남자에게 후하게 내도록 권하기
  (b) 남자에게 Mary의 은퇴 기념 파티에 참석하라고 설득하기
  (c) 남자에게 금전 기부 요청하기
  (d) 여자가 사고 싶어 하는 선물 설명하기

해설 여자의 첫 번째 말을 통해 그녀가 현재 기부금을 모으고 있는 것을 알 수 있다. 대화상에서는 남자에게 이를 요청하고 있으므로 (c)가 정답이다. (a) 많은 돈이 아니라 낼 수 있는 만큼만 내라고 했고, (d) 어떤 선물을 사주고 싶은지 설명하기는 했지만 그것이 여자가 주로 하려는 것은 아니다.

어휘 **donation** 기부; 기부금 **retirement** 은퇴
depend on ~에 의지하다; ~에 좌우되다
cruise 유람선 여행, 크루즈 여행
feel obligated to ~해야 한다고 느끼다, ~할 의무감을 느끼다
afford ~할 (경제적) 여유가 있다
part with ~을 주다, 내놓다 **generously** 후하게; 관대하게

22 (d)

해석 남편과 아내 간의 대화를 들으시오.

W 정말 헷갈리는데. 여기가 어딘지 모르겠어.

M 길가에 차를 대고 사람들한테 길을 물어볼까?

W 그러면 좋겠는데, 보도에 아무도 안 보여.

M 길가에서 시간을 보내는 택시 기사가 있어. 기사님께 도움을 청하자.

W 그 외에 다른 방법은 없는 것 같네.

M 그 사람이 네 쪽에 있으니까 창문을 내리고 이야기해봐.

Q: 남자와 여자가 주로 이야기하고 있는 것은 무엇인가?
(a) 그들의 현재 위치
(b) 택시를 탈 장소
(c) 목적지로 가는 방법
(d) 길을 물어볼 사람

해설 누구에게 길을 물어볼 것인지 이야기하고 있으므로 (d)가 정답이다. (a) 그들의 현재 위치는 여자의 첫 번째 말에서만 언급되었고, (c) 택시 기사에게 물어볼 내용이다.

어휘 confused 혼란스러운　pull over (차를) 길가에 대다
directions (pl.) 지시; 길 안내
make sense 말이 되다, 이치에 맞다
sidewalk 보도
idle 특별히 하는 일 없이 있다, 빈둥거리다　alternative 대안

23 (b)
해석 장부에 관한 대화를 들으시오.

M 짬이 나면 제 사무실에 잠깐 들르실 수 있으신가요?
W 물론이죠. 저와 상의하려는 게 어떤 거죠?
M 블레인 사의 장부 숫자를 검토하고 싶어요. 계산이 맞지 않아서요.
W 확실한가요? 제가 제출하기 전에 한 번 더 확인했는데요.
M 몇 명의 회계사들이 그걸 검토했는데, 무언가 잘못되었다고 생각하더라고요.
W 제 파일을 가지고 곧바로 사무실로 가도록 하겠습니다.

Q: 대화에서 남자가 주로 하려는 것은 무엇인가?
(a) 여자의 계산에 대해 불평하기
(b) 여자와 이야기하고 싶어 하는 이유 설명하기
(c) 여자에게 그의 회계사 수에 대해 이야기하기
(d) 여자에게 수치를 다시 검토해달라고 요구하기

해설 사무실에 들러달라는 남자에게 여자가 상의할 내용이 무엇인지 묻자 남자는 그 이유를 설명하고 있다. 따라서 정답은 (b)이다. (a) 남자는 장부에 이상이 있다고 했지 여자의 계산에 대해 불평하지는 않았고, (d) 여자에게 재검토를 요구한 것이 아니라 함께 얘기해보길 원하고 있으므로 오답이다.

어휘 account 계좌; 장부　drop by 잠깐 들르다
spare 남는, 여분의　go over 검토하다　add up 계산이 맞다
submit 제출하다　accountant 회계사　grab (붙)잡다
calculation 계산　figure 수치, 숫자

24 (a)
해석 취업 면접에 관한 대화를 들으시오.

W 내일 제일 좋은 옷을 입어야 한다는 걸 기억해둬. 그리고 얼굴도 찡그리지 말고.
M 내가 어떻게 보일지는 신경 쓰지 않아. 그 분들이 물어볼 질문이 더 신경 쓰여.
W 회사랑 어떤 일을 하는지에 대한 조사는 끝냈어?
M 전부 다 외워뒀지. 하지만 그 분들이 내 경력에 대해 물어보면 어떡하지?
W 솔직히 대답해야지. 면접관한테 예전 직장에서 했던 일들을 말해.

M 그 분들이 좋은 인상을 받을 것 같지가 않아. 경력적으로 성취해 놓은 게 별로 없어서.
W 난 네가 잘 해낼 거라고 확신해.

Q: 여자가 남자에게 면접에서 하라고 조언하는 것은 무엇인가?
(a) 면접관에게 정직하게 대답하기
(b) 면접관들의 복장 선택에 대해 칭찬하기
(c) 지원하는 회사에 관련된 질문하기
(d) 진지해 보이도록 인상 찌푸리기

해설 내일 면접을 앞두고 있는 남자에게 여자가 조언하는 상황이다. 경력에 대해 물어볼 것을 걱정하는 남자에게 솔직하게 대답하라고 했으므로 (a)가 정답이다. (b) 면접관들의 복장이 아닌 남자의 복장에 대해 조언했고, (c) 회사에 대한 조사는 끝났는지 물어보았으므로 회사에 관한 정보를 조사하라고 했을 것이다. (d) 얼굴을 찡그리지 말라고 조언했다.

어휘 outfit 의상　frown 얼굴을 찡그리다
potential 잠재적인, 가능한　memorize 암기하다
previous 이전의　impress 깊은 인상을 주다
compliment 칭찬하다　related to ~와 관련된

25 (b)
해석 남자의 소개팅에 관한 대화를 들으시오.

W 뭔가 걱정이 있는 것 같아. 무슨 일이야?
M 몇 분 후에 소개팅이 있어서 좀 긴장돼.
W 친구가 너에게 여자를 소개시켜 주는 거야?
M 맞아. 그리고 보니까 그 여자가 좀 유명한가 봐. 그래서 내가 불안해하는 거야.
W 긴장 풀어. 난 네가 잘 할 거라고, 그리고 그녀가 너랑 어울리는 걸 즐거워할 거라고 확신해.
M 그렇게 말해줘서 고마워. 네 말이 맞았으면 좋겠다.

Q: 대화에 따르면 남자에 대해 옳은 것은 무엇인가?
(a) 많은 사람들이 남자가 누군지 알고 있다.
(b) 남자는 전에 데이트 상대를 만난 적이 없다.
(c) 남자는 몇몇 유명한 사람들의 친구이다.
(d) 남자는 평소에 사람들을 만나기 전에 긴장하지 않는다.

해설 남자는 소개팅을 앞두고 있는데, 소개 받을 여자가 유명한 사람인 것 같아 불안해하고 있다. 따라서 정답은 (b)이다. (a) 유명한 사람은 남자가 아니라 소개팅 상대이고, (c), (d) 알 수 없는 내용이다.

어휘 be concerned about ~을 걱정하다　nervous 긴장한
blind date 소개팅　set up (어떤 일을) 마련하다
apparently 보아하니, 보니까　celebrity 유명인, 유명인사
company 교제, 함께 있음　date 데이트 상대

26 (a)
해석 두 친구가 그들의 동네에 대해 이야기하는 것을 들으시오.

M 이 기사에 따르면 몇몇 새로운 기업이 여기로 들어설 것 같아.
W 난 모르고 있었어. 기사가 그 이유를 설명하고 있어?
M 보니까 시 의회가 여기에 가게를 내면 회사에 세금 우대를 해주는 거 같아.

W 희소식인걸. 이웃 몇 명이 최근에 해고당했거든.

M 내 이웃들도 그래. 잘 되면 몇 달 내에 그들이 일자리를 찾을 수 있겠네.

W 대부분의 회사들이 이곳으로 올 때를 말하는 거야?

M 응. 몇몇은 이미 고용을 시작했지만 대부분은 여름까지는 들어서지 않을 거야.

Q: 대화에 따르면 옳은 것은 무엇인가?

(a) 일부 회사들은 도시에서 막 개업을 했다.
(b) 남자는 시 의회의 일원이다.
(c) 여자는 최근 직장에서 해고당했다.
(d) 새 기업들은 더 높은 세금을 낼 것이다.

해설 대화의 마지막 부분에서 몇몇 회사들이 이미 고용을 시작했다는 내용이 나오므로 이미 개업을 시작했음을 알 수 있다. 따라서 정답은 (a)이다. (c) 최근에 해고를 당한 것은 둘의 이웃들이고, (d) 세금 우대를 해준다고 했으므로 회사들은 더 낮은 세금을 낼 것이다. tax break를 모르더라도 더 높은 세금을 내는 곳에 기업들이 몰릴 것으로 보기는 어렵다.

어휘 neighborhood 이웃(= neighbor); 지역, 동네
according to ~에 따르면 article 기사
city council 시 의회 tax break 세금 우대, 세금 감면
set up ~을 세우다; ~을 시작하다, 설립하다
employment 직장; 취업

27 (c)
해석 여자의 오래된 텔레비전에 관한 대화를 들으시오.

M 얘, 거실에 있는 거 새 텔레비전이야?

W 맞아. 몇 시간 전에 집으로 배달됐어.

M 이전 텔레비전에 무슨 문제가 있었는데? 그것도 꽤 괜찮아 보였는데.

W 수신 상태가 별로 안 좋아서 바꾸기로 했지.

M 그렇구나. 돈이 꽤 들었을 것 같은데.

W 반대야. 내가 얼마나 적게 지불했는지 알면 놀랄 것 같은데.

Q: 여자가 그녀의 오래된 텔레비전을 바꾸기로 결심한 이유는 무엇인가?

(a) 그녀는 텔레비전 보는 것을 좋아하지 않는다.
(b) 할인 판매하는 최신 텔레비전이 있었다.
(c) 수신 상태가 좋지 않았다.
(d) 구식이었다.

해설 여자의 말 The reception on it wasn't that good.을 들었다면 쉽게 풀 수 있는 문제다. 정답은 (c)이다. (a) 텔레비전 보는 것을 좋아하기에 TV 수신 상태에 신경 쓰는 것으로 볼 수 있고, (b) 새로 산 TV의 가격이 싼 것은 사실이지만 이 때문에 TV를 새로 바꾼 것은 아니다. (d) 수신 상태가 좋지 않았다는 말만으로 TV가 구식이었는지는 알 수 없다.

어휘 deliver 배달하다 reception (라디오, TV, 전화의) 수신 상태
replace 교체하다 set ~ back … ~에게 …의 비용을 들이게 하다
on the contrary 반대로 old hat 구식(인 것)

28 (c)
해석 판매원과 고객 간의 대화를 들으시오.

W 오늘 저녁 구입하실 건 이게 다인가요, 손님?

M 네, 그게 전부예요. 그런데 이걸 선물 포장해주실 수 있나요? 아버지 선물이라서요.

W 물론이죠. 그리고 가격이 50달러 이상이기 때문에 선물 포장은 무료입니다.

M 좋네요. 그리고 배달도 해주실 수 있나요?

W 네, 가능합니다. 그런데 비용이 5달러가 듭니다. 괜찮으신가요?

M 신경 쓰지 마세요. 그냥 제가 가져갈게요. 파티가 내일이라서요.

Q: 남자에게 무료로 제공되는 것은 무엇인가?

(a) 증정품
(b) 회원 등록
(c) 선물 포장 서비스
(d) 배달

해설 여자의 말 the gift-wrapping is complimentary의 의미를 파악하는 것이 관건이다. '무료의'라는 뜻의 complimentary를 모른다 하더라도 이후 남자가 That's good to hear.이라고 했고, (d) 배달은 5달러라고 했고 (a), (b)는 언급되지 않았으므로 (c)가 정답임을 유추할 수 있어야 한다.

어휘 gift-wrap 선물용으로 포장하다 complimentary 무료의
set ~ back … ~에게 …의 비용을 들이게 하다
Never mind. 신경 쓰지 마세요. 괜찮으니 됐어요.
offer 제공하다 registration 등록
membership 회원 (자격)

29 (b)
해석 두 친구가 여자의 안경에 대해 이야기하는 것을 들으시오.

W 요즘 내 안경에 문제가 있어. 시야가 좀 흐려.

M 안경에 문제가 있는 게 아닐 수도 있어. 새 처방을 받아야 하는 건지도 몰라.

W 이게 그런 문제라고 생각해?

M 가능해. 마지막으로 눈 검사를 받았던 게 언제인지 기억해?

W 세상에, 마지막으로 검사 받은 게 최소 3~4년은 됐네.

M 너무 오래됐잖아. 적어도 일 년에 한 번은 받아야 해.

Q: 여자에 대해 추론할 수 있는 것은 무엇인가?

(a) 안경보다 콘택트렌즈 착용하는 것을 선호한다.
(b) 눈을 적절히 관리하지 않는다.
(c) 안과 진료가 예약되어 있다.
(d) 정기적으로 눈 검사를 받을 것이다.

해설 눈 검사를 받은 지 3~4년이 지났고, 남자가 물어보기 전까지는 이를 인식하고 있지도 않았으므로 (b)가 가장 적절하다. (d) 남자가 일 년에 한 번은 검사를 받아야 한다고 했지만, 여자가 이에 동의하는 내용은 없었다.

어휘 vision 시력; 시야 blurry 흐릿한 prescription 처방
at least 최소한, 적어도 contacts 콘택트렌즈
take care of ~을 돌보다, 관리하다 appointment 약속; 예약
eye doctor 〈구어〉 안과 의사 (= ophthalmologist)
ophthalmologist clinic 병원

30 (a)

해석 두 이웃 간의 대화를 들으시오.

M 차에서 뭔가 새고 있는 것 같아 보이네요. 브레이크 오일일 거 같은데요.

W 전 알아채지도 못했어요. 좀 봐주실 시간이 있나요?

M 지금 바로 봐드릴 순 없고, 나중에 제 정비소로 차를 가져오세요.

W 네. 꼭 그렇게 할게요.

M 차에 무슨 문제가 있으면 찾아서 고쳐드리겠습니다.

W 그럼 제가 몇 시간 내로 정비소에 갈게요. 지금은 사무실로 돌아가야 해서요.

Q: 남자에 대해 추론할 수 있는 것은 무엇인가?
(a) 자동차 정비공이다.
(b) 여자를 직장에 데려다 줄 것이다.
(c) 집에 차고가 있다.
(d) 차가 제대로 작동한다.

해설 garage에는 '차고, 주차장' 외에 '자동차 정비소'라는 의미도 있다. 또한 마지막 말에 여자가 남자의 workplace로 다시 가겠다고 했으므로 남자는 정비공일 것이다. 정답은 (a)이다.

어휘 leak 새다　brake fluid 브레이크 오일　notice 알아차리다　check out 확인하다　garage 차고, 주차장; 자동차 정비소　definitely 반드시, 분명히　workplace 직장, 작업장　mechanic 정비공

31 (c)

해석 '3월의 광란'은 매년 3, 4월에 열리는 전미 대학 체육 협회의 남자 농구 토너먼트 대회의 별칭이다. 전국에서 온 팀들이 해마다 이 토너먼트 대회에 참가하고자 경쟁하지만, 오직 64팀만이 선발된다. 그러고 나면, 이들은 16개 팀으로 이루어진 4그룹으로 나누어진다. 2라운드의 경기가 끝나면, 16개 팀만이 남고, 이들은 '스위트 16'으로 불린다. 다음 라운드가 끝나면 '엘리트 8'만이 남는다. 마지막으로 남은 4개 팀은 '파이널 4'라 불린다. 이후에는 준결승과 결승전이 열리고, 미국은 대학 남자 농구 챔피언에게 영예를 수여한다.

Q: 담화는 주로 무엇에 관한 것인가?
(a) 한 미국 스포츠 경기의 인기
(b) 3월의 광란에서의 최종 우승팀
(c) 한 스포츠 토너먼트 경기의 구성
(d) 어느 한 팀이 농구 토너먼트 대회에서 우승할 가능성

해설 전미 대학 체육 협회의 남자 농구 토너먼트 대회인 3월의 광란이 어떻게 진행되는지 설명하고 있으므로 정답은 (c)이다. (a) 3월의 광란은 별칭으로 농구 자체의 인기에 초점을 맞춘 것은 아니다.

어휘 madness 광기　nickname 별명　collegiate 대학의　athletic 운동 경기의, 체육의　compete 경쟁하다, 겨루다　round 한 판, 한 게임　remain 남다　semifinal 준결승의　crown 왕관을 씌우다, 왕위에 앉히다　organization 구성　chance 가능성

32 (c)

해석 폐쇄 회로 TV 카메라, 즉 CCTV 카메라는 요즘 없는 곳이 없다. 이제 이 카메라를 교실에 설치하려는 움직임이 일고 있다. 이는 학생과 선생님의 행동을 관찰하는 데 쓰일 것이다. 많은 학생과 교사들은 이를 반대하는데, 이는 교실을 누구도 쉴 수 없는 감옥과 같이 느껴지게 만들 것이라 생각하기 때문이다. 그러나 나는 딸아이의 교실에서 무슨 일이 벌어지는지 알고 싶다. 만약에 교사가 학생을 때리거나 혹은 학생이 불량하게 행동하면, 이를 카메라로 녹화하는 것은 괜찮은 생각이다. 이러한 방법으로 부모들은 실제 무슨 일이 일어났는지 알 수 있는 것이다.

Q: 화자의 요지는 무엇인가?
(a) CCTV 카메라는 교실을 감옥 같은 분위기로 만들 것이다.
(b) 교사들은 CCTV 카메라에 찬성하지만 학생들은 반대할 것이다.
(c) 특정한 사건의 책임을 판단하기 위해 교실에 CCTV 카메라가 필요하다.
(d) CCTV 카메라는 사람들의 삶을 너무 많이 침해하고 사생활을 지켜주지 못한다.

해설 요지는 화자가 하고자 하는 말이므로 역접 연결어나 의무를 나타내는 조동사에 유의하여 들어야 한다. But I'd like to know what goes on in my daughter's classroom.에서 CCTV 설치에 반대하는 입장을 반박하고 있으므로 (c)가 정답이다. (a) 화자가 반박하고 있는 의견이고, (b) 대부분의 학생과 교사들은 CCTV를 반대한다고 했다. (d) 사생활 침해는 언급되지 않았다.

어휘 closed circuit 폐쇄 회로　monitor 감시하다　oppose 반대하다　go on (일이) 일어나다, 벌어지다　atmosphere 대기; 분위기　determine 알아내다; 판단하다　incident 일, 사건　intrude 침범하다　do away with ~을 없애다　privacy 사생활

33 (a)

해석 더스트 볼(the Dust Bowl)은 1930년대 미국 중서부 대부분에 피해를 입힌 가뭄 기간에 주어진 이름이다. 해마다 전년보다 더 적은 비가 내렸고, 중서부 경작 지역은 점점 더 메말라 들판의 농작물이 고사되는 지경에 이르렀으며, 표토는 바람에 쓸려가 버렸다. 상당수의 주민들이 어떤 방식으로든지 농업에 종사하고 있었으므로, 가뭄은 경제적으로 엄청난 타격을 주었다. 지역 전체가 유령 마을로 변해버렸고, 사람들은 일자리를 찾아 동쪽 혹은 서쪽으로 짐을 꾸려 옮겨갔다.

Q: 농부들이 더스트 볼 지역을 떠난 이유는 무엇인가?
(a) 물 부족으로 어떤 것도 재배할 수 없었다.
(b) 표토에 제대로 비료를 공급할 수 없었다.
(c) 미국의 다른 지역에 고용 기회가 많았다.
(d) 더 이상 농업에 흥미를 느끼지 않았다.

해설 특정 정보를 묻는 유형이 나왔으므로 두 번째 담화를 들을 때 농부들이 더스트 볼 지역을 떠났다는(packed up and moved) 부분에 유의하여 들어야 한다. 그 앞 문장에서 많은 사람들이 농업에 종사하고 있었고, 가뭄은 이들에게 경제적인 타격을 입혔다는 내용이 나오므로 (a)가 가장 적절하다. (b) 비

료나 (c) 다른 지역의 고용 기회에 대한 내용은 없었다.

어휘 drought 가뭄 afflict 괴롭히다
year after year 매년, 해마다
farmland 농지, 경작지 crop (농)작물
blow away 불어 날리다, 날려보내다 topsoil 표토
involved in ~에 관련된 in one way or another 어떻게든
devastating 파괴적인 turn into ~로 변하다
pack up (떠나기 위해) 짐을 싸다, 꾸리다
fertilize 비료를 주다

34 (d)

해석 고혈압은 종종 소리 없는 살인자라고 불린다. 이는 심장마비나 뇌졸중을 일으킬 수 있고, 또한 사망이나 영구적인 장애로까지 이어질 수 있다. 고혈압의 주원인은 스트레스, 운동 부족, 그리고 육류와 지방, 소금이 너무 많이 들어간 음식을 먹는 식습관, 그리고 유전적 요인을 들 수 있다. 아프리카계 미국인이 다른 어떤 인종보다도 더 큰 위험성을 가지고 있다. 주요 치료법은 약 복용이나 생활 방식에 변화를 주는 것이다.

Q: 담화에 따르면 옳은 것은 무엇인가?
(a) 아프리카계 미국인이 다른 어떤 인종보다 더 많이 뇌졸중에 걸린다.
(b) 육류를 먹는 사람은 항상 고혈압에 걸리게 된다.
(c) 운동을 하는 누구든지 고혈압에 걸리는 것을 피할 수 있다.
(d) 인종마다 고혈압에 걸리는 비율이 다르다.

해설 담화의 마지막 부분에서 아프리카계 미국인이 다른 어떤 인종보다 고혈압에 걸리기 쉽다고 했으므로 인종마다 고혈압에 걸리는 비율이 다르다는 것을 알 수 있다. 정답은 (d)이다. (a) 뇌졸중이 아닌 고혈압에 많이 걸리는 것이고, (b) 육류가 고혈압의 주원인이기는 하지만 이를 먹는 사람이 반드시 고혈압에 걸리는 것은 아니다. always, everyone, all과 같은 단정적인 의미의 표현은 오답일 가능성이 크다. (c) 고혈압에는 여러 원인이 얽혀 있으므로 운동을 한다고 해서 누구나 이를 피할 수 있는 것은 아니다.

어휘 high blood pressure 고혈압 heart attack 심장마비
stroke 뇌졸중 permanent 영구적인
disability (신체적) 장애 high in ~이 풍부한, ~의 함량이 높은
hereditary 유전성의 disposition 기질; 성향
at risk of ~할 위험에 처한, ~할 위험이 있는 ethnic 인종의
suffer from ~로 고통 받다, ~을 앓다
wind up with 결국 ~하게 되다 rate 비율; 속도

35 (b)

해석 새로 나온 토스티드 크리스프 레이즌 브랜 시리얼은 의사도 주문하는 제품입니다. 비타민, 미네랄과 더불어 성장하는 아이들에게 필요한 모든 영양분이 꽉 차 있는 토스티드 크리스프 레이즌 브랜은 당신의 건강 식단에 일부가 되어야 합니다. 이 시리얼은 활력이 증가하고, 오전 내내 배가 든든하여 군것질을 하지 않게 만들고, 결국 다이어트에 도움이 될 것을 보장합니다. 이 새로운 제품에는 설탕이나 지방이 들어있지 않으나, 맛은 여전히 좋습니다. 저희 건포도를 만들 때는 유기농으로 재배한 신선한 포도만 사용합니다.

Q: 광고에 따르면 옳은 것은 무엇인가?
(a) 소량의 설탕을 시리얼에서 찾을 수 있다.
(b) 이 시리얼은 사람들의 건강에 좋다.
(c) 신선한 건포도가 듬뿍 들어있다.
(d) 시리얼을 먹으면 살이 찔 수 있다.

해설 시리얼 신제품을 홍보하는 광고로 첫 번째 문장에서부터 의사도 주문하는 제품이라고 소개한다. 이어서 영양분이 꽉 차 있고, 다이어트에도 도움이 되며, 설탕이나 지방이 들어 있지 않다고 설명하고 있으므로 (b)가 정답이다. (c) 건포도를 만들 때 신선한 유기농 포도를 사용한다고 한 것이지, 건포도가 신선하다고 한 것은 아니다.

어휘 raisin 건포도 bran (쌀, 보리 등의) 겨 chock 가득히
ought to ~해야 한다 regimen 식이 요법
guarantee 보장하다 boost 신장시키다, 북돋우다
tempt 유혹하다 ruin 망치다 organically 유기농으로
gain weight 살이 찌다

36 (d)

해석 TV 시청률은 광고주에게 매우 중요하곤 했고, 이들은 누가 프로그램을 보고, 대략 얼마나 많은 사람들이 이를 시청하는지 알고자 했다. 이렇게 해서 광고주는 방송사에 방송할 광고를 위해 시간을 사서 잠재 고객들의 수가 가장 많은 프로그램의 전, 후, 중간에 내보내도록 할 수 있었다. 그러나 신기술로 인해 문제가 생겨났다. 오늘날, 많은 사람들은 파일 공유 사이트를 이용하여 자신의 스마트폰이나 컴퓨터에 프로그램을 다운받아 본다. 더군다나 이러한 기술은 시청자들이 광고를 건너뛰는 것 또한 가능하게 하는데, 이는 결국 많은 시청자들이 광고되는 상품은 보지도 않는다는 말이다.

Q: 화자가 가장 동의할 것 같은 문장은 무엇인가?
(a) 많은 방송사들이 특정 프로그램에서 적자를 내고 있다.
(b) 광고주는 파일 공유 사이트를 이용하는 사람들을 지지한다.
(c) 요즘은 소수의 프로그램만이 높은 시청률을 기록한다.
(d) 정확히 몇 명의 사람들이 특정 프로그램을 보는지는 알 수 없다.

해설 신기술로 인해 오늘날 사람들은 TV 프로그램을 다운받아 본다. 따라서 정확히 몇 명의 사람들이 해당 프로그램을 보는지 파악할 수 없으므로 (d)가 정답이다. (a) 시청자들을 정확히 파악하여 광고할 수 없으므로 광고주가 손해를 볼 수는 있겠지만 방송사들이 적자를 낼 이유는 없을 것이다. (b) 파일 공유를 하면 사람들이 광고를 보지 않게 되므로 광고주는 이를 지지하지 않을 것이고, (c) 인기 프로그램에 관한 내용은 없었다.

어휘 ratings (pl.) (TV) 시청률 be of importance 중요하다
advertiser 광고주 approximately 대략
commercial (TV, 라디오의) 광고 air 방송하다
station 방송국; 방송 potential customer 잠재 고객
file-sharing website 파일 공유 사이트
skip 건너뛰다 in favor of ~에 찬성하여, ~을 지지하여

37-38 (a), (c)

해석 전 세계의 많은 도시들이 도시 황폐화라고 알려진 문제를 겪고 있습니다. 간단히 말하자면, 도시 내의 건물, 도로와 그 외 장소들이 노후화되고 황폐해져 보기에 아름답지 않은 모습이 된다는 것입니다. 이것이 도시 황폐화인 것입니다. 다행히, 많은 도시들이 도시 황폐화를 겪는 지역들을 개선하려는 시도로 재건 사업에 참여하고 있습니다. 몇몇 경우에, 건설 인부들이 그저 건물을 철거하고 그 위에 새 건물을 세우는 것입니다. 아니면 건물과 집을 수리하여 외관을 개선할 수도 있습니다. 일부 도시들은 또한 특정 지역을 모두 철거하고 이를 공원과 같은 녹지로 대체합니다. 도시 황폐화를 없애는 방법은 다양합니다. 시간이 지나면서 도시는 이에 대해 점점 더 창의적으로 변하고 있습니다.

37 Q: 강의에 의하면, 도시 황폐화를 겪는 지역에 대해 도시가 하는 일은 무엇인가?
(a) 철거된 옛 건물이 있는 곳에 새 건물 짓기
(b) 주민들에게 쉽게 접근할 수 있는 대중교통 수단 제공하기
(c) 현재 주민들이 이사 갈 수 있도록 사무실 건물로 대체하기
(d) 해당 지역에 주민들을 끌어들이기 위해 더 많은 주택 건설하기

38 Q: 강의에 따르면 도시 황폐화가 일어나는 이유는 무엇인가?
(a) 역사적 건물들이 녹지에 자리를 내주기 위해 철거된다.
(b) 전 세계의 도시가 경기 침체를 겪었다.
(c) 도시의 일부가 오랫동안 충분히 유지되지 않는다.
(d) 오래된 건물을 수리하는 것은 대다수의 도시에 실질적인 해결책이다.

해설 37 강의의 첫 부분에서 도시 황폐화의 정의를 간단히 설명한 뒤, 이를 해소하기 위해 도시가 어떤 조치를 취하는지 덧붙이고 있다. 재건 사업의 일환으로 이전 건물을 철거하고 새 건물을 짓는다는 내용이 이어지므로 (a)가 가장 적절하다. (b) 대중교통이나 (c) 사무실, (d) 대규모 주택 건설에 대한 언급은 없었다.

38 도시 황폐화의 이유 역시 강의의 첫 부분에 나타나고 있다. 도시 내의 건물, 도로 등이 노후화되는 것이 도시 황폐화의 이유이므로 정답은 (c)이다. 담화의 become old and rundown이 (c)의 are not sufficiently maintained로 패러프레이징 된 셈이다.

어휘 suffer from ~을 겪다   **urban blight** 도시 황폐화
simply put 간단히 말해서   **rundown** 쇠퇴하는
unaesthetic 미적이지 않은   **engage in** ~에 관여하다
renewal 재건   **attempt to** ~하려고 시도하다
instance 사례, 경우   **construction crew** 건설 인부
knock down 때려 눕히다, 철거하다
renovate (낡은 건물, 가구를) 개조하다, 보수하다
raze 완전히 파괴하다   **replace ~ with ...** ~을 ...로 대체하다
mode of public transportation 대중교통 수단
downturn (매출) 감소; (경기) 침체
maintain 유지하다, 보수하다

39-40 (b), (c)

해석 글렌개리 단지가 이제 아름다운 우리 도시의 파인크레스트 지역에 들어섭니다. 지금 낮은 담보 대출 금리의 혜택을 누리시고, 빠른 시일 내에 고급 주택의 새 주인이 되십시오. 모든 단지 내를 평일 아침 9시부터 밤 9시까지, 토요일 아침 9시에서 저녁 6시까지 구경하실 수 있습니다. 저희 부동산 중개인과 예약을 잡으시려면, 555-2525로 전화하시면 됩니다. 중개인들은 기꺼이 단지를 보여드리고 이 아름다운 단지를 매입하는 데 관한 모든 세부 사항을 알려줄 것입니다. 파인크레스트는 경치와 상쾌한 산의 공기로 유명합니다. 이곳은 또한 지역 학교나 모든 주요 버스 노선과도 가까우며, 초현대식 파인크레스트 쇼핑몰과도 겨우 몇 분 거리입니다. 일생일대의 기회를 놓치지 마세요.

39 Q: 광고는 주로 무엇에 관한 것인가?
(a) 산에 위치한 리조트
(b) 판매 중인 새 주택 단지
(c) 개업을 준비 중인 쇼핑몰
(d) 은행이 제공하는 프리미엄 담보 대출

40 Q: 광고로부터 추론할 수 있는 것은 무엇인가?
(a) 파인크레스트 지역은 도시에서 가장 부유한 곳이다.
(b) 주택을 사는 과정은 시간이 오래 걸린다.
(c) 잠재 고객은 판매 중인 어느 가구에든지 방문할 수 있다.
(d) 단지 내 주택은 매입만 가능하다.

해설 39 estates, domicile, properties와 같은 단어를 통해 새 고급 주택을 광고하고 있음을 알 수 있다. 이 단어들의 의미를 모른다 하더라도 학교, 교통, 상업지구와의 접근성 등 부동산 광고에 등장하는 표현들이 나오고 있으므로 정답은 (b)이다. (d) 낮은 담보 대출 금리의 혜택을 누리라고는 했지만 이를 광고하는 것은 아니다.

40 담화 중간 부분에 오픈 시간에 예약을 하면 중개인들 통해 모든 단지를 볼 수 있다는 내용이 나온다. 따라서 잠재 고객들이 어느 동에든 방문할 수 있을 것이라 추론하는 (c)가 가장 적절하다. (a) 고급 주택을 광고한다고 해서 파인크레스트 지역이 가장 부유한 곳이라고 추론하기는 어렵고, (b) 주택을 사는 과정은 구체적으로 나와 있지 않지만 간단한 듯 보인다. (d) 주택이 매입만 되는지, 임대도 가능한지는 알 수 없다.

어휘 estate 사유지, 토지; (주택) 단지
take advantage of ~을 이용하다, 기회로 삼다
mortgage (담보) 대출   **rate** 비율; 속도; 요금
domicile 거주지   **property** 재산, 부동산; 건물 (구내)
appointment 예약, 약속   **real estate agent** 부동산 중개인
give details 자세히 설명하다   **exquisite** 아름다운, 세련된
lifetime 일생, 평생   **housing development** 주택 단지
affluent 부유한   **unit** (주택의) 호

Actual Test 5

1 (c)	**2** (a)	**3** (d)	**4** (c)	**5** (b)
6 (d)	**7** (a)	**8** (d)	**9** (c)	**10** (a)
11 (a)	**12** (d)	**13** (d)	**14** (b)	**15** (c)
16 (a)	**17** (c)	**18** (d)	**19** (b)	**20** (b)
21 (d)	**22** (c)	**23** (b)	**24** (d)	**25** (d)
26 (c)	**27** (d)	**28** (a)	**29** (b)	**30** (a)
31 (c)	**32** (b)	**33** (c)	**34** (a)	**35** (b)
36 (d)	**37** (d)	**38** (c)	**39** (a)	**40** (d)

1 (c)

해석 M 제 건강 상태에 대한 진단 결과가 어떻게 되나요?

(a) 엑스레이를 찍어봐야겠습니다.
(b) 혈압을 측정해보겠습니다.
(c) 전반적으로 큰 문제는 없습니다.
(d) 제 건강 상태는 최상입니다.

해설 남자가 검사 결과를 묻고 있으므로 큰 문제가 없다는 (c)가 가장 적절하다. (a), (b) 남자는 이미 검사를 받은 상태이고, (d) 남자의 건강 상태에 대해 물어봤으므로 자연스럽지 않은 대답이다.

어휘 diagnosis 진단 state 상태
take an X-ray 엑스레이를 찍다 blood pressure 혈압

2 (a)

해석 W 이 일자리에 대한 당신의 자격 요건을 알려주시겠습니까?

(a) 해당 분야에서 10년 경력을 가지고 있습니다.
(b) 이 일자리는 급여와 복지 혜택이 훌륭합니다.
(c) 이 일을 하는 데 특별한 자격 요건은 없습니다.
(d) 네. 제 일은 고객들에게 당사의 신제품에 대해 알려주는 것입니다.

해설 입사 지원을 한 남자에게 자신이 지니고 있는 자격 요건을 물어보고 있으므로 10년 경력이 있다고 답하는 (a)가 정답이다. (b) 일자리에 대한 평가나 (d) 일에 대한 정보를 요구하지는 않았고, (c) 고용하는 사람 입장에서 할 법한 말이다.

어휘 qualification 자격 (요건) benefits 복지 혜택
inform ~ of … ~에게 …에 대해 알려주다

3 (d)

해석 M 야외 활동에 관심을 가지게 된 것이 언제부터죠?

(a) 저는 지역 축구 동호회의 회원입니다.
(b) 저희는 지금 밖으로 나가는 중입니다.
(c) 저는 활동적인 삶을 살고자 합니다.
(d) 열살 때부터 시작했습니다.

해설 since when으로 언제부터 관심을 가지게 되었는지 묻고 있으므로 열살 때부터라고 답하는 (d)가 가장 적절하다. (a), (c)는 시기를 묻는 질문과는 무관한 응답이다.

어휘 outdoor activity 야외 활동 lead (특정한 삶을) 살다

4 (c)

해석 W 내가 알기로는, 아직 결정된 게 없어.

(a) 난 그들에게 무엇을 할 것인지 물어봤어.
(b) 그런 결정을 하기에 우리는 별로 아는 게 없어.
(c) 그러면 그들이 결정을 하기 전에 입김을 불어넣자.
(d) 아는 바가 없다는 게 우리에게 손해를 입히고 있는 거지.

해설 여자가 아직 결정된 게 없다고 말하고 있으므로 그렇다면 그들이 결정을 하는 데 영향을 주자는 (c)가 가장 적절하다. (a) 전혀 불가능한 대답은 아니지만 결정에 대해 이야기하는 (c)가 더 적절하고, (b) 남자와 여자가 결정을 내리는 상황은 아니다.

어휘 to the best of one's knowledge 아는 바로는
make a decision 결정하다 make a choice 선택하다
influence 영향을 미치다 lack 결핍, 부족

5 (b)

해석 M 이렇게 무대에서 가까운 티켓을 사느라 너는 돈이 많이 들었겠다.

(a) 오페라의 진정한 팬이라면 첫날 공연을 봐야지.
(b) 맞아. 하지만 가격은 분명 그만한 가치가 있었어.
(c) 이건 본 공연을 위한 총연습일 뿐이야.
(d) 내 돈으로 표를 구입했어.

해설 무대에서 가까운 티켓을 사느라 돈이 많이 들었겠다는 말에 하지만 그만한 가치가 있었다고 답하는 (b)가 정답이다. (a) 무대에서 가까운 좌석에 대해 이야기했지, 첫날 공연에 대해 이야기하지 않았고, (d) 남자는 이미 여자가 직접 표를 산 것을 알고 있다.

어휘 must have p.p. ~했음에 틀림없다 attend 참석하다
worth it 그럴만한 가치가 있는
dress rehearsal (무대 의상을 입고 정식으로 하는) 총연습

6 (d)

해석 W 나는 그가 위원회에 제출한 보고서에 대한 네 조언을 듣고 싶어.

(a) 이 전화만 끊고 그들에게 보고해야겠어.
(b) 회의가 아직도 진행 중이야.
(c) 받은 편지함에 아직 아무것도 도착하지 않았어.
(d) 먼저 그걸 읽어보게 시간 좀 줘.

해설 여자가 보고서에 관한 남자의 조언을 듣고 싶다고 했으므로 먼저 이를 읽어보겠다는 (d)가 가장 적절하다. (a) report를 사용한 오답이고, (b) 회의나 (c) 이메일에 대한 내용은 없었다.

어휘 submit 제출하다 committee 위원회
inbox (이메일) 받은 편지함

7 (a)

해석 W Smith 씨가 이 파일을 어디에 두길 원하는지 모르겠습니다.

    (a) 곧바로 자신에게 달라고 요청하던데요.
    (b) 인쇄를 해서 주제별로 분류하세요.
    (c) 책상 위 키보드 옆에 있습니다.
    (d) Smith 씨가 로비에서 당신을 기다리고 있습니다.

해설 의문사 where로 파일을 어디에 두어야 할지 묻고 있으므로 Smith 씨 자신에게 달라고 요청했음을 전달하는 (a)가 가장 적절하다. (b) 의문사 what에 적절한 답변이고, (c) 파일이 어디 있는지를 묻지 않는다. (d) Smith 씨를 언급한 오답이다.

어휘 be unaware of ~을 모르다　　request 요청하다
sort 분류하다　　according to ~에 따라

8 (d)

해석 W 저는 어떤 제안에나 열려 있습니다.

    (a) 비용이 얼마나 들어갑니까?
    (b) 그러면 문을 닫아주세요.
    (c) 당신은 잘못된 방향으로 가고 있습니다.
    (d) 공급업체에 연락을 취해봅시다.

해설 여자가 어떤 제안에도 마음이 열려 있다고 말했으므로 제안을 하는 (d)가 정답이다. (a) 비용에 대한 질문이나 (b) 문을 닫아 달라는 요청, (c) 잘못된 방향으로 가고 있다는 평가는 suggestion으로 보기에 적절하지 않다.

어휘 suggestion 제안, 제의, 의견　　supplier 공급업체

9 (c)

해석 M 이번 주말에 친구들과 영화를 볼 계획이야.

    (a) 물론이지. 나도 거기 너와 함께 갈 거야.
    (b) 내가 바로 여기 티켓을 가지고 있어.
    (c) 정말 재미있겠다.
    (d) 괜찮아. 난 별로 관심 없어.

해설 남자가 여자에게 영화를 볼 것이라는 주말 계획에 대해 이야기하고 있으므로 재미있겠다며 맞장구쳐주는 (c)가 정답이다. (a), (b) 남자는 다른 친구와 함께 갈 예정이고, (d) 같이 가자고 제안하지도 않았다.

10 (a)

해석 M 이번 여름에 가족과 함께 크루즈 여행을 가게 되어서 너무 신나.

    (a) 즐거운 시간이 될 것 같다.
    (b) 난 연례 바비큐 파티를 기다려왔어.
    (c) 그들 모두가 함께 조깅을 했으면 해.
    (d) 자동차의 주행 속도 유지 장치를 사용하지 않아도 돼.

해설 남자는 여자에게 이번 여름에 계획된 크루즈 여행에 대해 이야기하고 있으므로 즐거운 시간이 될 것 같다며 맞장구쳐주는 (a)가 정답이다.

어휘 cruise 유람선 여행, 크루즈 여행　　pleasurable 즐거운
yearly 연례의, 1년에 한 번씩 하는
cruise control (자동차의) 자동 주행 속도 유지 장치

11 (a)

해석 M 난 지난주 일요일 Bruce의 결혼식에서 널 볼 수 있을 거라 생각했는데. 무슨 일 있었어?
W 부모님께 갑자기 전화가 와서 바로 도시를 떠나야 했어.
M 별로 좋은 일이 아닌 것 같은데. 집에 별일 없는 거지?

    (a) 사실 아버지께서 지금 병원에 계셔.
    (b) 결혼식이 성황리에 진행되었다고 들었어.
    (c) 부모님 댁에서 오늘 막 돌아왔어.
    (d) 그래. Bruce에게 사과해야겠다.

해설 갑자기 전화를 받고 지방에 있는 부모님 댁에 갔었다는 여자의 말에 남자가 별일이 없는지 물었으므로 아버지가 병원에 입원하셨다고 답하는 (a)가 가장 적절하다.

어휘 sudden call 갑작스러운 전화　　go well 잘 진행되다
be sure to 반드시 ~하다

12 (d)

해석 W 일주일 전에 이 차를 구입했는데, 벌써부터 문제가 생기네.
M 그거 참 안됐다. 차를 점검하러 판매업자에게 가져가 볼 거야?
W 이미 그렇게 했는데, 전혀 도움을 안 줬어. 어떻게 해야 하지?

    (a) 반드시 견인 트럭 회사와 꼭 약속을 잡도록 해.
    (b) 차를 판매업자에게 돌려주고 그가 무슨 말을 하는지 보려고 해.
    (c) 차 구입하기 전에 충분히 점검하지 않았구나.
    (d) 그가 계약상 너를 도와줄 의무가 있는지 확인해봐야겠는데.

해설 여자는 마지막 말에서 남자의 조언을 구하고 있으므로 계약상의 내용을 확인해보라고 권하는 (d)가 정답이다. (a) 조언이기는 하지만 의미상 적절하지 않고, (b) 주어가 I이므로 답이 될 수 없다.

어휘 dealer 중개업자　　make an appointment 약속을 잡다
tow truck 견인 트럭　　purchase 구입하다
check out 확인하다　　contractually 계약상으로
be obligated to ~할 의무가 있다

13 (d)

해석 M 두 달만 있으면 우리가 졸업을 한다니 믿을 수가 없어.
W 맞아. 정말 신나. 그런데 동시에 미래가 걱정돼.
M 내 말이. 졸업하면 뭐할지 결정했어?

    (a) 나는 아직 한 학기가 더 남아있어.
    (b) 맞아. 난 지금 화학 공학을 전공하고 있어.
    (c) 아니. 난 아직 논문을 마무리하지 못했어.
    (d) 몇몇 회사의 일자리에 지원하고 있어.

해설 남자의 마지막 말을 듣는 것이 관건이다. 남자가 여자에게 졸업 후 무엇을 할 것인지를 물어보고 있으므로 몇몇 회사에 지

원하고 있다는 (d)가 정답이다. (a) 두 달 후 졸업이라고 했으므로 오답이다.

어휘 be concerned about ~에 관심을 가지다; ~을 걱정하다
You're telling me. 내 말이 그 말이야. semester 학기
major in ~을 전공하다 chemical engineering 화학 공학
thesis 논문 apply for ~에 지원하다

14 (b)

해석 W 너 지금 안 바쁘면 잠시 이야기 좀 해도 될까?
M 그럼. 나 시간 많아.
W 좋아. 음, Eric이 나에게 왜 그렇게 화가 나 있는지 알려 줄 수 있어?

(a) 그가 지난 이틀간 어디에 있었는지 직접 물어봐.
(b) 네가 어젯밤에 말다툼한 것 때문에 기분이 좋지 않은 것 같아.
(c) 너랑 이야기하고 싶지만, 지금 회의에 참석해야 해.
(d) 그는 지금 돌아가는 상황에 만족하는 것 같은데.

해설 여자의 마지막 말만 잘 들어도 풀 수 있는 문제다. Eric이 자신에게 화난 이유를 묻고 있으므로 그 이유를 알려주는 (b)가 가장 적절하다. (a) 의문사 where에 적절한 답변이고, (c) 남자는 시간이 많다고 했다. (d) Eric은 현재 화가 나 있다.

어휘 for a bit 잠시 동안 plenty of 많은 argument 논쟁; 말다툼
chat 수다 떨다, 이야기하다 attend 참석하다
turn out (상황이) 전개되다. (사태가) ~로 되어가다

15 (c)

해석 W 나한테 오늘 밤 농구 경기 티켓이 두 장 있어. 같이 갈래?
M 경기가 8시 이후에 시작된다면 갈 수 있어.
W 경기 시작은 9시로 예정되어 있으니 네가 운이 좋다고 할 수 있겠네.

(a) 홈 팀이 아마 이길 거야.
(b) 그렇다면 제시간에 도착하지 못할 것 같은데.
(c) 그렇다면 당연히 너랑 같이 갈 수 있지.
(d) 어느 팀이 이전 경기에서 승리했는지 기억이 안 나.

해설 여자가 남자에게 함께 농구 경기를 보러가자고 청하고 있다. 남자는 8시 이후에 시간이 된다고 했고, 경기는 9시에 시작하므로 같이 갈 수 있다고 답하는 (c)가 정답이다. (b) 남자는 제시간에 도착할 수 있을 것이다.

어휘 make it 제시간에 도착하다
so long as ~이기만 하면; ~하는 한
tipoff 팁오프 (농구에서 점프볼로 경기를 시작하는 것)
schedule (일정, 시간을) 잡다, 예정하다
definitely 확실히, 분명히 previous 이전의

16 (a)

해석 M 싱크대가 또 막혔네. 배관공 전화번호 알아요?
W 그의 명함을 당신 서재 책상 위에 둔 것 같은데요.
M 알겠어요. 여기 있네요. 그에게 최대한 빨리 오라고 해야겠어요.

(a) 지난 번처럼 비용을 많이 청구하지 않았으면 좋겠네요.
(b) 욕실 파이프가 항상 문제를 일으켜요.
(c) 배관공이 오전 중으로 오겠다고 하네요.
(d) 네. 물이 꽤 빨리 흐르기 시작했어요.

해설 남자의 마지막 말이 평서문으로 끝났으므로 다양한 답변이 가능하다. (a) 비용이 대화 상에서 언급되지는 않았으나 배관공을 부른 적이 있다는 내용과 수리를 맡길 것이라는 내용으로부터 자연스럽게 연결될 수 있다. 따라서 정답은 (a)이다. (b) 문제가 생긴 곳은 욕실이 아닌 주방이고, (c) 아직 배관공에게 연락하지 않은 상태이다.

어휘 be stopped up 막히다 plumber 배관공 study 서재
charge (비용을) 청구하다 drip 똑똑 떨어지다

17 (c)

해석 W 저는 학회에서의 다음 연설을 빨리 듣고 싶어요.
M 그래요? 그가 무엇에 관해 말할 건데요?
W 우리 업종의 미래 동향에 대한 거예요. 사실 그는 업계에서 상당히 인지도가 있어요.

(a) 알겠어요. 그럼 이에 대해서는 다시는 언급하지 않을게요.
(b) 네. 최근 참석한 회의에서 그를 만났어요.
(c) 그에게 아주 집중해야겠네요.
(d) 현재 우리 업종에 별다른 일은 없어요.

해설 여자가 마지막 말에서 다음 연사가 유명한 사람이라고 했으므로 자신 또한 열심히 들어야겠다고 답하는 (c)가 가장 적절하다.

어휘 be eager to ~을 하고 싶어하다 conference 학회; 회의
line of work 업종, 직업 well known 잘 알려진, 유명한
industry 산업 mention 언급하다
pay close attention to ~에 세심한 관심을 갖다, 주의하다
go on (일이) 일어나다

18 (d)

해석 M 혹시 우편물이 도착했는지 알아?
W 들어오다가 확인했는데, 너한테 온 건 없어.
M 이런. 이틀째 편지가 도착하기만을 기다리고 있는데.

(a) 우편 배달부가 우편함에 편지를 놓아두었어.
(b) 편지를 보내려면 우표를 붙여야 해.
(c) 다음 번에는 빠른 우편으로 보내.
(d) 곧 도착할 테니 걱정하지 마.

해설 편지를 간절히 기다리고 있는 남자에게 여자가 해줄 수 있는 말로는 곧 올 테니 걱정하지 말라는 (d)가 가장 적절하다. (a) 여자가 오는 길에 우편함을 확인했지만 아무것도 없었다고 했고, (c) 남자는 편지를 보내는 입장이 아닌 받는 입장이다.

어휘 happen to 우연히 ~하다 notice 알아차리다, 알다
on the way ~하는 길에, ~하는 중에 envelope (편지) 봉투
stamp 우표 express mail 빠른 우편, 속달 우편
sooner or later 조만간, 곧

19 (b)

해석 W 가족들과 갔던 남미 여행 어땠어?

M 우린 거기서 정말 즐거운 시간을 보냈고 정말 이국적인 장소도 몇 군데 봤어.

W 좀 더 말해줘. 난 혼자서라도 갈까 생각 중이야.

(a) 우리도 거기서 즐거운 시간을 보내긴 했는데, 특별한 곳은 없던데.

(b) 네가 그럴 거라면, 후회 없는 여행이 될 거야.

(c) 나라면 굳이 그곳에 가지 않을 거야. 너 돈 낭비하게 될 걸.

(d) 난 그곳이 어땠는지 이미 네게 알려줬어.

해설 남자는 남미 여행에 만족했으므로 혼자라도 남미에 가보고 싶다고 하는 여자에게 여행을 추천할 것이다. 따라서 (b)가 정답이다. (a), (c) 남자는 즐거운 시간을 보냈으며 이국적인 장소에도 들렀다고 했으므로 흐름상 어색하다.

어휘 exotic 이국적인 the sights 명소, 관광지 regret 후회하다
bother -ing 일부러 ~하다, ~하려 애쓰다

20 (b)

해석 M 그 꽃병 조심해서 다뤄야 해. 수십 년간 집에 두던 거야.

W 아, 그건 몰랐어. 그러면 이거 골동품이겠구나.

M 맞아. 우리 할아버지가 몇 년 전에 고조 할아버지로부터 받은 거야.

(a) 당시 얼마를 주셨을지 궁금하네.

(b) 정말 오랫동안 너희 집에서 보관해왔구나.

(c) 내가 아는 바로는 아니야.

(d) 그것에 대해 생각할 필요는 없어.

해설 꽃병을 구경하는 여자에게 남자가 고조할아버지께서 할아버지께 주신 꽃병이라고 했으므로 오랫동안 보관해왔다며 감탄하는 (b)가 가장 적절하다. 대화의 for decades가 (b)의 for a long time으로 패러프레이징 된 셈이다.

어휘 vase 꽃병 decade 10년
be aware of ~을 알다 antique 골동품
Not that I know of. 내가 아는 바로는 아니야.

21 (d)

해석 공항 직원과 여행객 간의 대화를 들으시오.

M 실례합니다만, 제 수하물이 아직 도착하지 않은 것 같아요.

W 어떤 비행기로 오셨죠?

M 런던발 PL576기입니다. 두 시간 전에 도착했는데, 제 짐이 어디에도 보이지 않는군요.

W 실수로 다른 곳으로 보내졌을 수도 있습니다. 이 양식을 작성해주시겠어요?

M 제 가방을 되찾는 데 정확히 어떤 절차가 있는 거죠?

W 모든 게 자동화되어 있으니 알맞은 양식만 작성해주시면 수하물이 어디 있는지 신속하게 찾을 수 있습니다.

Q: 대화는 주로 무엇에 관한 것인가?

(a) 남자의 수하물이 있는 곳

(b) 남자가 최근에 탑승한 비행기

(c) 남자의 목적지

(d) 남자의 없어진 가방

해설 남자가 자신의 수하물을 찾지 못했다며 여자에게 말을 걸고 있으므로 (d)가 정답이다. (a) 수하물을 찾고 싶은 것이지 수하물이 있는 장소 자체를 궁금해 하는 것은 아니고, (b) 수하물을 찾기 위해 언급한 세부 정보에 그친다.

어휘 as if 마치 ~인 것처럼 luggage (여행용) 짐, 수하물
nowhere 아무데도 ~ 없다
complete 완성하다; (서식을) 기입하다, 작성하다
form 서식, 서류 procedure 절차
automate 자동화하다 submit 제출하다

22 (c)

해석 두 동료 간의 대화를 들으시오.

W Larry, 저한테 보내기 전에 이 편지를 검토하는 거 기억하셨나요?

M 물론 다시 검토했습니다. 왜 그러시죠? 무슨 문제라도 있나요?

W 완전 실수투성이에요. 심지어는 제 이름도 잘못 썼더군요!

M 정말요? 제가 한번 봐도 될까요?

W 여기 있어요. 그런데 전 이 편지 때문에 크게 실망했어요.

M 아, 뭐가 문제인지 알겠네요. 잘못된 파일을 보내드렸어요. 제대로 된 걸로 바로 이메일을 보내드릴게요.

Q: 대화의 주제는 무엇인가?

(a) 남자가 저지른 특정 실수

(b) 남자가 문제를 어떻게 해결할 것인가

(c) 남자가 하는 업무의 질

(d) 남자가 다음에 할 일

해설 Larry는 편지로 잘못된 파일을 보냈고 심지어 여자의 이름까지 잘못 썼다. 여기서 여자의 태도를 보면 편지를 보낼 때 재검토해야 한다는 것을 알고 있느냐고 물어보고, 크게 실망했다고 하고 있으므로 (a) 특정 실수만을 이야기하는 것이 아니라 (c) 남자의 일 처리 자체에 불만을 가지고 있는 것을 알 수 있다. 따라서 정답은 (c)이다. (d) 남자의 마지막 말에서 언급된 세부 내용에 그친다.

어휘 colleague 동료 review 검토하다
be filled with ~로 가득 차다 spell 철자를 쓰다, 말하다
extremely 매우; 극도로 disappointed 실망한
turn out (모습을) 드러내다, 나타나다
particular 특정한; 특별한

23 (b)

해석 사무실에서의 대화를 들으시오.

W 복사기에 문제가 있나요? 전혀 인쇄가 되질 않아요.

M 이 빨간 불이 반짝이는데, 종이가 걸렸다는 말 같아요.

W 왜 마지막에 쓴 사람이 고쳐놓지 않았는지 모르겠어요. 정말 배려심 없는 행동이에요.

M 걱정 말아요. 제가 1분 안에 이 문제를 해결할 수 있어요.

W 정말이에요? 어떻게 복사기 고치는 걸 배웠어요?

M 몇 년 전 제가 대학생일 때 아르바이트로 이런 일을 했었어요.

Q: 남자가 주로 하려는 것은 무엇인가?
  (a) 남자의 전 직업에 대해 이야기하기
  (b) 복사기에 걸린 종이 빼기
  (c) 마지막으로 복사기를 쓴 사람이 누구인지 알아보기
  (d) 수리공을 불러 복사기 고치게 하기

해설 여자가 복사기에 문제가 있다고 하자 남자는 종이가 걸린 것 뿐이니 자신이 금방 고칠 수 있다고 답한다. 따라서 복사기에 걸린 종이를 빼려고 한다는 (b)가 가장 적절하다. (a) 남자가 이전에 했던 아르바이트나 (c) 마지막으로 복사기를 쓴 사람에 관한 언급은 있지만 세부 정보에 불과하다.

어휘 copier 복사기　　flash 번쩍거리다; 불빛을 비추다
paper jam 용지 걸림　　considerate 사려 깊은, 배려심이 있는
Don't sweat it. 걱정 마.
take care of ~을 돌보다; ~을 처리하다
determine 알아내다, 밝히다

24 (d)
해설 버스 기사와 승객 간의 대화를 들으시오.

W 실례합니다. 혹시 이 버스가 비치사이드 리조트로 가나요?
M 아니요. 버스를 잘못 타셨네요. 25번 버스를 타셔야 해요.
W 아, 그러면 이 버스는 어디로 가죠?
M 종점은 웨스트사이드 쇼핑몰이에요. 거기서 원하는 버스를 타실 수도 있고요.
W 그게 좋겠네요. 도착할 때까지 이 버스를 타고 가야겠어요.
M 책이라도 가지고 오셨으면 좋았을 텐데요. 종점까지 45분이 걸려서요.

Q: 대화에 따르면 다음 중 여자에 대해 옳은 것은 무엇인가?
  (a) 쇼핑몰로 가고 싶어 한다.
  (b) 45번 버스를 타고 있다.
  (c) 비치사이드 리조트에서 버스를 탔다.
  (d) 다른 버스로 한 번 갈아타야 한다.

해설 비치사이드 리조트로 가려는 여자에게 남자는 현재 타고 있는 버스로 웨스트사이드 쇼핑몰까지 간 다음에 버스를 갈아탈 수도 있다고 이야기한다. 여자는 그게 좋겠다고 대답했으므로 정답은 (d)이다. (b) 현재 타고 있는 버스가 몇 번인지는 밝히지 않았고, 종점까지 가는 데 45분이 걸린다는 말이었다.

어휘 passenger 승객　　by mistake 잘못하여, 실수로
destination 목적지
a forty-five-minute drive 차로 45분 거리
transfer 이동하다; 갈아타다

25 (d)
해설 두 친구가 여자의 저녁 약속에 대해 이야기하는 것을 들으시오.

W 내가 Ronald를 계속 만날 수 있을지 모르겠어.
M 너 Ronald와 중요한 데이트가 있다고 들떠 있었잖아. 무슨 일 있었어?
W 오늘 저녁에 걔가 나를 어디로 데려가려고 하는지 넌 못 믿을 거야.
M 모르겠어. 어서 말해봐.

W 내가 얼마나 싫어하는지 알면서도 오페라를 보러 가자는 거야.
M 이상하다. 그는 네 생각에 대해 더 세심할 것 같았는데.

Q: 오늘 저녁의 계획에 대해 여자는 어떤 기분인가?
  (a) 초조한
  (b) 기쁜
  (c) 걱정스러운
  (d) 실망스러운

해설 데이트를 앞두고 들떠 있던 여자는 남자 친구가 자신이 싫어하는 오페라를 보러 가자고 하여 실망한 상태이다. 따라서 정답은 (d)이다.

어휘 stand 참다, 견디다　　sensitive 예민한, 민감한; 세심한
concerned 걱정하는, 염려하는　　disappointed 실망한

26 (c)
해설 두 친구 간의 대화를 들으시오.

M 옷이 왜 그래? 비 맞은 것처럼 보이는데.
W 그런 건 아냐. 비가 내리긴 하지만 잊지 않고 우산을 가져왔거든.
M 그럼 도대체 어쩌다 그렇게 홀딱 젖은 거야?
W 길을 걷고 있었는데 버스가 큰 물웅덩이를 지나갔어.
M 세상에! 너한테 물이 다 튀었겠구나. 그렇지?
W 맞아. 난 이제 다음 약속 전에 옷을 갈아 입어야 해.

Q: 여자에게 무슨 일이 있었는가?
  (a) 집에 우산을 두고 왔다.
  (b) 옷이 모두 더럽혀졌다.
  (c) 버스가 그녀에게 물을 튀겼다.
  (d) 물웅덩이에 빠졌다.

해설 어쩌다 홀딱 젖었냐는 남자의 물음에 여자는 지나가던 버스가 물을 튀겨서 이렇게 되었다고 답한다. 따라서 정답은 (c)이다. (a) 잊지 않고 우산을 가져왔다고 했고, (b) 여자의 옷이 젖은 것은 맞지만 ruin은 얼룩진 것을 의미하는데 얼룩으로 더럽혀졌는지는 알 수 없다.

어휘 get caught 잡히다; (비를) 만나다　　on earth 도대체
soaking wet 흠뻑 젖은　　puddle 웅덩이
splash (물을) 튀기다　　appointment 예약; 약속
fall into ~에 빠지다

27 (d)
해설 두 동료 간의 대화를 들으시오.

W 절뚝거리면서 걷는 것 같이 보여요. 다쳤어요?
M 어제 새 구두를 샀는데, 아직 길들이려 노력하는 중이에요.
W 사이즈를 잘못 선택하신 것 같아요. 새 신발이라고 해서 그렇게까지 아프지는 않을 것 같은데요.
M 사실, 좀 많이 작아요. 직원이 잘못 줬거든요.
W 가게로 다시 가서 교환해요. 아파 보여요.
M 점심시간에 가서 해결할 생각이에요.

Q: 대화에 따르면 다음 중 남자에 대해 옳은 것은 무엇인가?

(a) 신발을 할인 가격으로 샀다.
(b) 신발 사이즈가 맞다.
(c) 지금 점심시간 중이다.
(d) 이상하게 걷고 있다.

해설 첫 문장에 나온 limp의 의미를 모르더라도 이어지는 대화에서 어떤 상황인지 충분히 유추할 수 있다. 남자가 절뚝거리며 아픈 듯 걷고 있다고 했으므로 정답은 (d)이다. (c) 점심시간에 교환하러 가겠다고 했으므로 현재는 점심시간 이전일 것이다.

어휘 limp 절뚝거림   break in ~을 길들이다
must have p.p. ~했음에 틀림없다   exchange 교환하다
be in pain 괴로워하다, 아파하다   lunch break 점심시간

28 (a)

해석 남자의 구직 활동에 관한 대화를 들으시오.

W 오늘 오후에 그 일자리에 지원할 거지?
M 사실, 자격 요건을 보고 지원하지 않기로 결정했어.
W 너를 그 자리에 지원하지 못하게 한 게 뭐야?
M 보니까 거기서 일하려면 학사 학위가 필요한가 봐.
W 안타깝다. 그래도 분명 다른 일자리가 곧 있을 거야.
M 나도 그러길 바라. 빨리 일자리를 찾아야 하거든.

Q: 남자에 대해 추론할 수 있는 것은 무엇인가?
(a) 대학을 졸업하지 못했다.
(b) 이전에 직업을 가져본 적이 없다.
(c) 내일 다른 일자리에 지원할 예정이다.
(d) 지금 대학을 다니고 있다.

해설 입사 지원을 하려던 남자는 학사 학위가 필요하다는 자격 요건을 보고 지원을 포기했다. 따라서 대학을 졸업하지 못했을 것이라 추론하는 (a)가 정답이다.

어휘 job hunting 일자리 구하기, 구직 활동
apply for ~에 지원하다   look over ~을 검토하다
qualification 자격 (요건)   disqualify 실격시키다
a bachelor's degree 학사 학위
positive 긍정적인; 확신하는   come along 생기다, 나타나다
employment 직장; 취업

29 (b)

해석 두 학생 간의 대화를 들으시오.

M 학교에서 너에게 성적 우수 장학금을 주었다고 들었어.
W 맞아. 며칠 전에 편지를 받고 정말 깜짝 놀랐어.
M 놀랄 일이 아닌걸. 넌 항상 좋은 성적을 받았잖아.
W 그래. 하지만 정말 뛰어난 학생들과 경쟁했었단 말이지.
M 그러면 네가 그 사람들보다 잘한 거네. 축하해.
W 고마워. 그 장학금이 내년에 경제적 부담을 많이 줄여줄 것 같아서 정말 기뻐.

Q: 대화로부터 추론할 수 있는 것은 무엇인가?
(a) 여자는 자신의 능력에 대해 자랑하기를 좋아한다.
(b) 여자는 남자의 칭찬에 고마워하고 있다.
(c) 여자는 열악한 재정 상황에 있다.
(d) 남자는 여자의 장학금을 샘하고 있다.

해설 남자가 장학금을 받게 된 여자에게 축하 인사를 건네며 여자가 평소에도 늘 좋은 성적을 받았다고 말하고 있다. 여자는 이에 고마워하고 있으므로 정답은 (b)이다. (a) 여자가 먼저 장학금 이야기를 꺼내며 자랑한 것은 아니고, (c) 여자의 마지막 말에 경제적 부담이 줄어들어 기쁘다는 언급이 있지만 이것만으로 여자가 경제적으로 열악한 상황에 있다고 추론하기는 어렵다.

어휘 award 수여하다   scholarship 장학금
academic 학업의   outstanding 뛰어난, 눈에 띄는
compete against ~와 경쟁하다
financial 경제적인, 재정적인   burden 부담, 짐
be grateful for ~을 고맙게 여기다   compliment 칭찬
be jealous of ~을 질투하다

30 (a)

해석 남자가 날려버린 파일에 관한 대화를 들으시오.

M 이럴 수가. 작업하던 파일을 다 날려버렸어요.
W 작업하시던 걸 자주 저장하지 않아요?
M 아니요. 사실 그렇게 하는 건 생각도 못했어요.
W 그렇게 하셔야 돼요. 아무튼, 어디 한번 봐요. 혹시 제가 파일을 복구할 수 있을지도 모르니까요.
M 가능할까요? 한번 삭제된 파일을 복구하실 수 있을 거라고는 생각도 못했어요.
W 제가 도움을 드릴 가능성은 있지만, 파일을 다시 살려낼 수 있을 거라고 크게 기대하지는 않아요.

Q: 남자에 대해 추론할 수 있는 것은 무엇인가?
(a) 컴퓨터에 대해서 잘 모른다.
(b) 지금 가지고 있는 컴퓨터를 업그레이드해야 한다.
(c) 여자보다 직급이 낮다.
(d) 파일을 복구할 수 있을 거라 생각한다.

해설 남자는 작업을 하면서 수시로 파일을 저장해야 한다는 것을 몰랐고, 삭제된 파일을 복구할 수 있는지도 몰랐다. 따라서 컴퓨터에 대해 잘 모를 것이라 추론할 수 있으므로 정답은 (a)이다.

어휘 consider 고려하다, (깊이) 생각하다
recover 회복하다; (파일을) 복구하다
delete 삭제하다, 제거하다
count on ~을 믿다, 확신하다; ~을 기대하다
knowledgeable 아는 것이 많은; 지식이 있는
position (일자리); 직위

31 (c)

해석 캐주얼 패션은 이번 주에 봄 재고 정리 세일을 합니다. 봄이 다가옴에 따라, 저희는 겨울 상품 재고를 전부 처분하려고 합니다. 온도가 따뜻해지면 고객님께서 입으실 상품의 매장 내 공간을 확보하기 위해서죠. 그래서 일부 겨울 상품을 70%까지 할인 판매하려 합니다. 스웨터는 반값에 판매하고, 장갑과 벙어리장갑은 40% 할인해드리며, 겨울 재킷은 30%에서 70% 사이 얼마쯤으로 할인 판매합니다. 매장으로 오셔서 얼마나 많은 할인 품목을 사실 수 있는지 보시기 바랍니다.

Q: 광고는 주로 무엇에 관한 것인가?
(a) 폐업 세일
(b) 신학기 세일
(c) 재고 정리 세일
(d) 크리스마스 세일

해설 첫 문장에서 봄 재고 정리 세일임을 언급했으므로 정답은 (c)이다. clearance sale의 의미를 모르더라도, (a) 폐업이나, (b) 신학기, (d) 크리스마스에 관련된 언급이 없었으므로 (c)가 정답임을 유추할 수 있어야 한다.

어휘 clearance sale 재고 정리 세일
get rid of ~을 제거하다, 없애다   stock 재고
make sure ~을 확실히 하다   temperature 기온
mitten 벙어리 장갑   bargain 싸게 사는 물건
going-out-of-business sale 폐업 세일

32 (b)

해석 가장 여유로운 취미 중 손쉽게 참여할 수 있는 것은 낚시다. 강가나 보트에서 시간을 보내며 강이나 호수에서 물고기를 잡으려는 것보다 더 좋은 일은 없다. 이는 특히 물가에 아무도 없을 때 그러하다. 가끔 황소개구리의 개굴개굴 우는 소리나, 오리나 다른 물새들이 내는 꽥꽥 소리를 제외하면 완전히 고요한 상태가 찾아온다.

Q: 낚시에 관한 화자의 요지는 무엇인가?
(a) 지루하다.
(b) 평화롭다.
(c) 흥미진진하다.
(d) 신경을 건드린다.

해설 화자는 relaxing, nothing better, complete silence와 같은 단어를 사용하여 계속해서 낚시가 마음을 편안하게 해주는 여가임을 설명한다. 따라서 (b)가 정답이다.

어휘 partake in ~에 참가하다   shore 해안
complete 완벽한; 완전한   except for ~을 제외하고
occasional 가끔의   croak 개굴개굴 울다
bullfrog 황소개구리   quack 꽥꽥거리다   waterfowl 물새
nerve-wracking 신경을 건드리는, 괴롭히는

33 (c)

해석 우리 동네를 깨끗하게 하기 위해 모든 지역 주민들께 드리는 말씀입니다. 쓰레기, 주로 종이와 플라스틱 쓰레기가 온 길거리와 심지어 주민들의 뒷마당에까지 널려있어서 많은 항의가 있었습니다. 쓰레기를 길에 투기하여 우리 동네를 보기 싫게 만드는 데 일조하지 마십시오. 대신, 쓰레기통에 버릴 수 있을 때까지 쓰레기를 가지고 계십시오. 또한, 누군가가 쓰레기 버리는 것을 목격하신다면, 그러지 말라고 정중하게 말씀해주십시오.

Q: 주로 안내되고 있는 것은 무엇인가?
(a) 쓰레기 투기에 부과되는 벌금
(b) 쓰레기 투기가 집값을 어떻게 하락시키는지
(c) 쓰레기를 쓰레기통에 버릴 필요성

(d) 사람들이 쓰레기를 버리지 않도록 권장하는 최근의 프로그램

해설 쓰레기가 동네 여기저기에 널려있다는 항의가 있었으니, 앞으로 쓰레기는 반드시 쓰레기통에 버려달라고 요청하는 안내 방송이다. 따라서 정답은 (c)이다. (b) 미관상 좋지 않다는 내용은 있었지만 이것이 집값을 하락시킨다는 내용은 없었고, (d) 따로 프로그램이 있는 것은 아니다.

어휘 reminder 생각나게 하는 것
neighborhood 이웃; 지역, 동네   refuse 쓰레기
contribute to ~하는 데 기여하다, 일조하다
unsightly 보기 흉한   dispose of ~을 없애다, 처리하다
receptacle 그릇, 용기   litter 쓰레기를 버리다
charge (요금을) 청구하다; (벌금을) 물다
where it belongs 본래 속한 곳; 쓰레기통

34 (a)

해석 로봇은 많은 곳에서 찾아볼 수 있으며 더 이상 공상 과학 소설이 아니다. 미군은 전장 로봇을 개발 중이다. 일부는 지뢰와 폭발물을 해체하는 데 사용될 것이고, 다른 로봇들은 적의 지역을 정찰할 것이다. 세 번째 유형은 전투를 위해 고안될 것이며, 최대한 인간에 가깝게 만들어질 것이다. 많은 돈이 이 프로젝트에 투자되고 있으며, 이미 인공 지능을 가진 비행 로봇들이 있어 전장에서 아군은 피하는 동시에 적군의 목표물만 골라낸다.

Q: 담화에 따르면 다음 중 옳은 것은 무엇인가?
(a) 군사 로봇은 미래에 많은 작업을 할 것이다.
(b) 군사 로봇은 모두 인공 지능을 사용한다.
(c) 대부분의 군사 로봇들은 적군 목표물을 정찰한다.
(d) 로봇들은 이미 일반 병사와 같이 이용되고 있다.

해설 담화는 앞으로 개발될 군사 로봇이 전장에서 어떤 일을 하게 될지 하나 하나 설명하고 있다. 따라서 군사 로봇이 미래에 여러 작업을 할 것이라는 (a)가 가장 적절하다. (b) 담화 마지막 부분에서 인공 지능을 가진 비행 로봇이 이미 있다고만 언급되었지, 모든 군사 로봇이 인공 지능을 사용한다고 한 것은 아니다. (c), (d) 현재 로봇이 맡은 일이 아니라 미래에 로봇이 하게 될 일이고, (c) 그마저도 적의 지역을 정찰한다고 했지 적군의 목표물을 정찰한다고 하지는 않았다.

어휘 science fiction 공상 과학 (소설)   battlefield 전장, 싸움터
disarm 무장 해제시키다   landmine 지뢰
explosive 폭발성의   device 기기; 장치
scout (찾아) 돌아다니다, 정찰하다   territory 지역, 영토
combat 전투, 싸움   a great deal of 많은 양의
equipped with ~을 갖춘   artificial intelligence 인공 지능

35 (b)

해석 많은 사람들이 익사가 고통 없이 죽는 방법이라 믿는다. 이는 사실과는 거리가 멀다. 누군가 물에 빠지면, 그 사람은 본능적으로 입을 다물고 숨을 쉬지 않으려 한다. 하지만 사람이 물 속에 오래 있을수록, 숨 쉬고자 하는 욕구는 더욱 커진다. 곧, 호흡하고자 하는 본능이 숨을 쉬지 말라고 말하던 뇌를 앞선다. 그 사람은 본의 아니게 입을 벌리고 물속에서 숨을 쉬게

된다. 물은 폐를 채우고, 몸이 물을 빼려려고 애쓰는 동안 숨이 막히게 된다.

Q: 담화에 따르면 다음 중 옳은 것은 무엇인가?
(a) 익사자의 대다수는 폐 속에 물이 없다.
(b) 익사는 주로 본의 아니게 물을 들이마셔 일어난다.
(c) 익사하는 사람들은 주로 고통을 크게 느끼지 못한다.
(d) 사람이 익사하지 않으려면 본능에 의지해야 한다.

해설 통념과 달리 고통스러운 익사의 과정을 설명하고 있다. 담화 중간 부분에 the instinct to breathe overrides라는 내용이 나오므로 본능적으로 숨을 쉬려다 물을 들이마시게 되어 죽게 된다는 것을 알 수 있다. 따라서 (b)가 정답이다. (a) 담화 마지막 부분에 물이 폐를 채운다고 했고, (c) 담화 첫 부분에 익사가 고통 없이 죽는 방법이 아니라는 말이 나온다. (d) 익사는 숨을 쉬려는 본능에 의한 것이므로 오답이다.

어휘 drown 익사하다   far from 전혀 ~이 아닌   instinct 본능
breathe 숨 쉬다   override 앞지르다, 앞서다
involuntarily 본의 아니게   lung 폐   gag 숨이 막히다
expel 내쫓다; 방출하다   rely on ~에 의지하다, 의존하다

36 (d)

해설 오늘날의 뉴스는 많은 사람들이 다양한 사건에 대해 시위하는 장면을 보여줍니다. 이러한 집단은 나라의 지도자나 법안, 혹은 단체의 모임에도 반발할 수 있습니다. 대체로 그들은 자신들의 소리를 내려 하는 것입니다. 시위는 사회의 자연스러운 한 부분이지만, 종종 시위자들은 폭력적으로 변하기도 합니다. 이들은 모임을 방해하고, 기물을 파손하며, 심지어 경찰이나 일반 시민에게 해를 끼치기도 합니다. 이는 자신들의 메시지를 흐리게 할 뿐이죠. 결국, 이들은 사회를 변화시키기 위해 선거에 호소해야지, 이를 변화시키고자 폭력이나 위험한 행동을 이용해서는 안 됩니다.

Q: 강의로부터 추론할 수 있는 것은 무엇인가?
(a) 가장 효과적인 시위는 항상 무력을 수반한다.
(b) 경찰은 시위하는 사람들을 쉽게 해산시킬 수 있다.
(c) 투표하지 않는 사람들은 종종 폭력적인 시위에 의존한다.
(d) 시위대가 폭력을 행사할 때 자신들의 대의를 해치게 된다.

해설 강의 후반부에서 종종 시위대가 폭력적으로 변하여 오히려 자신들의 메시지를 흐리게 한다는 내용이 나오므로 정답은 (d)이다. 대화의 dilute their message가 (d)의 harm their own cause로 패러프레이징 된 셈이다. (a) 화자는 폭력 행사에 반대하고 있고, (b), (c) 언급되지 않은 내용이다.

어휘 footage 장면   protest 항의하다; 시위하다
legislation 입법; 법률
make oneself heard 목소리가 들리게 하다, 생각을 말하다
turn to ~에 의지하다   disrupt 방해하다; 혼란하게 하다
dilute 희석하다, 묽게 하다   resort 의지하다; 호소하다
ballot box 투표함   cause (사회 운동의) 대의명분

37-38 (d), (c)

해석 안녕하세요. 저는 458-8912번의 Johnny Davis입니다. 지금 댁에 안 계신가 보네요. 저는 신문에 판매한다고 광고하신 오토바이 때문에 전화 드립니다. 광고에서는 야즈카 500 모델에 3년된 것이며, 검은색에 크롬 부품들이 많이 달려있고, 최근에 검사와 허가를 받았다고 되어있네요. 음, 제가 보기에 모두 괜찮은 것 같은데, 주행 거리와 혹시나 사고에 연루된 적이 있었는지 또한 알고 싶습니다. 광고에서는 3,000달러에 파신다고 되어 있는데, 저한테는 조금 비싸서요. 저녁 6시 이후에 저에게 전화 주시면 이야기해 볼 수 있을 것 같아요. 감사합니다.

37 Q: 왜 Johnny Davis는 전화 메시지를 남기고 있는가?
(a) 팔려고 하는 오토바이에 대한 전화에 답하기 위해
(b) 오토바이의 가격을 물어보기 위해
(c) 물건이 최적의 상태인지 알아보기 위해
(d) 판매 중인 물건에 대한 정보를 더 많이 얻기 위해

38 Q: 오토바이에 대해 다음 중 옳은 것은 무엇인가?
(a) 3년 전에 차량 검사를 받았다.
(b) 사고에 연루된 적 없다.
(c) Johnny Davis가 지불하고자 하는 값보다 더 나간다.
(d) 비교적 주행 거리가 적다.

해설 **37** 광고에 내놓은 오토바이 때문에 전화한다고 말하며 주행 거리와 사고 이력, 가격 조정 여부에 대해 추가적으로 묻고 있으므로 (d)가 정답이다. (b) 가격은 3,000달러로 이미 나와 있으나 조정이 가능한지 묻는 것이고, (c) 사고 이력을 물었지만 이는 세부 정보에 그친다.

38 가격 조정이 가능한지 물었으므로 Johnny Davis가 생각하는 가격보다 비싸다는 것을 알 수 있다. 따라서 정답은 (c)이다. (a) 최근 검사를 받았다고 했고, (b), (d) 아직 알 수 없는 정보이다.

어휘 motorcycle 오토바이   for sale 팔려고 내놓은
chrome (금속) 크롬   fittings (pl.) 부품
inspect 점검하다; 검사하다   approve 승인하다
mileage 주행 거리   be involved in ~에 연루되다
steep (값이) 너무 높은, 비싼   inquire 묻다, 알아보다
determine 알아내다, 밝히다   ideal 이상적인

39-40 (a), (d)

해석 외국으로 여행을 가기 전, 많은 사람들이 의사에게 어떤 백신을 맞아야 하는지 조언을 구한다. 백신은 대개 20세기에서 21세기에 개발된 것이며, 사람들이 특정 질병에 걸리지 않도록 돕는 데 중요한 역할을 해왔다. 그러한 질병 중 두 가지는 천연두와 소아마비이다. 이에 대한 백신이 있기 전에는, 이 두 질병으로 많은 사람들이 죽거나 불구가 되었다. 그러나 백신 덕분에, 두 질병 모두 세상에서 근본적으로 뿌리 뽑혔다. 오늘날, 과학자들은 다양한 바이러스에 대한 백신을 개발하기 위해 애쓰고 있다. 그 중 가장 시급한 것은 에이즈와 조류 독감이다. 조류 독감은 그것의 치명적인 특성으로 인해 특히나 우려된다. 사실, 많은 사람들은 조류 독감의 발병이 전 세계에 빠르게 번져 그것이 사라지기 전에 수백만 명의 사람들이 죽을 수 있다는 점을 우려한다.

39 Q: 백신에 관한 화자의 요지는 무엇인가?

(a) 많은 치명적인 질병의 근절을 이끌어왔다.

(b) 1900년대에 처음 개발되었다.

(c) 여행객들은 다른 나라로 가기 전에 백신을 맞아야 한다.

(d) 에이즈와 조류 독감 백신을 개발하는 데 대한 더 많은
연구가 아직 진행 중이다.

40 Q: 담화로부터 백신에 대해 추론할 수 있는 것은 무엇인가?

(a) 조류 독감의 발병은 많은 사람들을 불구로 만들 것이다.

(b) 가장 치명적인 바이러스에 대한 백신이 있다.

(c) 소아마비는 한때 지구상에서 가장 치명적인 바이러스였다.

(d) 백신은 질병의 발병을 예방할 수 있다.

해설 39 아직 백신이 개발되지 않아 우려되는 질병이 있기는
하지만, Thanks to vaccines though, they have both
essentially been eradicated ~에서와 같이 화자는 백신이
여러 치명적인 질병을 뿌리 뽑았다는 데 동의한다. 따라서 정
답은 (a)이다. (b) 백신이 대개 20세기에서 21세기에 개발되었
다는 언급은 있지만 최초의 백신에 대해서는 알 수 없고, (c),
(d) 올바른 정보이지만 화자가 하고자 하는 말은 아니다.

40 담화의 첫 부분에 백신에 대한 설명이 나온다. 사람들이 특
정 질병에 걸리지 않도록 도와준다고 했으므로 질병의 발병을
막을 것이라 추론하는 (d)가 가장 적절하다. (a) 과거에 사람들
을 불구로 만든 것은 천연두와 소아마비였으며 조류 독감도
그러한 영향을 가져오는지는 언급되지 않았다. (b) 현재 가장
치명적인 에이즈와 조류 독감의 백신은 개발 중이고, (c) 소아
마비가 가장 치명적이었다는 내용은 없었다.

어휘 prior to ~ 이전에   consult 상의하다   physician 의사
predominantly 대개   crucial 중요한, 결정적인
develop 개발하다; 발병하다   smallpox 천연두
polio 소아마비   cripple 불구가 되게 하다
essentially 본질적으로   eradicate 뿌리뽑다, 근절하다
avian flu 조류 독감   worrisome 걱정되는
virulent 악성의, 치명적인   outbreak 발생, 발발
be in progress 진행 중이다

Actual Test 6

1 (c)	**2** (b)	**3** (d)	**4** (a)	**5** (a)
6 (b)	**7** (c)	**8** (d)	**9** (b)	**10** (b)
11 (b)	**12** (c)	**13** (d)	**14** (a)	**15** (a)
16 (c)	**17** (b)	**18** (a)	**19** (d)	**20** (d)
21 (c)	**22** (a)	**23** (c)	**24** (d)	**25** (b)
26 (b)	**27** (d)	**28** (a)	**29** (b)	**30** (c)
31 (a)	**32** (c)	**33** (d)	**34** (b)	**35** (a)
36 (b)	**37** (a)	**38** (b)	**39** (b)	**40** (d)

1 (c)

해설 M 부동산 중개인이 너에게 어떤 거래를 제안했어?

(a) 우린 결국 아파트를 팔 수 있었어.

(b) 그러면 너 바가지 쓴 것 같은데.

(c) 우리가 받아들이기에는 좋지 않은 제안이었어.

(d) 그 사람 명함 바로 여기에 가지고 있어.

해설 의문사 what으로 부동산 중개인이 어떤 제안을 했는지 묻고
있다. 어떤 제안인지에 대한 직접적인 대답보다 별로 좋지 않
은 제안이었다는 간접적인 대답이 제시되었다. 정답은 (c)이다.

어휘 deal 거래   real estate agent 부동산 중개인
rip off 바가지를 씌우다   business card 명함

2 (b)

해설 W 당신의 사무실이 정확히 어디에 있는지 말씀해주시겠어요?

(a) 우리 회사는 컴퓨터 소프트웨어를 전문으로 합니다.

(b) 경찰서 옆 오크가에서 찾으실 수 있습니다.

(c) 물론이죠. 저희는 매일 9시에서 6시까지 영업합니다.

(d) 네. 여기로 오시는 데 문제없으실 겁니다.

해설 의문사 where로 남자의 사무실이 어디 있는지 묻고 있으므로
(b)가 정답이다. (a) 남자의 회사가 무슨 일을 하는지, (c) 영업
시간은 어떻게 되는지 묻지 않았고, (d) 위치를 알려준 뒤에 할
법한 말이다.

어휘 be located 위치해 있다   specialize in ~을 전문으로 하다

3 (d)

해설 W 우리가 지나가야 하는 도로가 공사 때문에 폐쇄되어 있지
않니?

(a) 이번 교차로에서 좌회전해야 해.

(b) 속도 좀 줄여. 딱지 떼이겠다.

(c) 이 길로 가야 하는 게 확실해.

(d) Thomas에게 그렇게 들었어.

해설 지나가야 하는 도로가 공사로 인해 폐쇄되어 있지 않냐고
묻고 있다. Yes나 No를 사용한 직접적인 대답보다 Thomas
에게 그렇게 전해 들었다는 간접적인 대답이 제시되었다. 정
답은 (d)이다.

어휘 construction 건설, 공사   intersection 교차로
slow down 속도를 줄이다
get a ticket 교통 위반 딱지를 떼이다

4 (a)

해설 W 성과를 높이려면 당신의 업무에 더 많은 노력을 기울여야
합니다.

(a) 제가 정확히 어떻게 하는 게 좋을까요?

(b) 누가 제가 최선을 다하지 않는다고 생각하고 있나요?

(c) 왜 이에 대해 제게 말하지 않았습니까?

(d) 언제 결과가 나올 예정입니까?

해설 여자가 남자에게 성과를 높이기 위해 더욱 노력하라고 이야기
하고 있으므로 정확히 어떻게 하면 좋을지 더 자세한 조언을
구하는 (a)가 정답이다. (b) 여자는 성과를 위해 더 노력하라고

했을 뿐, 남자가 최선을 다하고 있지 않는다고 하지는 않았다.

어휘 put an effort into ~에 노력을 기울이다
performance 실적, 성과   do one's best 최선을 다하다

5 (a)

해석 M 이거 쇼핑센터에서 엄청 할인하고 있어.

(a) **그럼 가서 몇 개 더 사오자.**
(b) 거기가 바로 내가 오늘 오후에 가려는 곳이야.
(c) 그건 너무 무거워서 나 혼자 들 수 없어.
(d) 난 그녀가 내게 말하는 걸 한 번도 무시한 적 없어.

해설 남자는 어떤 물건이 할인 판매 중이라는 말을 하고 있으므로 몇 개 더 사오자는 (a)가 가장 적절하다. (b) 남자는 쇼핑센터의 할인에 대해 이야기하고 있으므로 쇼핑센터 자체에 대한 언급은 자연스럽지 않다. (c) heavily를 heavy로 이용한 오답이다.

어휘 heavily 심하게, 많이   discount 할인하다
a couple 두어 개   head 향하다
by oneself 혼자서, 혼자 힘으로   ignore 무시하다

6 (b)

해석 W 이제 다음 프로젝트에 착수할 때군요.

(a) 저는 항상 8시 반에 회사에 도착합니다.
(b) **먼저 휴식 시간을 가졌으면 하는데요.**
(c) 여기 내년도 계획이 있습니다.
(d) 죄송합니다만, 그는 더 이상 여기서 일하지 않습니다.

해설 여자의 말에 나온 next로 미루어 보아 두 사람은 이제 막 한 가지 프로젝트를 끝냈음을 알 수 있다. 따라서 잠시 휴식 시간을 갖자고 말하는 (b)가 정답이다. (a) 여자의 말에 나온 time과 work에 착안한 오답이다. (c) project를 projection으로 사용한 오답인데, 둘은 다른 의미를 갖고 있다.

어휘 get to ~에 착수하다, ~을 시작하다   would rather ~하고 싶다
take a break 휴식을 취하다   projection 설계, 계획

7 (c)

해석 M 죄송합니다. 방금 당신에게 일부러 부딪히려던 건 아니었습니다.

(a) 제 차의 손상에 대해 보상해주셔야 합니다.
(b) 네. 제 머리에 있는 이 혹이 정말 아픕니다.
(c) **괜찮습니다. 사고는 늘 생기니까요.**
(d) 지금 무언가 중요한 일을 하던 건 아니었어요.

해설 사고에 대해 사과하는 남자에게 할 수 있는 말로는 괜찮다는 (c)가 가장 적절하다. (a) 전혀 불가능한 대답은 아니지만 사과에 대한 대답으로는 (c)가 더 적절하고, (b) bump를 '혹'이라는 의미로 사용한 오답이다.

어휘 bump into ~에 부딪히다; (아는 사람) 우연히 만나다
mean ~을 의도하다   bump 혹

8 (d)

해석 W 솔직히 말하자면 난 최근 네 행동이 조금 걱정돼.

(a) 미안하지만, 그녀에게는 아무 문제가 없어.
(b) 아무 것도 고백하지 않아도 돼.
(c) 그건 우리 모두에게 관련된 문제야.
(d) **미안해. 앞으로 더 잘하도록 노력할게.**

해설 여자가 남자의 행동에 대해 우려를 표하고 있으므로 이제 잘 하겠다고 답하는 (d)가 정답이다. (a) her가 아닌 me를 써야 정답이 될 수 있고, (b)는 confess를, (c)는 concern을 이용한 오답이다.

어휘 confess 고백하다, 자백하다
be concerned about ~을 걱정하다
concern ~에 관련되다; 걱정시키다

9 (b)

해석 W 고속도로에서 큰 사고가 나서 길이 막혔어.

(a) 그렇다면 오늘 아침에 차로 와서 다행이네.
(b) **무슨 문제인지 궁금했어.**
(c) 아무도 다치지 않았다니 정말 다행이네.
(d) 고속도로에 진입하려면 다른 길을 이용해.

해설 여자가 사고로 길이 막혔다고 이야기하고 있으므로 무슨 문제인지 궁금했다고 답하는 (b)가 가장 적절하다. (a) 고속도로에서 사고가 났으므로 차로 와서 다행이라 답할 수 없을 것이고, (c) 여자가 사고에 대해 자세히 설명하지는 않았다. (d) 여자가 아직도 차를 타고 있는 상황에서 할 법한 말이다.

어휘 slow down (속도를) 늦추다   traffic 차량(들), 교통(량)
fortunate 운이 좋은, 다행인   injure 부상을 입히다

10 (b)

해석 M 당신을 병원에 데려다주는 게 나을 것 같아요.

(a) 그건 공원 바로 건너편에 있어요.
(b) **저를 가능한 한 빨리 데려다주세요.**
(c) 저는 Stanton 선생님께 진료 예약을 해두었습니다.
(d) 저는 응급실 신세를 지고 있습니다.

해설 남자의 말로 미루어 보아 여자가 매우 아파 병원에 가야 하는 상황임을 알 수 있다. 데려다주겠다는 남자의 제안을 승낙하는 (b)가 가장 적절하다. (a) 병원의 위치를 알려주거나 (c) 진료 예약을 한 선생님을 말하는 것은 적절하지 않고, (d) 그녀가 아직 병원에 간 것은 아니다.

어휘 be located 위치해 있다   appointment 약속; 예약
be admitted to ~에 입원하다, 입소하다
emergency room 응급실

11 (b)

해석 W 조금 뒤에 빨래를 하려고 하는데, 내가 세탁해 줄 옷 있니?
M 괜찮다면, 이 셔츠 좀 빨아주면 좋을 것 같아.
W 좋아. 따뜻한 물에 세탁해야 하니, 아니면 찬물에 해야 하니?

(a) 네. 바로 그렇게 하면 좋겠어요.
(b) 어느 쪽으로 해도 괜찮아요. 별로 상관없어요.
(c) 다림질을 꼭 해야 해요.
(d) 제가 그걸 마지막으로 세탁한 건 2주 전이었을 거예요.

해설 여자는 자신의 옷을 세탁하면서 남자의 빨래도 같이 해주려고 한다. 여자가 찬물과 따뜻한 물 중 어떤 것으로 세탁해야 하는지 묻고 있으므로 상관없다고 답하는 (b)가 가장 적절하다. (a) 선택의문문에서는 Yes나 No로 답할 수 없으므로 오답이다.

어휘 do the laundry 빨래하다, 세탁하다   mind 꺼리다, 싫어하다
prefer 선호하다   matter 중요하다, 문제가 되다
iron 다림질하다

12 (c)
해석 W 점심 먹으러 갈 사람 있나요?
M 저 지금 먹으러 갈 수 있을 것 같아요.
W 좋아요. 같이 먹으러 어딘가 가는 게 어때요?

(a) 20분 전에 피자를 주문했어요.
(b) 식당은 아래층에 있어요.
(c) 좋죠. 저도 같이 먹을 사람이 있는 게 좋아요.
(d) 푸드코트에 다녀왔어요.

해설 점심 먹으러 나가려는 여자가 남자에게 같이 가자고 제안했으므로 좋다고 답하는 (c)가 정답이다. (a), (d) 남자는 지금 점심을 먹으러 갈 수 있다고 했으므로 흐름상 어색하다.

어휘 bite 물기; 한 입; (소량의) 음식, 요기   locate 위치시키다
company 회사; 동료; 일행

13 (d)
해석 M 직장과 집 모두에서 입기 적당한 옷을 찾아요.
W 여기 이 셔츠들 한번 보시겠어요?
M 아니요. 그건 제가 찾는 게 아니에요. 좀 덜 차려 입은 것 같은 옷을 찾고 있어요.

(a) 지금 입고 계신 옷이 괜찮아 보이네요.
(b) 오늘 청바지를 세일하고 있습니다.
(c) 턱시도 몇 벌을 보여드리겠습니다.
(d) 찾으시는 게 뭔지 알겠네요. 따라오세요.

해설 옷 가게에서 이루어지는 대화이다. 옷을 보여주는 점원에게 남자는 좀 더 캐주얼한 옷을 찾는다고 했으므로 다른 옷을 보여주려는 (d)가 가장 적절하다. (c) 턱시도는 남자가 찾는 옷과는 상반된다.

어휘 take a look at ~을 (한번) 보다   dressy 화려한, 정장의
outfit 의상   have a sale on ~을 할인 판매하다
tuxedo 턱시도

14 (a)
해석 W 아침에 당신에게 전화했는데, 받지를 않더라고요.
M 점심때까지 고객을 만나느라 사무실에 없었어요.
W 아, 몰랐어요. 아무튼 지금은 돌아왔으니 됐어요.

(a) 그럼 저한테 하실 말씀이 뭔가요?
(b) 네. 정말 멋진 곳에서 식사를 했죠.
(c) 그게 바로 제가 당신과 논의하고 싶었던 거예요.
(d) 언제 저한테 다시 전화하실 건가요?

해설 여자가 남자에게 전화를 했다는 것은 용건이 있기 때문일 것이다. 따라서, 그 용건이 무엇인지 묻고 있는 (a)가 정답이다. (b) 여자가 남자에게 점심 식사에 대해 물은 것은 아니고, (d) 두 사람이 만나서 대화를 나누고 있으므로 여자가 다시 전화를 할 필요는 없다.

어휘 try -ing ~을 시도하다   pick up the phone 전화를 받다
be aware of ~을 알다   fancy 화려한, 멋진
plan on -ing ~할 예정이다, 계획이다

15 (a)
해석 M 요즘 주로 뉴스를 어떻게 보고 있어? 신문에서?
W 솔직히 말하면, 난 인터넷 뉴스를 읽는 게 더 좋더라고. 신문보다 최신 뉴스를 담고 있거든.
M 나는 아니야. 나는 아직 앉아서 신문을 보거나 TV로 뉴스를 보는 게 좋아.

(a) 그렇지만 대부분 네가 그 뉴스를 들을 때쯤이면 오래된 뉴스가 되겠는걸.
(b) 나는 지역 신문 구독을 연장할 거야.
(c) 텔레비전 뉴스는 앞으로 확실히 커질 거야.
(d) 어쨌든, 나는 평소 뉴스에 별로 관심이 없어.

해설 여자는 신문보다 최신 소식을 담고 있는 인터넷 뉴스를 선호하고, 남자는 여전히 신문이나 TV 뉴스를 선호한다. 따라서 남자에게 그가 보는 뉴스가 오래된 뉴스일 것이라고 말하는 (a)가 정답이다. (b), (c) 여자는 인터넷 뉴스를 선호하고 있고, (d) 두 사람 모두 뉴스에 관심이 있다.

어휘 up-to-date 최신의   renew 갱신하다; 기한을 연장하다
subscription 구독   pay attention to ~에 관심을 갖다

16 (c)
해석 W 난 네가 집안일을 할 거라고 생각했어.
M 그러려고 했는데, 다른 일을 하느라 정신이 없었어요.
W 괜찮아. 그렇지만 그럼에도 하루 일과는 꼭 해야 해.

(a) 알았어요. 곧 숙제할게요.
(b) 맞아요. 좀 전에 저녁을 주문했어요.
(c) 지금으로부터 5분 후에 청소를 시작할게요.
(d) 지금 당장 처리해야 할 일은 없어요.

해설 두 사람이 하는 말의 시제에 유의해야 한다. 여자는 남자가 집안일을 할 거라 생각했고, 바쁘더라도 하루 일과는 꼭 해야 한다고 생각하고 있으므로 조금 뒤 청소를 하겠다고 답하는 (c)가 정답이다. (a) chores는 집안일이나 잡일을 의미하므로 숙제와는 관련이 없다.

어휘 be under the impression that ... ~라고 생각하다
chores (pl.) 집안일, 잡일

17 (b)

해석 M 제가 사무실에서 나가 있을 때 전화 온 것 있었나요?

W 네. 세 개의 메시지가 있어요. Marino 씨로부터 온 걸 포함해서요.

M 좋아요. 제 사무실로 가서 바로 그에게 전화할게요.

(a) 그는 이미 거기서 당신을 기다리고 있어요.

(b) 책상 위에 그의 전화번호를 두었습니다.

(c) 그에게 당신이 방문할 거라고 이야기하겠습니다.

(d) 그에게 그 메시지를 전달하고 당신이 어디 있는지 알리겠습니다.

해설 남자가 사무실을 비운 사이 Marino 씨를 포함한 몇 사람이 전화를 했다. 이에 남자가 Marino 씨에게 전화를 걸기 위해 사무실로 가려 하고 있으므로 그의 전화번호를 책상 위에 두었다고 이야기하는 (b)가 정답이다.

어휘 include 포함하다   give ~ a call ~에게 전화하다
contact number 연락처, (연락 가능한) 전화번호

18 (a)

해석 W 이 복사기는 제대로 작동하는 것 같지 않아요. 뭐가 잘못된 거죠?

M 종이가 걸린 것 같네요. 제가 쉽게 고칠 수 있어요.

W 대단하세요. 늘 고장 난 어떤 기계든 고칠 수 있으시네요.

(a) 이건 사실 해결하기 꽤 쉬운 문제예요.

(b) 나머지는 제가 복사해드릴게요.

(c) 기계에 관해서는 그걸 언급하지 않아도 돼요.

(d) 저에게는 전혀 문제가 없습니다.

해설 복사기의 문제를 해결해주겠다는 남자에게 여자는 칭찬을 하고 있다. 이에 간단한 문제라고 말하는 (a)가 가장 적절하다. (d) matter를 사용한 오답이다.

어휘 copier 복사기   properly 제대로   paper jam 종이 걸림
break down 고장 나다   photocopy 복사; 복사하다

19 (d)

해석 M Simmons 씨 어디 있는지 아시나요? 오늘 임대료를 드려야 하거든요.

W 바로 몇 분 전에 1층에 있었어요. 임대료가 오늘까지인가요?

M 음, 사실 3일 늦었지만 그가 오늘까지로 연장해주었어요.

(a) Simmons 씨는 이곳을 잘 관리합니다.

(b) 저는 임대료를 매달 제때 지불해요.

(c) 그럼 내일 지불해야겠네요.

(d) 그는 정말 마음씨가 좋군요.

해설 남자는 임대료를 내기 위해 주인인 Simmons 씨를 찾다가 여자와 대화를 하게 되었고, 여자는 그가 마감일자를 연장해주었다는 사실을 알게 된다. 따라서 이해심이 많은 사람이라고 말하는 (d)가 정답이다. (c) Simmons 씨는 몇 분 전에 1층에 있었으므로 오늘 지불할 수 있을 것이다.

어휘 rent 임대료   due 만기가 된, 지급 기일이 된
extension 연장   take care of ~을 돌보다, 관리하다
on time 정각에, 제때에   considerate 사려 깊은, 배려하는

20 (d)

해석 M 제 신용카드로 현금 서비스를 받고 싶은데요.

W 네. 이 양식을 작성해주시겠습니까?

M 500달러가 필요해요.

(a) 그만큼 빌려드릴 여유가 없네요.

(b) 고객님, 줄을 서서 기다리셔야 합니다.

(c) 신용카드 없으시죠?

(d) 금액을 양식에 적어주세요.

해설 현금 서비스를 받기 위해 남자는 양식 작성을 요청 받았다. 500달러가 필요하다고 했으므로 이 또한 양식에 적어달라는 (d)가 정답이다. 남자가 (c) 신용카드로 현금 서비스를 받겠다고 했으므로 (a) 여자가 개인적으로 돈을 빌려주는 상황이 아니고, (b) 줄을 서서 이미 창구에 온 상황이다.

어휘 cash advance 현금 서비스   credit card 신용카드
fill out ~을 작성하다   form 양식, 서류
afford ~할 (경제적) 여유가 있다; ~을 살 여유가 있다

21 (c)

해석 사무실에서의 대화를 들으시오.

W 이 계약서를 John에게 보내야 하는데, 팩스가 고장 났어요.

M 아침 내내 상태가 안 좋았어요. 제가 한번 볼게요.

W 고칠 수 있으면 좋겠네요. 그렇지 않으면 다른 데 가서 팩스를 보내야 해요.

M 걱정 말아요. 사소한 문제일 테니 제가 고칠 수 있어요.

W Peterson 씨에게 사무실 장비들을 업그레이드해야 한다고 계속 말하고 있어요.

M 맞아요. 다음 회의 때 장비 상태에 대해 불만을 이야기해야겠어요.

Q: 여자가 주로 불평하고 있는 것은 무엇인가?

(a) 여자의 컴퓨터

(b) 여자의 사무실

(c) 팩스 기계

(d) 컴퓨터 소프트웨어

해설 남자가 고장 난 팩스 기계를 고치고 있고, 사무실 장비들이 오래되어 불편하다는 이야기가 이어진다. 따라서 여자는 팩스 기계와 기타 사무실 장비에 대해 불평하고 있는 것이므로 (c)가 정답이다. (b) 사무실이 아닌 사무실 내에 있는 장비에 대해 불평하고 있다.

어휘 contract 계약; 계약서
act up 기능이 나빠지다, 제대로 작동되지 않다   fix 고치다
otherwise 그렇지 않으면   elsewhere 다른 곳으로
minor 사소한   upgrade (기계, 시스템 등을) 개선하다
state 상태

22 (a)

해석 두 동료가 내일 여자의 계획에 대해 이야기하는 것을 들으시오.

M Julie, 내일 Tom의 출장에 같이 가줬으면 하는데요.

W 죄송하지만 이미 아침에 예정된 회의가 두 개나 있어요.

M 고객들을 화나게 하지 않으면서 일정을 다시 잡을 방법은 없나요?

W 힘들 것 같은데요. 제가 Tom과 함께 가는 게 왜 그렇게 긴박한 문제인가요?

M 그는 이제까지 계약 협상을 해본 적이 없지만, 계약은 당신의 전문 분야잖아요.

W 그러니까 그가 계약을 망치지 않도록 해주길 바라시는 거군요?

M 맞아요. 그를 잘 살피고 있다가 그가 요청하면 조언해줬으면 좋겠어요.

Q: 대화에서 남자가 주로 하려는 것은 무엇인가?

(a) 여자가 Tom과 함께 가도록 설득하기
(b) 여자에게 회의를 미루라고 지시하기
(c) 여자에게 새 임무에 대해 가르치기
(d) 여자에게 Tom과 협상해달라고 요구하기

해설 남자는 첫 번째 말에서 Julie에게 Tom과 출장을 가달라고 요청하고 있으며, 이후 그 이유를 설명하며 여자를 설득하고 있다. 따라서 정답은 (a)이다. (b) 남자의 두 번째 말에서 회의를 조정할 수 없느냐는 질문이 나왔지만 이는 Tom과 함께 출장을 가도록 하기 위해서 물어본 것이고, (c) Julie를 가르치는 것이 아니라 그녀에게 Tom을 가르칠 것을 부탁하고 있다. (d) Tom은 회사 동료이지 계약을 맺어야 하는 거래처 사람이 아니다.

어휘 accompany ~와 함께 가다, 동행하다
schedule (일정, 시간을) 잡다, 예정하다   urgent 긴급한
along with ~와 함께   specialty 전문; 장기
mess up 엉망으로 만들다, 망치다
keep an eye on ~을 지켜보다, 감시하다
postpone 연기하다   instruct 지시하다, 가르치다

23 (c)

해석 두 친구 간의 대화를 들으시오.

W 지금 듣고 있는 거 베토벤 CD야?

M 응. 난 네가 클래식 음악에 대해 아는지 몰랐네.

W 정반대로, 내가 제일 좋아하는 장르야. 하지만 난 베토벤보다는 모차르트가 좋아.

M 모차르트의 음악도 괜찮지. 하지만 내 생각에는 베토벤을 능가할 사람은 없어.

W 내 경우에는, 모차르트의 음악 소리가 좋아. 매우 평화롭거든.

M 이 두 사람이 완전히 다른 스타일로 훌륭한 음악을 썼다는 게 놀라워.

Q: 대화는 주로 무엇에 관한 것인가?

(a) 시끄러운 음악
(b) 오페라
(c) 작곡가들
(d) 남자의 CD

해설 두 사람은 각자가 좋아하는 클래식 음악 작곡가에 대해 이야기하고 있다. 따라서 정답은 (c)이다. (d) 남자의 CD는 첫 문장에 한 번 언급된 세부 정보에 불과하다.

어휘 on the contrary (정)반대로   genre 장르
prefer ~ to ... ~를 ...보다 선호하다
beat 이기다: ~보다 낫다   incredible 믿을 수 없는; 훌륭한
composer 작곡가

24 (d)

해석 두 친구가 자신의 취미에 대해 이야기하는 것을 들으시오.

W 이번 주말에 나랑 같이 천문대에 가지 않을래?

M 천체 관측에 관심이 있었어? 그런 줄 몰랐는데.

W 내 최근 취미야. 별을 관찰하는 게 황홀한 일이란 걸 알았어.

M 그거 좋은 취미지. 나는 어릴 때 천체 관측을 했었는데, 지금은 등산에 빠져 있어. 그게 내가 주말마다 대부분의 시간을 보내는 거야.

W 그러면 토요일에 나랑 같이 천문대에는 못 가는 거네, 그렇지?

M 천문대는 밤에 가는 것 같은데, 맞아? 그러면 갈 수 있을 것 같아.

W 좋아. 9시에 데리러 갈게. 운전해서 가자.

Q: 대화에서 여자가 주로 하고 있는 것은 무엇인가?

(a) 남자와 남자의 취미에 대해 이야기하기
(b) 자신이 왜 천체 관측을 즐기는지 설명하기
(c) 남자에게 천문대 위치 알려주기
(d) 남자에게 무언가를 함께 하자고 요청하기

해설 observatory, stargazing과 같은 생소한 단어가 등장하지만 대화의 흐름이나 뉘앙스를 통해 여자가 주로 하고 있는 것을 파악할 수 있다. 첫 문장에서 어딘가를 가자고 묻고 있고, 마지막 말에서 데리러 간다고 하고 있으므로 (d)가 정답이다. (a), (b) 대화에 언급되기는 했지만 여자가 주로 하고 있는 것이라 보기는 어렵다.

어휘 observatory 천문대   stargazing 천체 관측
fascinating 대단히 흥미로운, 매력적인   pastime 취미
assume 추측하다   make it 제시간에 도착하다
pick ~ up ~을 (차에) 태우러 가다

25 (b)

해석 운동 방법에 관한 대화를 들으시오.

W 너 제대로 된 방법으로 하고 있는 것 같지 않은데.

M 무슨 뜻이야? 이건 내가 어릴 때부터 해오던 방법이야.

W 음, 내 트레이너가 다른 방법을 가르쳐줬거든. 그가 나한테 가르쳐준 걸 보여줄까?

M 그래. 그거 재미있겠네.

W 좋아. 몸을 아래쪽으로 억지로 뻗어서는 안 돼. 긴장을 풀고 몸을 자연스럽게 뻗어야 해.

M 아, 훨씬 낫네. 몸에 전혀 무리가 가지 않는 것 같아.

Q: 대화에 따르면 다음 중 옳은 것은 무엇인가?

(a) 남자는 몸에 약간의 문제가 있다.
(b) 남자와 여자는 운동을 하고 있다.
(c) 여자는 트레이너로 일하고 있다.
(d) 남자는 여자의 조언에 고마워하지 않고 있다.

해설 trainer, stretch, relax, strain과 같은 단어를 통해 두 사람이 운동 중임을 알 수 있으므로 정답은 (b)이다. (c) 여자는 자신의 트레이너가 가르쳐준 방법을 알려주고 있는 것이므로 오답이고, (d)는 남자의 마지막 말과 반대되는 내용이다.

어휘 instruct 지시하다, 가르치다
force ~ to ... ~에게 ...하도록 강요하다　stretch 뻗다
strain (근육을) 혹사하다; 긴장하다

26 (b)

해석 여자의 옷에 관한 대화를 들으시오.

M 무슨 일이야? 오늘 왜 이렇게 차려 입었어?
W 오늘 저녁에 Mark네 집에서 열리는 저녁 파티에 갈 거야. 너는 안 가?
M 당연히 가지. 그런데 난 이렇게 입고 갈 거야. 너 Mark에게서 메시지 못 받았나 보다.
W 무슨 메시지? 나는 화요일 이후로 걔한테서 연락 받은 게 없어.
M 그가 오늘 모두한테 평상시처럼 입고 오라고 문자 보냈거든. 넌 너무 차려 입은 거야.
W 나 집에 뛰어가서 다른 걸 입고 오는 게 낫겠다. 사람들 속에서 튀고 싶지 않아.

Q: 여자에 대해 다음 중 옳은 것은 무엇인가?
(a) 이 파티에 참석하기 위해 특별히 새 옷을 샀다.
(b) 다른 사람들과 다르게 보이고 싶어 하지 않는다.
(c) 특별한 일이 있을 때 차려 입는 것을 좋아한다.
(d) Mark는 그녀의 핸드폰 번호를 모른다.

해설 마지막 말에서 여자는 사람들 사이에서 튀고 싶지 않다고 했다. 따라서 정답은 (b)이다. (c) 오늘 특별히 파티가 있어 차려 입기는 했지만 특별한 일이 있을 때마다 차려 입는지는 알 수 없고, (d) Mark가 여자에게 문자를 보내지 못한 이유는 알 수 없다.

어휘 occasion 경우; 특별한 일　be dressed up 옷을 잘 차려 입다
casually 캐주얼하게, 격식을 차리지 않고　way 너무, 훨씬
overdress 옷을 너무 두껍게 입다; 지나치게 치장하다
put on ~을 입다　stand out 눈에 띄다, 두드러지다

27 (d)

해석 연인이 본 영화에 대해 이야기하는 것을 들으시오.

W 주연 배우의 연기가 영화를 망친 것 같지 않아?
M 완전! Peter Sanders는 형편없었어. 어찌나 어색하던지!
W 반대로 하녀를 연기한 여자는 영화를 완전히 장악했어.
M 정말 동감이야. 그녀가 더 오래 출연했으면 좋았을 텐데.
W 그녀는 신인 배우일 거야. 내가 이름도 모르는 걸 보면 말이야.
M Amy Stewart야, 근데 나도 엔딩 크레딧을 보고 안 거야.

Q: 남자와 여자에게 가장 인상 깊었던 것은 무엇인가?
(a) 방금 본 영화
(b) 그들이 본 영화의 엔딩 크레딧
(c) Peter Sanders의 연기
(d) 한 여배우의 연기

해설 두 사람은 주연 배우 Peter Sanders의 형편없는 연기에 대해 불평하다 하녀 역을 맡은 여배우의 훌륭한 연기에 대해 이야기한다. 따라서 (d)가 정답이다. (a), (b), (c) 모두 언급된 내용이지만 두 사람이 인상 깊게 느낀 것은 아니다.

어휘 performance 연기　ruin 망치다
atrocious 형편없는, 끔찍한
wooden 나무로 된; (표정, 움직임이) 경직된, 어색한
maid 하녀　steal the show 관심[인기]을 독차지하다
I couldn't agree more. 전적으로 동의합니다.
credits (pl.) (영화) 엔딩 크레딧

28 (a)

해석 식당에서의 대화를 들으시오.

W 너 오늘 정말 잘 먹는다. 두 그릇째야.
M 나 점심을 건너뛰어서, 아침 식사 이후로 처음 먹는 거야.
W 요즘 자주 그러는 것 같던데. 무슨 일이야?
M 일이 너무 바빠서 점심 먹을 시간이 없어.
W 적어도 사무실로 음식을 시키거나 책상에서 샌드위치라도 먹으면 안 돼?
M 우리 상사는 직원들이 사무실에서 음식 먹는 것을 허용하지 않아.
W 그건 좀 속 좁은 규정이네. 일보다는 복지가 먼저인데.

Q: 대화에 따르면 다음 중 남자에 대해 옳은 것은 무엇인가?
(a) 상사가 엄격하다.
(b) 다이어트 중이다.
(c) 자신의 직업을 좋아하지 않는다.
(d) 회사에서 자주 외출한다.

해설 바빠서 점심 먹을 시간조차 없는 남자에게 여자는 사무실에서 간단하게라도 먹으라고 이야기한다. 그러나 상사가 이를 허용하지 않는다고 했으므로 (a)가 가장 적절하다.

어휘 appetite 식욕
helping (식사 때 한 사람 몫의) 한 그릇　skip 건너뛰다
be bogged down 수렁에 빠지다, 꼼짝 못하게 되다
open-minded 마음이 넓은, 사고가 열려 있는
welfare 복지　strict 엄격한

29 (b)

해석 두 친구가 커피를 주문하는 것을 들으시오.

W 나 가서 커피 주문할게. 너는 뭐 마실래?
M 잘 모르겠어. 그냥 네가 먹는 거 주문해줘.
W 알았어. 나는 그냥 커피 마실 거야. 네 커피에 크림이나 설탕을 넣을래?
M 크림이 괜찮을 것 같은데. 사실 잘 모르겠어. 너는 어떻게 마시는데?
W 난 블랙커피가 좋은데, 많은 사람들이 그렇게 마시는 걸 안 좋아하더라.
M 그렇구나. 음, 그냥 네 생각에 내가 좋아할 만한 걸로 주문해줘.
W 알았어. 이거 쉽지 않은데.

Q: 남자에 대해 추론할 수 있는 것은 무엇인가?

(a) 남자는 여자와 이야기하는 것이 불편하다.
(b) 남자는 커피를 자주 마시지 않는다.
(c) 남자는 이전에 그 커피숍에 가본 적이 없다.
(d) 남자는 크림과 설탕을 넣은 커피를 좋아할 것이다.

해설 두 친구가 커피를 주문하는 상황이다. 남자는 계속해서 직접적인 커피 주문을 회피하다가 결국 여자에게 결정을 달라고 말한다. 따라서 커피를 자주 마시지 않는다고 추론하는 (b)가 정답이다. (a) 남자가 여자와 이야기하는 것을 불편해 한다고 보기는 어렵고, (d) 남자 본인도 자신의 커피 취향을 모르고 있으므로 답이 될 수 없다.

어휘 regular 일반적인, 평범한   suppose 가정하다; 생각하다
uncomfortable 불편한   frequently 자주

30 (c)

해석 두 동료 간의 대화를 들으시오.

M 사무실에 있는 이 박스들은 뭔가요? 퇴사하시는 건가요?
W 퇴사하는 게 아니고, 마케팅 부서로 옮기게 되었어요.
M 몰랐네요. 요청해서 옮기시는 건가요?
W 네. 둘만 있으니 하는 이야기지만, 저는 Paul과 함께 일할 수가 없어요.
M 무슨 말인지 알겠네요. 새 업무에 행운이 따르길 바라요.
W 고마워요. 3층에서 새롭게 시작하는 건 분명 좋을 거예요.

Q: 대화로부터 남자와 여자에 대해 추론할 수 있는 것은 무엇인가?
(a) 그들은 3층에서 일한다.
(b) 그들은 새 직위에 지원하고 있다.
(c) 그들 중 누구도 Paul을 좋아하지 않는다.
(d) 두 사람 다 전근한다.

해설 여자는 Paul과 일하는 것이 싫어서 부서 이동을 요청했고, 남자는 이 말에 무슨 말인지 알겠다며 공감하고 있으므로 (c)가 정답이다. (a) 남자는 여자에게 3층에서 새로 시작하는 것이 좋을 것이라 이야기하고 있으므로 현재 3층에서 일하는 것이라 볼 수 없고, (b) 여자만 부서 이동을 하고 있다.

어휘 quit 그만두다   resign 사직하다
transfer 옮기다, 이동하다; 전근 가다, 전학 가다
That's news to me. 금시초문이다, 몰랐어.
between you and me 우리끼리 얘기인데
tolerate 견디다, 참다   assignment 과제; 업무
get off to a start 시작하다, 출발하다

31 (a)

해석 다음 행사는 3월에 시민회관에서 열립니다. 노스리지 초등학교는 3월 6일 토요일에 봄 콘서트를 열 예정입니다. 콘서트는 무료이고, 음악과 춤이 있는 밤에 오시는 모든 부모님과 방문객들을 환영합니다. 좌석 배정은 선착순입니다. 3월 8일부터 12일까지는 William Shakespeare의 희극 '십이야'가 브로드 스트리트 플레이어즈에 의해 공연됩니다. 토요일과 일요일인 3월 13일과 14일 저녁에는 지역 재즈 4중주단의 콘서트가 저녁 8시에 열립니다.

Q: 안내 방송에서 화자가 주로 하고 있는 것은 무엇인가?

(a) 사람들에게 3월에 시민회관에서 열릴 행사에 대해 이야기하기
(b) 진행되는 몇 가지 공연에 대해 찬사 보내기
(c) 가능한 한 많은 사람들이 행사에 참여할 것을 요청하기
(d) 사람들에게 4월 행사를 위한 시민회관 예약을 독려하기

해설 3월에 어떤 행사가 있는지 날짜를 짚어가며 간략히 안내하고 있으므로 (a)가 정답이다. (b) 공연에 찬사를 보내거나, (c) 많은 사람들의 참여를 요청하고 있지는 않고, (d) 4월 예약에 관해서는 언급하지 않았다.

어휘 take place (행사가) 개최되다   civic 시민의
auditorium 강당   put on (연극, 공연을) 무대에 올리다
first-come, first-served basis 선착순
production (연극의) 제작; 상연
perform 공연하다; 연주하다   quartet 4중주(단)
reserve 예약하다

32 (c)

해설 미국에서 가장 대단한 스포츠 행사는 두말할 나위 없이 전미 미식축구 리그 챔피언 결정전인 슈퍼볼이다. 본 경기는 1960년대 후반 신생 미국 미식축구 리그와 기존의 전미 미식축구 리그의 통합에 관련된 말에서부터 시작되었다. 본래 일종의 시범 경기로, 1970년에는 두 지역 리그의 챔피언을 자랑하였으나, 두 리그가 통합된 이후로는 NFL(미식축구 리그)의 챔피언 결정전으로 부상하게 되었다. '슈퍼볼'이라는 용어는 아마도 리그 구단주 중 한 명이 제안한 것으로 추정되는데, 이는 그의 손자가 슈퍼볼이라고 하는 물건을 가지고 노는 모습을 보고 나온 것이다.

Q: 담화의 주제는 무엇인가?
(a) 전미 미식축구 리그
(b) 미식축구와 축구의 비교
(c) 슈퍼볼의 기원
(d) 결승전이 큰 인기를 끄는 이유

해설 슈퍼볼이 무엇인지 설명하고, 이것이 1960년대에서 1970년까지 어떻게 생기게 되었는지 구체적으로 설명하고 있으므로 (c)가 정답이다.

어휘 spectacle 광경, 장관; 행사   undoubtedly 의심할 여지 없이
originate from ~에서 비롯되다, 유래되다
merger 통합, 합병   upstart 신생팀; 벼락부자
exhibition game 시범 경기   show off ~을 자랑하다
supposedly 추측하건대, 아마도   comparison 비교

33 (d)

해설 6시 뉴스입니다. 하노버 고속도로 근처 I-95 도로에 대형 연쇄 충돌이 일어났습니다. 안개가 끼고 비가 오는 날씨가 충돌의 원인으로 지목되고 있으며, 사고는 3시 반 경에 발생했습니다. 불이 난 유조차를 포함한 최소 25대의 승용차와 다른 차량들이 연루되었습니다. 경찰과 응급 대원들이 해당 지역에서 사람들을 대피시켰으며, 결국 화재는 잡혔습니다. 초기 보도는 유조차 기사를 포함한 15명의 사람들이 부상을 입었고, 그중 세 명이 생명에 위협이 되는 중상을 입었다고 밝혔습니다.

Q: 뉴스 보도에 따르면 충돌의 원인은 무엇인가?
(a) 위험한 운전
(b) 유조차의 전복
(c) 주간 도로 옆에서 발생한 화재
(d) 악천후

해설 특정 정보에 대해 묻는 문제이다. Foggy and rainy conditions are being blamed for the collision을 들었다면 쉽게 풀 수 있는 문제이다. 정답은 (d)이다.

어휘 pileup 연쇄 충돌, 다중 충돌　turnpike (유료) 고속도로
be blamed for ~의 원인이 되다　collision 충돌
emergency crew 응급 대원　evacuate 대피시키다
bring under control ~을 제어하다; (화재를) 진압하다
preliminary 예비의; 최초의
life-threatening 생명을 위협하는
flip over 뒤집히다　interstate 주(州)간 도로

34 (d)

해설 괴짜 미국인 억만장자 Howard Hughes는 말년에 은둔 생활을 했다. 그는 많은 호텔들을 소유했고, 대부분의 시간을 그 안에서 보냈는데, 특히 라스베이거스의 데저트 인 호텔에 머물렀다. Hughes는 부실한 식사와 특정 약물에 대한 중독으로 많은 신체적 질병을 앓았다. 그는 또한 모든 사물과 사람들이 세균으로 뒤덮여 있다는 망상에 시달렸다. 그는 누구와도 악수하지 않았고, 계속해서 그의 방과 물건들을 청소했다. 아이러니하게도, 그 자신은 그렇게 청결하지 않았다. Hughes는 유언을 남기지 않고 죽었고, 이는 수십억 달러에 달하는 그의 부동산을 둘러싼 오랜 법적 분쟁을 가져왔다.

Q: 담화에 따르면 다음 중 Howard Hughes에 대해 옳은 것은 무엇인가?
(a) 죽기 전 자신의 재산을 기부했다.
(b) 라스베이거스에서 태어나 자랐다.
(c) 일생 대부분 동안 균형 잡힌 식사를 했다.
(d) 말년에 위생 상태가 좋지 않았다.

해설 담화 마지막 부분에 Howard Hughes가 아무와도 악수하지 않고, 청소만 계속했다는 내용과 함께 Ironically, the man himself wasn't so pristine.이라는 설명이 나온다. pristine이라는 단어를 모르더라도 ironically는 앞의 내용과 반대되는 내용을 전개하므로 (d)가 가장 적절하다. (a) 마지막 문장에 수십억 달러에 달하는 부동산을 남겼다고 했고, (b) 라스베이거스는 말년에 머무른 곳이다. (c) 질병의 이유를 부실한 식사와 약물 중독으로 꼽았으므로 오답이다.

어휘 eccentric 괴짜인　billionaire 억만장자
reclusive 은둔하는　ailment 병　addiction 중독
delusion 망상　germ 세균　possession 소유물)
pristine 청결한　intestate 유언을 남기지 않은
give away 기부하다　hygiene 위생 상태

35 (a)

해설 많은 이들이 패스트푸드점이나 다른 음식 체인점에 대해 불만을 토로합니다. 그러나 아주 많은 사람들이 여전히 그러한 음식점을 자주 찾고 있죠. 왜 그럴까요? 아마도, 어떤 프랜차이즈 체인점에 가더라도 무엇을 먹게 될지 정확히 알 수 있기 때문일 것입니다. 이를 미지에 대한 두려움이라 부릅니다. 만일 음식 체인점과 여러분이 한 번도 가보지 못한 음식점 중 고르라고 한다면, 여러분은 어디를 선택하시겠습니까? 아마도 확실한 곳에서 저녁을 먹을 것입니다. 결국 대부분의 사람들은 그다지 모험을 좋아하는 사람이 아닌 것이죠.

Q: 강의로부터 음식 체인점에 대해 추론할 수 있는 것은 무엇인가?
(a) 음식은 모든 체인점에서 같은 맛이 난다.
(b) 대부분의 다른 음식점보다 가격이 싸다.
(c) 비용에 민감한 사람들에게 매력적으로 느껴진다.
(d) 모든 사람들이 좋아할 만한 새로운 음식을 만들어낸다.

해설 강의 첫 부분에서 사람들이 왜 체인점을 가는지 물으며 어디에 가든 무엇을 먹게 될지 알 수 있기 때문이라고 답하고 있으므로 모든 체인점에서 같은 맛이 날 것이라 추론하는 (a)가 정답이다. (b), (c) 가격에 관한 언급은 없었고, (d) 강의 내용과 상반된다.

어휘 chain 체인점　frequent 자주 방문하다　dine 식사하다
risk taker 위험을 감수하는 사람　identical 동일한
charge (비용을) 청구하다
cost-conscious 비용에 민감한, 가격을 따지는
appeal 호소하다; 매력적이다

36 (b)

해설 지구상에서 가장 인상 깊은 장소 중 하나는 바다 밑에 있다. 대보초가 그 중 하나인데, 이는 태평양의 호주 동부 해안에 위치해 있다. 거의 2,000km에 달하는 대보초는 분명 세계에서 가장 큰 산호초일 것이다. 산호초 중에서 상대적으로 어린 이 대보초는 호주의 주요 관광 명소가 되었다. 사람들은 다양한 이유로 이곳을 찾는다. 물론 스노클링과 스쿠버 다이빙이 인기 있는 활동이다. 대략 160만 명의 관광객들이 매년 대보초를 찾아 이곳을 유명하게 하고, 수익을 내는 관광 명소로 만들고 있다.

Q: 화자가 가장 동의할 것 같은 문장은 무엇인가?
(a) 호주의 다른 어떤 지역들보다 대보초를 방문하는 관광객이 더 많다.
(b) 대보초보다 더 오래된 산호초들이 있다.
(c) 대보초는 호주 대륙 전체만큼이나 길다.
(d) 산호를 구경하는 가장 보편적인 방법은 그곳에서 배를 전세 내는 것이다.

해설 담화 중간 부분에 보면 대보초가 산호초 중에서는 a relatively young place라고 했으므로 화자는 대보초보다 더 오래된 산호초들이 있다는 (b)에 가장 동의할 것이다. (a) 호주 내 다른 관광지에 대해서는 언급하지 않았고, (c) 대보초는 2,000km에 달한다는 설명만 있으므로 알 수 없다. (d) 산호를 구경하는 가장 인기 있는 방법은 스노클링과 스쿠버 다이빙이라고 했다.

어휘 the Pacific Ocean 태평양　easily 확실히, 분명히; 쉽게
coral reef 산호초

37-38 (a), (b)

해석 대만과 중국은 1949년 이후 하나의 국제분쟁을 두고 서로 불편한 관계를 유지해왔습니다. 그 해에, 국민당 세력은 3년 동안 지속된 중국 내전 이후 공산당에 패하고 중국 본토를 떠났습니다. 국민당은 대만을 그들의 국가라고 주장했고, 섬에 정부를 수립했죠. 그 이후로 중국은 대만이 본국에 대항하고 있는 중국의 또 다른 성(省)이라고 주장해오고 있답니다. 1970년대 초반까지만 하더라도 전 세계 대부분의 국가는 대만을 중국의 공식 정부라고 인식해왔습니다. 그러나 최근 몇 십 년 사이, 다수가 중국 본토로 바뀌어 이제 중국은 이전에 대만에 할당되어 있던 UN 의석을 보유하고 있죠. 긴장 관계는 지속되고 있고, 누구도 이 문제에 대한 영구적인 해법을 제시하지 못하고 있습니다.

37 Q: 화자의 요지는 무엇인가?
(a) 중국과 대만 사이의 분쟁은 긴장의 원인이다.
(b) 중국 내전에서의 공산당의 승리는 대만의 탄생으로 이어졌다.
(c) 대만은 중국에게 UN 의석을 빼앗겼다.
(d) 대만은 예전에는 중국의 성이었다.

38 Q: 대만에 대해 다음 중 옳은 것은 무엇인가?
(a) 전 중국 공산당에 의해 세워졌다.
(b) 대략 20년 동안 중국 관할 구역으로 여겨졌다.
(c) 전쟁 중 항상 국민당의 안식처였다.
(d) 중국 공식 정부로서의 지위를 버렸다.

해설 **37** 첫 문장에서 화자의 요지가 드러나고 있다. 담화 전반적으로 중국과 대만 사이 갈등의 계기와 원인, 현재 관계를 이야기하고 있으므로 두 국가 사이의 분쟁이 긴장을 일으키고 있다는 (a)가 가장 적절하다. (b), (c) 올바른 정보이지만 화자가 하고자 하는 말은 아니고, (d) 중국이 주장하고 있는 내용이다.

38 연도까지 체크해야 하는 고난도 문제다. 1949년 이후 대만에 정부가 수립되고 이후 1970년대 초반까지 중국의 공식 정부로 인식되어 왔다는 내용이 있으므로 (b)가 정답이다. (a) 대만은 중국 국민당에 의해 세워졌고, (c)는 알 수 없는 내용이다. (d) 대만이 스스로 중국 공식 정부로서의 지위를 버린 것은 아니다.

어휘 be at odds with ~와 사이가 좋지 않다, 불화하다
international dispute 국제분쟁   the Nationalist 국민당
force 세력   flee 달아나다, 도망치다
the Communist 공산당   Chinese Civil War 중국 내전
province (중국의) 성(省)
recognize ~ as … ~을 …로 인식하다, 인정하다
legitimate 합법적인, 정당한   switch 바뀌다, 전환하다
hold the seat 의석을 보유하다
reserve 따로 떼어두다; 보유하다   tension 긴장; 긴장 관계
foresee 예측하다   roughly 대략, 거의
renounce 포기하다; 버리다   status 신분; 지위

39-40 (b), (d)

해석 윈슬로우 호텔이 세계적인 저희 고급 호텔 라인에 새로 추가되었습니다. 시내의 파크가 101번지에 위치한 이 호텔은 고객들을 위한 일련의 훌륭한 편의 시설들을 갖추고 있습니다. 각 방에는 미니 바와 커피메이커, 헤어 드라이어, 다리미, 다리미판이 있습니다. 3층에는 헬스장이 있고, 수영장은 1층에 위치해 있습니다. 두 곳 모두 아침 6시부터 자정까지 운영합니다. 모든 투숙객들은 세 가지 훌륭한 식당을 이용할 수 있으며, 24시간 내내 음식을 방으로 가져다 드리는 룸 서비스를 받으실 수도 있습니다. 조식은 객실 요금에 포함되어 있으며, 1층 식당에서 아침 6시부터 11시까지 제공됩니다. 예약은 저희 고객 서비스 담당자에게 275-9076으로 전화하시거나 저희 홈페이지 www.winslowhotel.com에서 하실 수 있습니다.

39 Q: 윈슬로우 호텔에 관해 언급된 특징은 무엇인가?
(a) 시내의 공원 근처에 위치해 있다.
(b) 모든 객실에 커피메이커가 있다.
(c) 24시간 내내 여는 수영장을 갖추고 있다.
(d) 적은 추가 요금으로 조식을 제공한다.

40 Q: 광고에 따르면 다음 중 옳은 것은 무엇인가?
(a) 예약은 세 가지 방법으로 가능하다.
(b) 수영장과 헬스장은 같은 층에 있다.
(c) 투숙객들은 직접 빨래를 할 것으로 예상된다.
(d) 회사는 많은 다른 고급 건물들을 소유하고 있다.

해설 **39** 객실 내 시설에 대해 언급하면서 각 방에 미니 바와 커피메이커, 헤어 드라이어, 다리미, 다리미 판이 있다고 하였으므로 (b)가 정답이다. (a) 시내 공원이 아닌 파크가에 위치해 있고, (c) 수영장은 아침 6시부터 자정까지 운영한다. (d) 조식은 객실 요금에 포함되어 있다.

40 광고의 첫 문장에서 윈슬로우 호텔이 해당 회사의 고급 호텔 라인에 추가되었다고 소개했으므로 회사는 이미 다른 고급 건물들을 소유하고 있을 것이다. 따라서 정답은 (d)이다. (a) 예약은 전화나 홈페이지 예약, 두 가지 방법으로 가능하고, (b) 수영장은 1층, 헬스장은 3층에 있다. (c) 다리미와 다리미 판이 있다고 해서 투숙객들이 직접 빨래를 할 것으로 예상하기는 어렵다.

어휘 addition 추가   marvelous 놀라운, 훌륭한
array 배열; 열거   amenity 생활 편의 시설   iron 다리미
ground floor 1층   take advantage of ~을 이용하다
dining room 식당   include 포함하다
serve (음식을) 제공하다   reservation 예약
representative 대표자; (판매) 대리인
property 재산; 부동산; 건물

Dictation 01-06

Dictation 01

Part I

1 that's moving up the charts / care for

2 Who can fill me in / give you an update

3 all dressed up / when I'm in a suit

4 take off from work / departing earlier

5 where the courthouse is located / Have him look it up

6 shares your optimism / I feel positive

7 our balance statement / The company's budget report

8 You're very fortunate / I haven't heard a thing

9 You can board / currently unavailable

10 I'd rather remain home / let's head to the house

Part II

11 has even started boarding / we're going to take off / has been postponed

12 Would you care to see them / what you were up to / haven't ever taken a trip

13 What's your honest opinion / I feel the same way / has been doing hair

14 putting on too much weight / That's the right attitude / with that diet you're on

15 all of the utility bills / take care of / I withdrew some money

16 with your accomplishments / to receive my next assignment / That is the best news

17 What was your impression / except for the sales numbers / what's going on over lunch

18 in technology stocks / maximize your profits / I haven't invested

19 what are my options / either one of those vehicles / My family's with me

20 take the subway instead / we can make it there / hail a taxi

Part III

21 an agent and a customer / what you're concerned about / you caught that mistake / Make an airline reservation / on a different airline

22 a waitress and a customer / Give my compliments / I'm going to inform my friends / what food the man ordered

23 about a loan / one of our loan officers / It's not required / to make an appointment / some loan application forms

24 discuss the woman's behavior / was preoccupied with / a lot of personal issues / made her teacher upset

25 speakers' furniture / on top of the rug / into the empty bedroom / In front of the sofa

26 Would you care to join us / That's music to my ears / you'd like to dine at / She just got promoted

27 in a flower shop / It would be irresponsible / without covering the damages / Let's explain what happened / immediately after the accident

28 a travel agent and a tourist / I'd love to get oriented / They're beside the harbor / Visit the theater area

29 It's an old family recipe / I'll invite you over / in order to prepare the meal / They frequently dine

30 That's peculiar / You're a lifesaver / get her telephone fixed / recharge her cell phone battery

Part IV

31 a rare genetic condition / have no ridges or grooves / to grip objects / need to carry documentation / Fingerprint identification / must be able to prove

32 the following announcement / charcoal-fired barbecues are not / transporting it off the campsite / refrain from feeding any animals / The rules of the campground

33 on many tourist opinion polls / by the seeming rudeness / in the tourism industry / act in a similar manner / are uninterested in

34 the safest means of travel / who annually die in car accidents / to the passenger's lack of control / intense media attention / are covered by the media / a person's anxiety level

35 a wooden statue of a horse / their fleet sailed out of sight / climbed out of the horse / fell to the Greeks' trickery / lasted for ten years

36 In the early days of aviation / than the speed of

sound / public credit for his feat / with proper scientific instruments / have ever managed to go faster

Part V

37-38 the most music record albums / their fans have purchased / even more remarkable / to record strong sales / some musical acts / the advent of the Internet / more number-one hits

39-40 Due to the inclement weather / to leave for these destinations / will provide meal coupons / beyond our control / to get refunds / Adjusting their travel plans / Some travelers are encouraged / for the lack of accommodations

Dictation 02

Part I

1 How many times / about two hours away

2 We've been dating / all of their finances

3 what I had intended / How far along

4 if you want to succeed / virtually guaranteed

5 Both companies' stocks plunged / when he got fired

6 who messed up everything / to be taken care of

7 your driver's license / It needs to be renewed

8 if you are fully insured / My health insurance premiums

9 They want an explanation / I'll look into the matter

10 I wasn't informed of that / on the other end

Part II

11 I can help you with / the meeting is running late / I'll call back later

12 the upcoming symphony / I paid half the price / are currently on sale

13 that gives me access / stop running around / That's going to cost

14 it had too many mistakes / to look over it again / I'll have it fixed

15 if you're interested in that / I can loan you anything / on the national economy

16 opposite the gas station / fill the car up / you took money out

17 up to a foot of snow / until the snowstorm ends / There's a traffic jam

18 You were really insensitive / apologize for / she owes me an apology

19 you've lost some weight / put on a few pounds / I'm doing my best

20 going house hunting / That makes sense to me / in the suburbs

Part III

21 about a pizza delivery / How may I help you / On second thought / which pizzas are on sale / what she wants to order

22 What do you think of / when I saw it on display / bankrupt yourself / The man's spending habits

23 I'm really looking forward / won't be suffering financially / convince him to do the same / for one's retirement / lack of responsibility

24 between two acquaintances / Are you getting settled in / why did you go out there / to be closer to work / The woman lives downtown

25 Do you have a minute / an emergency meeting / I'm available anytime / set up another appointment / He has to be present

26 Has anyone turned in a purse / Fill out this form here / We'll contact you / to report her lost purse / Complete a document

27 answer your phone / It's extension 201 / Several people have mentioned / The man is refusing / The maintenance man

28 how to work out / at greater risk of / I wasn't aware of that / She will start warming up / all by herself

29 Keep your eyes peeled / there's a compact car / drive up to the roof / in a parking garage

30 their friends' wedding invitation / That's a shame / That was inconsiderate / we don't hang out much / She is jealous

Part IV

31 while people are pumping gas / builds up static electricity / the gas vapors to erupt / by spraying flaming gas / necessary for a rare accident / to prevent gas station fires

32 fragments of tissue / included blood vessels

/ the oldest known protein sample / birds are descendants of dinosaurs / lending support to a theory

33 continuing interruptions / undergo their annual inspections / out of service / for any inconveniences / The power to the building / take the elevators

34 for the right to do so / receiving any money / won't be any poorer / therefore is criminal behavior / out of business / to decriminalize illegal downloading

35 a massive snowstorm / two major international airports / for motor vehicle traffic / there is an emergency / It caused power outages

36 that is surrounded on all sides / at an elevation of / reigning as the head of state / survives on subsistence farming / on the international market

Part V

37-38 as a biological weapon / other lethal diseases / the international community / no one can justify / may accidentally discharge / is akin to / should be eliminated / the demise of humanity

39-40 is about to make landfall / to ride out the storm / Meteorologists are predicting / is going to result in waves / stay tuned to this station / at greater risk for damage / is already affecting / has been evacuated

Dictation 03

Part I

1 in joining this petition drive / with your cause

2 to assist me / everyone has been assigned

3 What are the odds / no one told him

4 I'm not taking comments / to speak more loudly

5 we've run out of options / how to handle it

6 to make her feel better / I doubt it

7 I have no clue / I'll check the balance

8 a more exciting baseball game / I'm willing to risk everything

9 Give me an update / There's breaking news

10 that's an accurate statement / to reach a compromise

Part II

11 to look over the menu / what would you like / anytime that you like

12 from exotic animals / practically impossible to tame / I don't care much for cats

13 on my business trip / we hired a new employee / there are three new workers

14 has been hospitalized / what his condition is / Be sure to update me

15 to the groomer / It'll be nice and neat / giving your dog a bath

16 to get a refill / a piece of chocolate cake / run out of appetizers

17 check out this news report / I'll forward it / take a look at it

18 much more convenient / there's no subway station / Commuting by car

19 check this one out / may be overdue / pay a fine

20 the least impressive candidate / his outstanding résumé / I haven't a clue

Part III

21 about an online order / I just placed an order / Hold on a second / You'll receive it / Cancel his entire order

22 taking notes at a meeting / a word-by-word transcription / who is in favor of / for an upcoming meeting / everyone's exact words

23 discuss a pay raise / I didn't even approach / get up the nerve / stand up for yourself / to be more confident

24 discuss the man's sneezing / by all the pollen / as much as possible / If it keeps bothering you / a doctor prescribed

25 I bumped into you / to be working properly / your giving me a hand / fixed the woman's computer

26 about a man's trip / My plane is taking off / so I'm leaving today / you'd better get going now / has not been to his hometown

27 it's off limits / everyone was aware of / take a glimpse / Custodians

28 Do you want to tag along / You can't beat the prices / Some company would be nice / a bargain shopper

29 make plans for a vacation / you could use a suntan / I can't wait for Saturday / She spends little time / far from the sea

30 I made your reservation / the board of directors / may cut back on my traveling / is responsible for

Part IV

31 are interconnected / Thanks to globalization / the global economy is booming / much more harm than good / than to be beneficial

32 the result of ice particles / Positively charged crystals / that run up objects / storm cloud bottom / A meteorological condition / positive and negative charges

33 There is a misconception / As a matter of fact / with their extracurricular activities / who have exceptional abilities / Most people underestimate / among their responsibilities

34 its business expense policy / All domestic travel / will be covered / your manager's signed approval / one hundred dollars a day / It is sometimes permitted

35 taking a children's education course / had a musical background / became an instant hit / the most popular children's acts / in the music industry / They became acquainted

36 spectacular discoveries / by prehistoric men / people became convinced of / others which are long extinct / to have been forged

Part V

37-38 due to a lack of enrollment / can switch to another section / the dean of students / priority will be given to seniors / for any inconvenience / in place of a canceled one / whose classes were canceled / in their desired courses

39-40 have had myths and legends / not a year goes by / that sucked the blood / has capitalized on this / has captured the hearts of / were generally misunderstood / fell in love with vampires / is a more recent phenomenon

Dictation 04

Part I

1 driving for a while / out of your mind

2 Why don't you give me / to stay in contact with

3 my bank balance / you can write a check

4 I'll try to recall / to the best of my ability

5 replicate that experiment / make an attempt

6 in a very risky position / I have no problem

7 nothing to do with / who is responsible for

8 what it currently resembles / You'll have to explain

9 the correct change / comes to

10 field suggestions / to add to the conversation

Part II

11 was a total disaster / with the department head / You'll have to figure out

12 this early in the morning / Why don't we jog together / you're in good shape

13 with this credit card / with a personal check / don't take this personally

14 on visiting the supermarket / I put on that shopping list / I haven't cut the grass

15 You have nothing worse / That's a relief / having to be hospitalized

16 make it on time / by our absence / The light just turned green

17 You look a lot healthier / a hardworking employee / I have been losing weight

18 that's low in calories / a glass of ice tea / What kind of dressing

19 find a babysitter / she's got other plans / to arrive by seven

20 with all the figures / a whole lot of changes / with the alterations

Part III

21 for Mary's retirement party / how much we take in / Don't feel obligated / later in the afternoon / for a monetary donation

22 I'm totally confused / on the sidewalk / roll down the window / How to get to their destination

23 about an account / dropping by my office / They don't add up / A couple of accountants / go over the figures

24 about a job interview / try not to frown / I've got everything memorized / I haven't accomplished much / Compliment the interviewers

25 about a man's blind date / setting you up with a woman / I hope you're correct / has not met his date

26 According to this article / have lost their jobs / have already started hiring / higher taxes

27 about a woman's old television / It just got delivered / I decided to replace it / On the contrary / It had bad reception

28 a sales clerk and a customer / the gift-wrapping is complimentary / set you back five dollars / Registration for membership

29 My vision is somewhat blurry / you got your eyes checked / at least once a year / at an eye doctor's clinic

30 it's leaking something / I can't check it out / I'll be at your workplace / an auto mechanic

Part IV

31 men's basketball tournament / only sixty-four teams get selected / only sixteen teams remain / the semifinal games / The organization of

32 Closed circuit television cameras / where no one can relax / students are behaving badly / a prisonlike atmosphere / are intruding too much

33 a period of drought / blew away the topsoil / a devastating economic effect / leave the Dust Bowl area / fertilize the topsoil

34 High blood pressure / death or permanent disability / a hereditary disposition / The main treatment / will always wind up with / at varying rates

35 what the doctor ordered / your daily health regimen / thus ruin your diet / the freshest organically grown grapes / is full of fresh raisins

36 The television ratings system / for their commercials / has caused some difficulties / enable viewers to skip commercials / using file-sharing websites

Part V

37-38 known as urban blight / a very unaesthetic look / simply knock down the buildings / replace them with green zones / more and more creative / modes of public transportation / from an economic downturn / Renovating old buildings

39-40 Take advantage of / All properties are available / For an appointment / these exquisite properties / all major bus routes / located in the mountains / A premium mortgage / any of the units for sale

Dictation 05

Part I

1 What's your diagnosis / you have no major issues

2 ten years of experience / There are no qualifications

3 in outdoor activities / to lead an active lifestyle

4 no decision has been made / A lack of knowledge

5 to get tickets this close / was definitely worth it

6 on the report he submitted / Nothing has arrived

7 I'm unaware of / according to subject

8 I'm open to suggestions / Let's contact the supplier

9 I'll go there with you / I'm not interested

10 on a cruise / for the yearly barbecue

Part II

11 I got a sudden call / the wedding went really well / to apologize to Bruce

12 to get it looked at / with the tow truck company / he's contractually obligated

13 we're going to graduate / You're telling me / in chemical engineering

14 I've got plenty of time / about the argument / how things are turning out

15 so long as / it's your lucky day / I won't make it there

16 The sink is stopped up / he doesn't charge us / is starting to drip

17 I'm so eager to / quite well known / to pay close attention

18 Did you happen to notice / The mailman left the envelope / by express mail

19 some very exotic places / the sights were nothing special / wouldn't bother going there

20 Be careful handling that vase / it must be an antique / Not that I know of

Part III

21 an airport employee and a traveler / my luggage hasn't arrived / Would you complete this form / Everything's automated / The man's missing bags

22 to review this letter / It's entirely filled / I'm extremely disappointed / The particular mistakes

23 with the copier / there's a paper jam / Don't sweat it / as a part-time job / the man's previous job

24 on the wrong bus / Its final destination / a forty-five minute drive / transfer to another bus

25 the woman's evening plans / go on your big date / Go ahead and tell me / he'd be more sensitive / Disappointed

26 you got caught / did you get so soaking wet / It splashed water / a puddle of water

27 walking with a limp / must have gotten / you're in pain / on my lunch break / are the right size

28 about a man's job hunting / looked over the qualifications / a bachelor's degree / He never graduated / He is attending college

29 for academic achievement / You shouldn't have been / you performed better / brag about her abilities / a poor financial situation

30 about a man's lost file / I never really considered / once it got deleted / He is not very knowledgeable / he can recover the files

Part IV

31 its spring clearance sale / as the temperature gets warmer / gloves and mittens / how many bargains / A back-to-school sale

32 a person can partake in / while trying to catch fish / There is complete silence / It is peaceful / It is nerve-wracking

33 to all community residents / lying all over the streets / you can dispose of it / that will be charged / to encourage people not to litter

34 aren't science fiction anymore / will be designed for combat / equipped with artificial intelligence / will do many tasks / as common soldiers

35 a painless way to die / a person is underwater / involuntarily opens / tries to expel the water / must rely on their instincts

36 protesting various events / make themselves heard / to dilute their message / The most effective protests / often turn to violent protests

Part V

37-38 as being for sale / with lots of chrome fittings / the mileage on it / That's a bit steep / about

a motorcycle being sold / is in ideal condition / a vehicular inspection / It costs more

39-40 many people consult their physicians / not to develop certain diseases / Thanks to vaccines though / At the top of the list / an outbreak of avian flu / many deadly diseases / is still in progress / will cripple many people

Dictation 06

Part I

1 the real estate agent / you got ripped off

2 where your office is located / you'll have no problem

3 closed for construction / That's what I heard

4 to improve your performance / I'm not doing my best

5 It's being heavily discounted / I never ignore anything

6 that we get to work / Here are the projections

7 to bump into you / Accidents happen

8 I'm a little concerned / which concerns all of us

9 that slowed down traffic / It's quite fortunate

10 as fast as you can / to the emergency room

Part II

11 do the laundry / if you washed this shirt / Either one will do

12 go for a bite / I ordered a pizza / have some company

13 both at work and home / what I'm looking for / We're having a sale

14 out of the office / at least you're back now / at a really fancy place

15 They're always more up-to-date / I'm renewing my subscription / pay much attention

16 I was under the impression / your daily chores / There's nothing else

17 out of the office / to give him a call / I left his contact number

18 to be working properly / that breaks down / the rest of your photocopies

19 He was on the first floor / he gave me an extension / That was very considerate

20 get a cash advance / to lend you that much / on the form

Part III

21 the fax machine is broken / I'll have to go elsewhere / upgrade the office equipment / The computer software

22 discuss the woman's plan tomorrow / without upsetting our clients / that's your specialty / to keep an eye on him / to postpone her meetings

23 I wasn't aware that / nothing beats Beethoven / that was so different / Composers

24 You're into stargazing / That's a good pastime / you can't go with me / I'll pick you up / where the observatory is

25 about a way to exercise / what he instructed me / Don't force yourself / my body is straining / works as a trainer

26 What's the occasion / you didn't get the message / You're way overdressed / I don't want to stand out / specifically to attend the party

27 the lead actor's performance / On the other hand / because I read the credits / An actress's performance

28 That's your second helping / I'm so bogged down / a very open-minded policy / His boss is strict

29 whatever you're getting / I prefer mine black / that you think I'll like / He is uncomfortable / with cream and sugar

30 I am getting transferred / I can't tolerate / to get off to a new start / Neither of them likes Paul

Part IV

31 will be taking place / The concert is free / a first-come, first-served basis / by the local jazz quartet / to reserve the auditorium

32 The greatest American sports spectacle / a sort of exhibition game / after the two leagues merged / called a Super Ball / between football and soccer

33 There was a massive pileup / that caught fire / was brought under control / life-threatening injuries / Poor weather conditions

34 Eccentric American billionaire / had many physical ailments / was covered in germs / wasn't so pristine / He ate a balanced diet

35 other chain restaurants / the fear of the unknown / are not big risk takers / The meals taste identical / who are cost-conscious

36 is found under the ocean / the biggest coral reef / an important tourist attraction / Approximately 1.6 million tourists / by chartering a boat

Part V

37-38 have been at odds / set up a government / that is in rebellion / have switched to mainland China / Tensions continue to exist / has lost its seat / by former Chinese Communists / It was always a haven

39-40 our line of luxury hotels / on the ground floor / brought to your room / Reservations can be made / What features are mentioned / for a minimal extra fee / many other luxury properties

Memo

Memo

Memo

Memo

Memo

Memo

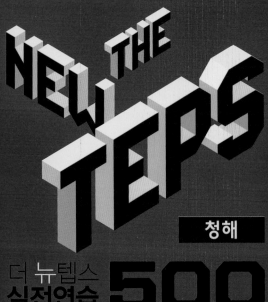

NEW THE TEPS 청해

더 뉴텝스 실전연습 500

NEW TEPS 신유형 반영, 출제원리를 그대로 담았다!

파트별 Listening Point ≫ 파트별 훈련 ≫ Actual Test ≫ Dictation
체계적인 연습 방식을 통해 실전에 효과적으로 대비

★ 전략적으로 접근하는 파트별 Listening Point 완벽 제시
★ 단계별로 학습하는 파트별 훈련
★ 신유형 및 최신 출제 경향을 철저히 반영한 Actual Test 6회분